中國學術思想

研究輯刊

二七編

林慶彰 主編

第 3 冊

論《儀禮》禮例研究法——
以鄭玄、賈公彥、凌廷堪爲討論中心（中）

鄭雯馨 著

花木蘭文化事業有限公司

國家圖書館出版品預行編目資料

論《儀禮》禮例研究法——以鄭玄、賈公彥、凌廷堪為討論中
心（中）／鄭雯馨 著－－初版－－新北市：花木蘭文化事業有
限公司，2018〔民107〕
　目4+178 面；19×26 公分
（中國學術思想研究輯刊 二七編；第3 冊）
ISBN 978-986-485-373-1（精裝）
1.儀禮 2.研究考訂
030.8　　　　　　　　　　　　　　　　　　　107001861

ISBN-978-986-485-373-1

9 789864 853731

中國學術思想研究輯刊
二七編　第三冊　　　　　　　ISBN：978-986-485-373-1

論《儀禮》禮例研究法——
以鄭玄、賈公彥、凌廷堪為討論中心（中）

作　　者　鄭雯馨
主　　編　林慶彰
總 編 輯　杜潔祥
副總編輯　楊嘉樂
編　　輯　許郁翎、王筑　美術編輯　陳逸婷
出　　版　花木蘭文化事業有限公司
發 行 人　高小娟
聯絡地址　235 新北市中和區中安街七二號十三樓
　　　　　電話：02-2923-1455 ／傳真：02-2923-1452
網　　址　http://www.huamulan.tw 信箱 hml810518@gmail.com
印　　刷　普羅文化出版廣告事業
封面設計　劉開工作室
初　　版　2018 年 3 月
全書字數　477578 字
定　　價　二七編 25 冊（精裝）新台幣 48,000 元

論《儀禮》禮例研究法——
以鄭玄、賈公彥、凌廷堪爲討論中心（中）

鄭雯馨　著

目
次

第肆章　論鄭、賈、淩以禮例闡釋禮意、禮文

　　禮的結構，可分爲道德情感的禮意、具體儀節器服的禮文。《禮記·禮器》說：

> 先王之立禮也，有本有文。忠信，禮之本也；義理，禮之文也。

　　無本不立，無文不行。（《禮記》，卷 23，頁 449）

禮可分爲「本」與「文」二個層次。忠信，爲內心的道德情感，是「禮之本」；合宜的行爲、制度，爲「禮之文」，內在情感與外在言行相副，爲「稱」。[註1] 禮之文，可細分爲包含行爲、辭令等的「禮儀」，與包含器服、車制等的「禮器」。[註2] 而器服、車制，又依上下貴賤而有多寡之別。[註3] 禮以分別、節

[註1] 孫希旦説：「此篇以忠信義理言禮，而歸重於忠信：以內心、外心言禮之文，而歸重於內心。」見氏著：《禮記集解》，中冊，卷 23，頁 624。而段玉裁則認爲此篇重禮之文，「鄭《目錄》云：名爲禮器者，以其記禮使人成器之意也。鄭意謂習禮之文，故篇目爲〈禮器〉。安有重忠信之意乎！」見氏著：《經韵樓集》（上海：上海古籍出版社，2008 年初版），卷 11，頁 283～184。按：不論以禮意爲重，還是禮文爲先，此篇所措意者仍在於禮之本與禮之文二者如何配合，得其「稱」，如「禮，時爲大，順次之，體次之，宜次之，稱次之」、「孔子曰：『禮不可不省也。禮不同，不豐、不殺』此之謂也，蓋言稱也」、「古之聖人，內之爲尊，外之爲樂，少之爲貴，多之爲美，是故先王之制禮也，不可多也，不可寡也，唯其稱也。」

[註2] 《禮記·樂記》：「簠簋、俎豆、制度、文章，禮之器也。升降、上下、周還、裼襲，禮之文也。故知禮樂之情者能作，識禮樂之文者能述。」（卷 37，頁 669）〈樂記〉將具體的儀物分爲禮之器、禮之文二類，後文又別爲情、文相對的結構。參照〈禮器〉的「有本有文」，可知古人論述禮時，以外在儀物與內在情感相對，但分類具體儀物時，或有異同。本文從〈禮器〉「有本有文」

制形體的運作方式,調節「人心」好惡與「行爲」,以達成穩定社會秩序的目標。〔註4〕

每套禮儀皆有其功能,如《禮記‧樂記》說:

> 是故先王之制禮樂,人爲之節。衰麻哭泣,所以節喪紀也。鐘鼓干戚,所以和安樂也。昏姻冠笄,所以別男女也。射鄉食饗,所以正交接也。禮節民心,樂和民聲,政以行之,刑以防之,禮樂刑政,四達而不悖,則王道備矣。(《禮記》,卷37,頁667)

藉由具體而詳細地設定各種行爲應有的範式或限制,達到該禮儀的功能。因此,一套禮儀中的不同節目,亦屬於完成此禮意的分項。於是,各分項亦具有規範、規則之義。繼承鄭玄、賈公彥的分節,清人凌廷堪明確指出「禮之大節」一詞,並用以闡明禮例,十分精準地掌握個別儀節與整套禮儀的法式義。若比較不同禮例,當有助於掌握禮意,並過渡到原先的禮儀流程(禮文),令人深入瞭解禮儀的豐富本質。

本章首先藉由比較個別條例的方式,說明禮例有助於綜合禮文現象,並闡明相似的禮文可能具有不同的禮意。其次,從「禮之大節」、一整套禮儀流程即爲法式的觀點,以列舉的方式探討飲酒禮、士喪禮的情形:依照《儀禮》記載的飲酒禮流程,排列鄭玄、賈公彥、凌廷堪所括的飲酒禮條例,嘗試闡述禮盛禮殺的涵義。然後,以士喪禮爲範圍(包含〈士喪禮〉、〈既夕禮〉、〈士虞禮〉三篇),運用喪禮規則辨別死者與嗣子身分轉換的時間點,及吉凶的遞移情形。相較於第參章「傳述」以呈現注解者思維的寫作方式,由於禮意與禮文的認定往往因人而異,因此本章的討論將有所考辨,以期明確彰顯禮例的作用,並釐清相關的禮儀進程與解釋術語。

第一節 綜合禮文,闡明禮意

柳詒徵指出凡例的用處在於以簡馭繁:

　　　的說法,以「文」涵蓋具體儀物。又參沈文倬:〈略論禮典的實行和《儀禮》書本的撰作〉,《菿闇文存──宗周禮樂文明與中國文化考論》,上冊,頁6。
〔註3〕《禮記‧禮運》,孔穎達正義,卷21,頁413。
〔註4〕孔穎達說:「禮是形化」、「樂云『興』,禮加『制』字,而云『禮制行』者,禮以裁斷爲義,故特加『制』。樂以興作爲本,故不云『制』也。……義主斷割,禮爲節限,故『義近於禮』也。……禮者裁制形體。」《禮記‧樂記》,孔穎達正義,卷37,頁670、671。

　　　　然事有不勝列舉者，一一舉示，其繁猥何如，則必括其性質之

　　　相近者，賅以一詞使知事物之相類者，一一皆依此措置不必贅述，

　　　故發凡之用，由馭繁而得執簡者也。〔註5〕

綜合禮文而得的條例，有助於化繁爲簡。本節根據鄭玄、賈公彥、凌廷堪三
位學者所括之例，以比較禮文、禮例的方式，一方面說明禮例綜合禮文之功，
另一方面則闡明禮意，並藉此釐清相關問題。討論的內容，首先從「關係」
著眼，探討賓主、君臣等不同關係者的迎送禮儀與禮意的異同。其次，以禮
儀種類爲著眼點，比較飲酒禮與祭祀後飲酒，不同的禮儀種類中的禮文、禮
意異同。

一、賓主、君臣迎送的比較

　　在討論賓主禮儀之前，需界定何謂賓。

　　首先，相對於主人，外來者爲「賓」。因此《儀禮》十七篇的訪客，如士
吏、壻、處士、臣子、外臣、使者等不同身分者，皆稱賓。值得注意的是，
主人對賓所行之禮視禮儀性質而定，如〈特牲饋食禮〉、〈少牢饋食禮〉的「賓」
爲主人之私臣，而二篇中眞正的賓，實爲尸，主人皆不迎，而由祝出迎尸（詳
參附表 10「《儀禮》所見祭禮迎送尸」）。可知「賓」是否受主人迎接、能否與
主人抗禮，視禮儀性質而定，不宜受「賓」之名所牽制。

　　其次，賓的人數。如〈士冠禮〉有賓、贊冠者，〈鄉飲酒禮〉賓、介、
大夫等皆屬賓客之列，祭禮有長賓、眾賓，主人所行之禮不盡相同。按照「禮，
賓、主宜各一人」〔註6〕，賓客雖然眾多，但可依正客、陪客加以區分。而
主人所行的禮以正客爲主，陪客即使身分再尊貴，亦不踰越正客的待遇，即
「客，一坐所尊」〔註7〕。如〈鄉飲酒禮〉、〈鄉射禮〉禮儀開始，主人於大
門外迎處士之賓；一獻之禮畢，迎諸公、大夫等尊者於門內。諸公、大夫在
一人舉觶初行旅酬時，乃入，爲「不干主人正禮也」，故主人迎之於門內。
〔註8〕公或大夫雖爲尊者，但禮儀場合中，正賓只有一位，故主人不迎尊者
於門外，而於「門內」，以示區別。

〔註5〕　柳詒徵：《國史要義》，頁 162。

〔註6〕　《儀禮·士昏禮》，賈疏，卷 5，頁 50。孔穎達也說：「享宴之禮，賓旅雖多，
　　　　特以一人爲客。」見《左傳》昭公二十七年，孔穎達正義，卷 38，頁 647。

〔註7〕　《左傳》昭公二十七年，杜預集解，卷 38，頁 647。

〔註8〕　《儀禮·鄉飲酒禮》，鄭注，卷 10，頁 101～102。

其三，賓的身分與禮儀行爲。《左傳》襄公二十三年，季武子爲魯國的執政大夫，無嫡子。按禮，應立庶子之長者公彌，但季武子欲立寵愛的少子悼子，求助於臧紇。臧紇建議舉行飲酒禮，並以己爲上賓。酒宴「既獻」，一獻之禮結束後，臧紇命人北面設重席，並設置潔淨的酒杯。當正客臧紇起而降堂，陪客的大夫皆起，不敢安坐。結果，臧紇迎悼子入；至旅酬時，始召公彌。一獻之禮後，正是尊者進入的時機，「重席」爲大夫之禮，〔註9〕臧紇善用人所共知的禮儀，表明所迎者爲大夫之尊，而進入的人正是悼子，表示其爲季武子的繼承人。旅酬爲「少長以齒」取其長幼有序、相親之意，讓公彌此時入，「使與之齒」，便意謂著公彌只是眾親族之一。又如《國語·魯語下》載公父文伯請南宮敬叔飲酒，以魯國大夫露睹父爲客，上羞時，進給露睹父的甲魚有點小，露睹父怒說：「等甲魚長大點，我再來吃！」說罷便離席而去。文伯之母聽說此事，訓斥兒子說：

> 吾聞之先子曰：「祭養尸，饗養上賓。」鱉於何有？而使夫人怒也！〔註10〕

以客爲一坐之尊，待遇自當高於其他陪客。若與其他賓客同，甚至禮數低於他人，則近於羞辱，故露睹父怒而離席。因此，同樣是相對於主人的賓客，不同的身分界定將影響其禮儀行爲。

其四，禮儀種類與賓主之禮。〈鄉飲酒禮〉的賓，實際社會階級低於主人，但主人卻以敵體之禮待之。〈士喪禮〉主人不迎賓而待於廟內阼階下，送賓出廟門（參附表9「《儀禮》所見士喪禮主人出送賓的情形」）。鄭玄解釋爲「不迎而送，喪無接賓之禮。」〔註11〕對於代國君致襚的使者，「使人必以其爵」，同於死者、孝子，屬於士階級，但因其銜君命而來，故迎、送於廟門外，而不與其他賓客等同視之。故賓、主雙方的互動來自當下情境裡的關係與實際身分。總而言之，決定雙方互動的行爲標準，乃綜合禮儀場合中的象徵身分與實際身分而來。

由於賓的實際階級與象徵身分、禮儀種類，皆影響禮儀互動，爲集中討論焦點，本文的賓主迎送，以敵體之正賓爲對象，並藉此對照君臣尊卑的不同。篇章則以〈鄉飲酒禮〉、〈鄉射禮〉的敵體禮〔註12〕，〈燕禮〉、〈大射〉的

〔註9〕《儀禮·鄉飲酒禮》：「公三重，大夫再重。」（卷10，頁102）

〔註10〕舊題周·左丘明著：《國語·魯語下》，卷5，頁203。

〔註11〕《禮記·雜記上》，鄭注，卷41，頁729。

〔註12〕〈鄉飲酒禮〉的主人爲諸侯之鄉大夫，賈公彥認爲身分雖爲大夫，但此篇從

君臣禮，及〈聘禮〉、〈公食大夫禮〉描述諸侯對外臣的君臣禮、大夫間的敵體禮作爲主要範圍。

例一：凡迎賓，主人敵者于大門外。

例二：凡君與臣行禮，皆不迎。

　　二條禮例，見於《禮經釋例》。〔註13〕首先，「凡迎賓，主人敵者于大門外」條，可涵蓋：

　　　　〈鄉飲酒禮〉「速賓、迎賓、拜至」章，「主人一相，迎于門外，再拜賓。賓答拜。拜介。介答拜。揖眾賓。主人揖，先入。」〔註14〕（《儀禮》，卷 8，頁 82）

　　　　〈鄉射禮〉「迎賓拜至」章，「主人一相，出迎于門外，再拜。賓答再拜。揖眾賓。主人以賓揖，先入。」（《儀禮》，卷 11，頁 111）

　　　　〈聘禮〉「郊勞」章，「賓禮辭，迎于舍門之外，再拜。」（《儀禮》，卷 19，頁 233）

　　　　〈聘禮〉「歸饔餼」章，「賓皮弁，迎大夫于外門外，再拜。」（《儀禮》，卷 22，頁 262）

　　　　〈聘禮〉「賓問卿」章，「大夫朝服，迎于外門外，再拜。」（《儀禮》，卷 22，頁 264）

　　　　〈聘禮〉「還玉報享」章，「賓皮弁襲，迎于外門外，不拜。」（《儀禮》，卷 23，頁 271）

　　　　〈公食大夫禮〉「大夫相食之禮」章，「迎賓于門外。」（《儀禮》，卷 26，頁 313）

士禮；〈鄉射禮〉主人爲州長（士階級），雖大夫在亦行鄉飲酒禮，可知屬士禮。曾永義根據樂器的擺設，指出〈鄉飲酒禮〉當屬大夫禮，〈鄉射禮〉爲士禮。按：學者對二篇所行的階級禮數看法不同，然皆爲敵體禮，本文以關係著眼，不從階級區分，故仍可進行討論。見《儀禮》〈鄉飲酒禮〉，賈疏，卷 8，頁 80；〈鄉射禮〉，賈疏，卷 11，頁 109。曾永義：《儀禮樂器考》（臺北：臺灣中華書局，1971 年 12 月初版，儀禮復原研究叢刊），頁 114～115、117～118。

〔註13〕清·淩廷堪：《禮經釋例·通例上》，卷 1，頁 71、74。

〔註14〕賈公彥說：「謂主人於群吏中立一相，使傳賓主之命，主人乃自出，迎賓於大門外。必非一相迎賓者，案〈鄉飲酒義〉云：『主人拜，迎賓于庠門之外』，明主人自迎。」可知主人出迎賓。見《儀禮·鄉飲酒禮》，賈疏，卷 8，頁 82。

此皆於屬敵體關係。〈聘禮〉聘享時，「公皮弁，迎賓于大門內」，鄭玄說：「降
于待其君也。」〔註15〕〈公食大夫禮〉國君迎賓於「大門內」，鄭玄注：「降
於國君。」〔註16〕可知諸侯相迎，亦在大門外。

其次，「凡君與臣行禮，皆不迎」，包括：

〈燕禮〉「君臣各就位次」章，「公升，即位于席，西鄉。小臣
納卿大夫。卿大夫皆入門右，北面東上。」（《儀禮》，卷14，頁160）

〈燕禮〉「納賓」章，「射人納賓。賓入，及庭，公降一等揖之。」
（《儀禮》，卷14，頁161）

〈大射〉「命賓、納賓」章，「公升，即位于席，西鄉。小臣師
納諸公卿大夫，諸公卿大夫皆入門右，北面東上。」「擯者納賓。賓
及庭，公降一等揖賓，賓辟。」（《儀禮》，卷16，頁191、192）

比較上述儀節，主人迎賓，出於歡迎之意；國君不出迎，則因尊卑之故。而
國君在堂，向在庭的命賓，「降一等，揖」以示意，仍具鮮明的尊卑之別。
如《禮記》載魯哀公弔季孫之母喪，曾子、子貢至時，哀公「降一等而揖之。」
〔註17〕

賓客親至時，賓主雙方的定位明確，因此禮儀行爲較爲單純。若爲使者，
將具有多重身分：使者個人的階級、外來之賓、受君命之使，反映在禮儀行
爲上，如：

〈燕禮〉「記：國君宴請異國使臣之禮」章，「若與四方之賓燕，
則公迎之于大門內。」鄭注：「四方之賓，謂來聘者也。」（《儀禮》，
卷15，頁179）

〈聘禮〉「聘享」章，「公皮弁，迎賓于大門內。」鄭注：「公
不出大門，降于待其君也。」（《儀禮》，卷20，頁241）

〈公食大夫禮〉「賓入，拜至」章，「公如賓服，迎賓于大門
內。」（《儀禮》，卷25，頁300）

爲了在外臣、己臣之間取得平衡，又需下於他國之君親至的儀節，因此對待
外國使者採用迎於大門內的禮遇措施。

〔註15〕　《儀禮・聘禮》，鄭注，卷20，頁241。
〔註16〕　《儀禮・公食大夫禮》，鄭注，卷25，頁300。
〔註17〕　《禮記・檀弓下》，卷10，頁198。

例三：凡賓、主入門，主人先入。

　　以大門而言，若賓主體敵，如：

　　　　〈鄉飲酒禮〉「迎賓」章，「主人揖，先入。」（《儀禮》，卷8，頁82）

　　　　〈鄉射禮〉「迎賓拜至」章，「主人以賓揖，先入。」（《儀禮》，卷11，頁111）

　　　　〈聘禮〉「郊勞」章，聘賓「揖，先入。」（《儀禮》，卷19，頁233）

　　　　〈聘禮〉「歸饔餼」章，聘賓「揖，入。」（《儀禮》，卷22，頁262）

　　　　〈聘禮〉「還玉報享」章，聘賓「帥大夫以入。」（《儀禮》，卷23，頁271）

主人出大門迎敵體之賓，入門時，主人先。以內門而言，〈鄉飲酒禮〉、〈鄉射禮〉在庠或序舉行，庠、序僅一門，故無入內門之禮。〈聘禮〉所見入內門之禮，如：

　　　　〈聘禮〉「歸饔餼」章，「及廟門，賓（聘賓此時爲主人）揖入。大夫奉束帛入。」（《儀禮》，卷22，頁262）

　　　　〈聘禮〉「賓問卿」章，「及廟門，大夫揖入。」（《儀禮》，卷22，頁264）

亦主人先入。

　　〈燕禮〉、〈大射〉等君臣禮，由於君不迎臣，故無入門先後的問題。而〈聘禮〉、〈公食大夫禮〉國君迎四方之賓於大門內，亦毋須區別先後。但接下來的內門，則「凡君與賓入門，賓必後」〔註18〕，國君（主人）先入。

　　就禮意來說，主人先入大門，旨在「道賓」〔註19〕，引導賓客行進，善盡主人職責。入廟門或寢門時，主人先入，既出於確認「內事」是否準備妥當，〔註20〕同時也是爲雙方預留準備行禮的時間。確認準備妥當後，主人於門內俟之，〔註21〕邀請客入。如〈公食大夫禮〉「賓入拜至」章，〈聘禮〉「歸

〔註18〕《儀禮・聘禮》，鄭注，卷20，頁242。
〔註19〕《儀禮・士冠禮》，鄭注，卷2，頁18。清・淩廷堪：《禮經釋例・通例上》，卷1，頁81。
〔註20〕《儀禮・聘禮》，鄭注，卷20，頁242。
〔註21〕《儀禮・聘禮》，鄭注，卷22，頁262。

饗饋」章、「賓問卿」章等。〔註22〕

　　這條禮例的解釋還涉及一條《禮記》的記載，〈曲禮〉說：

　　　　凡與客入者，每門讓於客。客至於寢門，則主人請入爲席，然
　　後出迎客，客固辭。（《禮記》，卷2，頁32）

鄭玄的讀法是「主人請入爲席。然後出迎客，客固辭。」即主人先入寢門，
察視準備妥當，然後出寢門迎賓，與客人謙讓先入，客人則一再婉拒。〔註293x〕
孔穎達、賈公彥的斷句同。〔註24〕如此一來，主人不僅必須先入爲禮，而且
還得重出寢門，與客人謙讓一番。於禮意上，更爲愼重；但在儀節上，卻不
同於《儀禮》載主人於「門內俟之」。清人黃以周將〈曲禮〉這段文字讀作：

　　　　〈記〉文「入爲席然後出迎客」當作一句讀，此爲主人之請辭，
　　非果入也，亦非入而復出也。客固辭，辭入敷席，非讓先入也。讓
　　者讓其先後，辭者直辭其事。鄭注此句誤。〔註25〕

主人向客人請求說：「請讓我先入門舖席、準備，然後再出來迎接您。」而客
人則婉拒主人的請求。觀《儀禮》記載賓主至廟門時，皆無主人入而復出之
禮，當以黃以周所言爲是。綜上所述，敵體之禮，大門、廟門或寢門皆主人
先入以引導賓客、「省內事」，君臣無此禮，諸侯與外臣則在內門有先後之別。

例四：凡入門，賓入自左。主人入自右。（賓若降等，則入自右。）

例五：凡以臣禮見者，則入門右。（若君以客禮待之，臣入門左。）

　　主人入門左，賓入門右，顯示二者敵體，表達對賓客的禮敬，亦呼應古
人的二元觀。〔註26〕如：

　　　　〈鄉飲酒禮〉「迎賓」章，「賓厭介，入門左。……眾賓皆入門
　　左。」（《儀禮》，卷8，頁82）

　　　　〈鄉射禮〉「迎賓拜至」章，「賓厭眾賓，眾賓皆入門左。」（《儀
　　禮》，卷11，頁111）

主人入門右，賓行門左，從而衍生出賓主各分西階、東階的行進路線。

　　以臣禮見者，如：

〔註22〕　《儀禮·聘禮》，鄭注，卷22，頁262。
〔註293x〕　《禮記·曲禮》，鄭注，卷2，頁32。
〔註24〕　《禮記·曲禮》，孔穎達正義，卷2，頁33。《儀禮·聘禮》賈疏，卷22，頁
　　　　264。
〔註25〕　清·黃以周：《禮書通故·相見禮第二十一》，第3冊，頁963。
〔註26〕　彭美玲師：《古代禮俗左右之辨研究——以三《禮》爲中心》，頁221。

〈燕禮〉「君臣各就位次」章，「小臣納卿大夫。卿大夫皆入門右。」（《儀禮》，卷 14，頁 160）

〈大射〉「命賓、納賓」章，「小臣師納諸公卿大夫，諸公卿大夫皆入門右。」（《儀禮》，卷 16，頁 191）

爲臣者不敢與君亢禮，故從門右入，以示遵從。

同樣地，由於使臣身分性質較爲多元，儀節亦較爲繁複。〈聘禮〉聘享時，賓入門左〔註27〕，因聘賓受君命而來，故行賓客之禮。〈公食大夫禮〉「賓入拜至」章，「公入門左，公再拜。賓辟，再拜稽首。」鄭注：「左，西方，賓位也。」〔註28〕經文言「公入門左」，而鄭玄指出西方「賓位」。以君臣、賓主禮而言，公爲國君、主人，無入門左之理，而且此時公在「門內」候賓，也不可能「入門左」，因此經文的「公」字當爲「賓」字之誤。〈公食大夫禮〉的賓入門左，則因國君視此大夫爲賓客，爲之設食禮款待。

下文依次討論〈聘禮〉私覿、賓面卿的部分。〈聘禮〉「私覿」章，賓「入門右，北面奠幣」，鄭玄注：

入門而右，私事自闑右。奠幣、再拜，以臣禮見也。（《儀禮》，鄭注，卷 21，頁 251）

賈公彥說：

云「入門而右，私事自闑右」者，〈玉藻〉云：「公事自闑西」，鄭注云：「聘享也。」又云：「私事自闑東」，注云：「覿，面也。」此行覿禮，故引之也。（《儀禮》，賈疏，卷 21，頁 251）

聘賓私覿，以臣禮見諸侯，因此入門右。擯者傳達國君辭讓之意後，聘賓於是改從客禮「入門左」、「以客禮入」。〔註29〕凌廷堪總結說：

臣于君入門右，……皆見君之常禮。若君以客禮待之，則辭，于是出，乃復入門左。〔註30〕

明確區別臣子見君的常禮、國君禮遇臣子的客禮。

〈聘禮〉「賓面卿」章，「賓奉幣，庭實從，入門右。大夫辭。賓遂左。」鄭注：

〔註27〕　《儀禮‧聘禮》，卷 20，頁 241、243。
〔註28〕　《儀禮‧公食大夫禮》，鄭注，卷 25，頁 300。
〔註29〕　《儀禮‧聘禮》，鄭注，卷 21，頁 252。
〔註30〕　清‧凌廷堪：《禮經釋例‧通例上》，卷 1，頁 79。

> 見，私事也。雖敵，賓猶謙入門右，爲若降等然。〈曲禮〉曰：
> 「客若降等，則就主人之階」，主人興，辭於客，「然後客復就西
> 階。」（《儀禮》，鄭注，卷22，頁264）

鄭玄指出賓入門右爲降等之禮，大夫謙辭後，則恢復原有的禮節，入門左。
凌廷堪說：

> 此聘賓及介面主國之卿之禮，夫概與賓覿君同。賓、介非卿之
> 臣，何以先入門右？注謂「見，私事也。雖敵，賓猶謙。入門右，
> 爲若降等然」是也。大夫辭，賓即左者，殺于君也。〔註31〕

根據「夫概與賓覿君同」、「殺于君也」，凌氏認爲聘賓私見主國之卿，禮儀性
質近於外臣見主國之君的私覿。因此所謂的「降等」，係指禮數降於私覿，故
聘賓在「大夫辭」之後，即由門左進入，省去私覿見國君時「賓禮辭」的儀
節。清人黃以周則從身分界定的角度，反對凌氏之說：若入門右爲「臣禮」，
那麼「聘賓」與「主國之卿」並非君臣關係，爲何「面卿」時，亦先入門右？
黃氏並指出〈聘禮〉私覿，因主國之君辭讓，使身爲臣子的聘賓入門左，屬
於「用盛禮」，「凡禮盛、禮殺，皆非正例」。〔註32〕從臣子的身分著眼，否定
臣子「入門左」可以爲正規禮儀之「例」。

　　鄭玄之意本明，然因凌廷堪以《儀禮》內容爲主、不用《禮記》之說，
依進門的左右區分爲君臣、賓主二種關係，故將賓面卿的「敵體」之禮，視
爲君臣相見的「殺禮」，成爲尊卑序列的解釋，以致產生偏差。事實上，賓主
之間，除了敵體禮外，還有一種「降等」的行爲。〈曲禮〉記載客若「降等」
則行東階，爲「繼屬於主人」〔註33〕，表示謙讓、不敢以敵體的賓客自居。
換言之，賓、主行進時，雖有左右之分，但仍容許部分謙讓、「降等」的行爲
調整。如《史記》載信陵君存趙有功，趙王執主人之禮，欲引信陵君至西階，
而信陵君辭讓「從東階上」〔註34〕。

〔註31〕清・凌廷堪：《禮經釋例・通例上》，卷1，頁78。

〔註32〕黃以周說：「〈曲禮〉云：『大夫、士出入君門由闑右』，是本國之臣通例。〈玉
　　　藻〉云：『公事自闑西，私事自闑東』，是聘賓通例。聘賓闑東闑西以公私分，
　　　非以臣禮自居。如曰聘賓入門右亦以臣禮見，則聘賓及介非卿之臣，何以問
　　　卿亦先入門右？鄭注云：『見，私事也』得之。其君大夫辭終入門左者，用盛
　　　禮。凡禮盛、禮殺，皆非正例。」見氏著：《禮書通故・相見禮第二十一》，
　　　第3冊，頁965。

〔註33〕《禮記・曲禮上》，孔穎達正義，卷2，頁33。

〔註34〕漢・司馬遷：《史記・信陵君列傳》，卷77，頁2382。

　　藉此角度觀察〈聘禮〉「賓面卿」章，聘賓、主國大夫爲敵體，賓「入門右」。此爲兩國大夫進行交流的私事，雖然體敵，但賓仍謙讓入門右，鄭玄認爲此亦屬於「降等」〔註35〕，表示不敢與主人亢禮。此時，由於主人的辭讓，賓客遂改入門左。準此，由於賓客降等「入門右」，與臣子「入門右」，二者禮儀有重疊之處。後人從入門左、入門右的表面形式二分，忽略禮儀變化的彈性，導致上述爭議。〔註36〕

例六：凡送賓，主人敵者于大門外。

例七：凡君與臣行禮，皆不送。（唯使臣送於大門內。）

　　二例見於《禮經釋例》，〔註37〕凌廷堪說：

> 賓主人相敵，或尊賓使與相敵者，前迎于大門外，故送亦于大
> 門外也。……賓主不敵者，前迎于大門內，送亦于大門內也。〔註38〕

主人迎送正賓的地點反映二者的關係，禮儀過程雖然繁複，但在禮文上具有相當程度的固定性與對稱性。主人送敵體之賓，如：

> 〈鄉飲酒禮〉「賓出」章，「賓出，奏〈陔〉。主人送于門外，
> 再拜。」（《儀禮》，卷10，頁101）

> 〈鄉射禮〉「賓出，送賓」章，「主人送于門外，再拜。」（《儀
> 禮》，卷13，頁145）

> 〈聘禮〉「歸饔餼于賓介」章，「賓送于外門外，再拜。」（《儀
> 禮》，卷22，頁263）

> 〈聘禮〉「賓問卿、面卿」章，「賓出。大夫送于外門外，再拜。
> 賓不顧。」（《儀禮》，卷22，頁265）

此皆主人送敵體之賓於大門外者。

　　君不送臣，如：

> 〈燕禮〉「燕畢，賓出」章，「賓所執脯以賜鍾人于門內霤，遂
> 出。卿大夫皆出。公不送。」（《儀禮》，卷15，頁178）

〔註35〕《儀禮・聘禮》，鄭注，卷22，頁264。

〔註36〕如《禮經釋例》「凡入門，賓入自左，主人入自右」、「凡以臣禮見者，則入門右」等條，強調賓主、君臣關係的二分。見清・凌廷堪：《禮經釋例・通例上》，卷1，頁75、77。

〔註37〕清・凌廷堪：《禮經釋例・通例上》，卷1，頁107、110。

〔註38〕清・凌廷堪：《禮經釋例・通例上》，卷1，頁108。

〈大射〉「賓出公入」章，「賓所執脯以賜鍾人于門内霤，遂出。
卿大夫皆出。公不送。」（《儀禮》，卷 18，頁 221）

鄭玄指出「賓禮訖，是臣也」〔註39〕，故君不送臣。然而，〈燕禮〉、〈大射〉
命賓之後，國君降一階行揖。那麼，禮畢賓出之前，國君是否行揖？凌廷堪
認爲：

竊謂〈燕禮〉、〈大射〉賓入不迎，及庭，公但降一等揖之。然
則賓出不送，公亦當降一等揖之。〔註40〕

凌氏認爲公當降階一等揖送之。但問題是，最初衆臣入内行禮時，公並無特
別的表示，繼之命賓，賓出廟門，復入時，公降一等揖之。當禮畢時，賓的
身分恢復爲臣，故直出大門，此時公是否仍需行揖禮？從禮儀終始來看，公
本不迎臣，則禮儀結束時，亦不須送。〔註41〕況且，迎接賓客當在「門」，
賓受命後出廟門，復入「及庭」，公方揖之，當屬禮貌性示意，而非「迎賓」
之舉；那麼賓出門時，公似不須揖送之。參考〈士相見禮〉「記：臣侍坐賜
食賜飲及退去之儀」章，「君若降送之，則不敢顧，辭，遂出。」胡培翬說：

今於君降送而不敢辭者，經云：「君若降送之」，言「若」，不
定之辭，明非常禮。故云：（筆者按：鄭注）「於己大崇，不敢當也。」
〔註42〕

可知「君降送」不屬於常禮。〈燕禮〉、〈大射〉國君當不揖送臣。

諸侯與使臣之禮，如：

〈聘禮〉「聘享」章，「及大門内，公問君。……賓出，公再拜
送，賓不顧。」（《儀禮》，卷 21，頁 254）

〈公食大夫禮〉「禮終賓退」章，「賓出，公逆于大門内，再拜。
賓不顧。」（《儀禮》，卷 25，頁 307）

皆於大門内送使臣，亦與諸侯迎使臣於大門内相應。

上述禮例，在綜合禮文上，有綱舉目張之效。同時，比較賓主敵體、君
臣、諸侯與外臣三種不同身分者，實踐同一儀節的細微差異，亦有助於呈現
箇中禮意：敵體之禮兼顧平等與主人殷勤款待之意；君臣禮則著重於尊卑，
因此減省部分儀節；而諸侯與外臣，折衷於敵體賓客與君臣間，依禮儀性質

〔註39〕《儀禮・燕禮》，鄭注，卷 15，頁 178。
〔註40〕清・凌廷堪：《禮經釋例・通例上》，卷 1，頁 110。
〔註41〕明・郝敬：《儀禮節解》，《續修四庫全書》，第 85 冊，卷 6，頁 631。
〔註42〕清・胡培翬：《儀禮正義・士相見禮》，第 1 冊，卷 4，頁 267。

變化禮文，表達情意。

二、飲酒禮、祭祀禮的比較

鄭玄曾指出飲酒禮類似儐尸之禮〔註43〕，清人凌廷堪據而申明二者相同處：

> 〈有司徹〉主人獻尸，「尸升筵自西方」，主人獻侑，「侑升筵自北方」，與〈鄉飲酒〉同。蓋祭畢儐尸，筵尸于户西南面，如〈鄉飲酒〉之賓。筵侑于西序東面，如〈鄉飲酒〉之介，侑以輔尸，如介以輔賓也，故主人升筵自北方，亦與〈鄉飲酒〉同也（自注：〈有司徹〉主人席于東序，西面）。侑、主人降筵，皆自北方，與〈鄉飲酒〉異者，少變於飲酒正禮也。〔註44〕

儐尸之禮與飲酒禮的相似性，以人物而言，尸如賓，侑如介，以輔賓。就儀節而言，尸、侑之席的位置與飲酒禮相同，主人升筵自北方亦同；而侑、主人降席自北方則稍異於飲酒禮的降自南方。又，「凡賓告旨在卒爵前，于席西拜。主人崇酒在卒爵後，于階上拜」條，凌氏說：

> 〈有司徹〉主人獻尸，亦席末坐啐酒，拜告旨，然後尸降筵，北面于西楹西坐卒爵，儐尸之尸，如飲酒之賓，故其例同也。〔註45〕

「凡執爵皆左手，祭薦皆右手」條，凌氏說：

> 此皆祭畢儐尸之禮也，儀並與飲酒同。〔註46〕

可知告旨、卒爵、拜於席西、左手執爵、右手祭薦等儀節皆相同。這些條例，誠有助於整合禮文、解讀經書。

然而，就禮文和禮意的結構而言，飲酒禮與祭禮的舉行目的（禮意）本有不同，禮文或因現實條件而在形式上相同。若完全等同視之，是否可能掩蓋原有的禮意？而且除了共同點外，鄭玄、賈公彥也指出許多飲酒與祭祀有別的條例。因此本文希望綜合比較鄭玄、賈公彥、凌廷堪的條例，以見飲酒、祭祀二者在禮文、禮意上的異同。下文謹以〈鄉飲酒禮〉、〈鄉射禮〉、〈燕禮〉、〈大射〉等四篇飲酒禮，與〈特牲饋食禮〉、〈少牢饋食禮〉、〈有司徹〉三篇士、大夫吉祭作為討論的主要根據。

〔註43〕《儀禮・士冠禮》，鄭注，卷2，頁22。
〔註44〕 清・凌廷堪：《禮經釋例・通例下》，卷2，頁141。
〔註45〕 清・凌廷堪：《禮經釋例・飲食之例上》，卷3，頁192。
〔註46〕 清・凌廷堪：《禮經釋例・飲食之例下》，卷5，頁252。

（一）飲酒禮和祭祀飲酒相同處

例一：一獻之禮，有薦、有俎。

例二：獻酒重，無不祭也。

第一條，見於《儀禮・士冠禮》鄭注。〔註47〕「一獻之禮，有薦、有俎」，指行獻、酢、酬者，得設薦、俎。據附表11「《儀禮》所見獻、薦、祭酒的情形」，《儀禮》的禮儀皆然。

第二條，見於《儀禮・鄉飲酒禮》鄭注。〔註48〕依附表11，受主人獻者皆祭酒，此包含上述獻酢酬俱備者、得主人獻酒而無酢、酬者。

上述二例，皆可應用於飲酒禮、祭祀禮，並補足經文未載的祭酒細節，如〈少牢饋食禮〉「主婦獻祝」章、〈有司徹〉儐尸之禮，「主婦獻侑」章、「上賓三獻」章之賓獻侑、賓獻祝及二佐食等。

不過，這兩條禮例雖然適用於目前所見的飲酒禮、祭祀禮，但仍有些細節上的差異：一，祭禮中，獻、酢、酬俱備者，隨受獻者身分而增設籩、從獻等，因此祭酒、食的次第與內容，變化較多，如尸、主人、主婦、賓長等（參第伍章第二節「凡大夫、士事尸之禮，始於按祭，三獻而禮成，多之爲加」條）。二，祭禮中，受主人獻而無酢、酬的卑者，亦得設俎，異於飲酒禮。此因祭祀以共同分享食物促進族人和諧，因此受獻者皆設俎，「所以明祭之必有惠也」〔註49〕。

例三：凡獻，位定。

見於〈有司徹〉「主人獻私人」章，鄭注。〔註50〕禮儀活動中，站立的位置是身分表徵之一，因此「凡獻，位定」一語的適用範圍與意義，頗值得重視。胡培翬認爲此例的適用對象爲賓、兄弟、私人，並說明「位」指「薦羞所設之處也」，即設置脯醢、俎實的位置。〔註51〕下文先依胡氏所言，逐一考察〈有司徹〉賓、兄弟、私人等位置變化，確認「凡獻，位定」的涵義。首先，是長賓、眾賓。長賓與眾賓原在「門東」，以示「純臣」。主人向長賓、眾賓獻酒，待以賓客禮，較尊，故長賓之位得至「西階西南」，眾賓繼於其南

〔註47〕《儀禮・士冠禮》，鄭注，卷2，頁22～23。
〔註48〕《儀禮・鄉飲酒禮》，鄭注，卷9，頁92。
〔註49〕《禮記・祭統》，卷49，頁836。
〔註50〕《儀禮・有司徹》，鄭注，卷50，頁598。
〔註51〕清・胡培翬：《儀禮正義・有司徹》，第3冊，卷40，頁2388。

方。〔註52〕而長賓、眾賓的薦脀，也隨之設於西階下西南位。其次，是兄弟之位。兄弟位在洗〔註53〕東，西面北上。鄭玄認爲眾兄弟之位受爵前後皆不變。那麼，兄弟薦脀之位亦在此。〔註54〕第三，私人之位。據〈特牲饋食禮‧記〉，私臣的位置初於「門東，北面西上。」〔註55〕至主人徧獻之後，則立於兄弟之南，北上；即洗東，西面北上。〔註56〕

若參照飲酒禮，此例之意將更爲清晰。〈鄉飲酒禮〉主人、賓、介、眾賓皆有席，設俎或薦，皆於其位；獻工、獻笙，其薦皆於其席。〔註57〕〈鄉射禮〉主人、賓、眾賓之薦皆設於席前，其位未因飲酒而變。〔註58〕因此獻酒前已設席者，在禮儀過程中，位置大體不變。〈燕禮〉中，公與賓之席設於禮儀之始。卿、大夫之位初在堂下，隨主人獻卿、獻大夫之禮結束，升堂就席。〔註59〕主人獻士之前，士原在庭西方東面，相對於卿、大夫的庭東之位。及士得獻時，卿、大夫已升堂，士得就東方之位，故薦於此。可知「凡獻，位定」者，亦適用於非正主、正賓者。

總之，「凡獻，位定」之「位」，指受爵之後的位置，也是薦脀所在。在主人獻酒前，眾人的位置或依禮儀活動而改變。至主人獻酒後，當有固定位置以陳設脯醢或俎實，因而眾人之位也隨之確定。

（二）相異處

例一：凡獻，皆薦：飲酒禮先獻後薦，正祭於尸先薦後獻。

〈燕禮〉「主人獻庶子以下于阼階」章，鄭注：

> 凡獻，皆薦。（《儀禮》，鄭注，卷15，頁177）

〔註52〕《儀禮‧有司徹》，卷50，頁596。

〔註53〕洗，在阼階東南，當東榮，見《儀禮‧少牢饋食禮》，卷47，頁560。

〔註54〕不過，鄭玄以爲兄弟「位不繼於主人，而云洗東，卑不統於尊。」所謂「位不繼主人」，胡氏以爲主人位在堂上東序，眾兄弟在堂下，故稱不繼主人。吳紱指出兄弟本應繼主人之位（筆者按：阼階東，西面）而南，但因〈少牢〉賓位在門東北面，故兄弟不可直繼主人之位，而退於洗東，以讓賓。其說可參。見《儀禮‧有司徹》，鄭注，卷50，頁597。清‧胡培翬：《儀禮正義‧有司徹》，第3冊，卷40，頁2384。按：吳紱之書未見，故轉引自《儀禮正義》。

〔註55〕《儀禮‧特牲饋食禮‧記》，卷46，頁550。

〔註56〕《儀禮‧有司徹》，卷50，頁597。

〔註57〕《儀禮‧鄉飲酒禮》，卷8，頁84；卷9，頁88～89、92～93。

〔註58〕《儀禮‧鄉射禮》，卷11，頁112～113。

〔註59〕《儀禮‧燕禮》，卷15，頁170、171。

此「獻」指主人獻酒時，進脯醢於受獻者，包含獻酢酬兼備者、獻而無酢者。據附表11，飲酒禮，主人獻酒時，皆爲受獻者設薦。比較飲酒禮和祭祀異同，有三點需討論：

其一，〈少牢饋食禮〉的佐食是否有薦，影響「凡獻，皆薦」是否成立。主人獻兩佐食時，〈特牲饋食禮〉經文載：

> 主人酌，獻上佐食。上佐食戶內牖東，北面拜，坐受爵。主人西面答拜。佐食祭酒。……俎設于兩階之閒。……主人又獻下佐食，亦如之，其脊亦設于階閒西上，亦折一膚。（《儀禮》，卷48，頁573）

鄭玄認爲佐食「有脊而無薦，亦遠下尸。」〔註60〕賈公彥循此說。〔註61〕然而，就十七篇所見，獻酒後不進脯醢者，唯有佐食。若循此說，又與鄭玄「凡獻，皆薦」、「凡獻佐食，皆無從」〔註62〕等說矛盾，引發不少學者加以討論。如元人敖繼公以身分、禮儀著眼，認爲從眾賓到私臣皆有薦，且佐食於堂上相禮，不應無薦，「似文略」。〔註63〕根據〈有司徹〉不儐尸之禮，佐食之薦、脊「如儐禮」，清人褚寅亮認爲佐食應有薦。〔註64〕吳紱則從身分說明爲何經文未載佐食之薦：佐食身分較室中的尸、主人等卑下，無席，且其薦、俎設於堂下兩階之間，不在主要行禮場合的室，因此缺載。〔註65〕職是，就各篇獻酒後進薦的情形酒禮「凡獻，皆薦」，卻也說：「先薦後酌，祭禮也。」〔註66〕因此設薦的時機，也涉及到禮儀的分類。「凡祭，陰厭則薦豆、設俎」〔註67〕，陰厭時，已設薦。其後，尸入行食禮，祭薦。故主人酌酒酳尸時，

〔註60〕《儀禮・少牢饋食禮》，鄭注，卷48，頁573。
〔註61〕《儀禮・少牢饋食禮》，賈疏，卷48，頁573。
〔註62〕《儀禮・特牲饋食禮》，鄭注，卷45，頁534。
〔註63〕敖繼公：「下篇獻眾賓以至於私人，皆有薦脊。佐食在眾賓之中，又有上事，不宜貶於私人，但有脊而無薦，此不云『薦』，亦似文略也。」敖氏並舉不儐尸之禮言佐食「其位、其薦脊皆如儐」，則此佐食有薦明矣。見氏著：《儀禮集說》，《通志堂經解》，第33冊，卷16，頁19331～19332。
〔註64〕清・褚寅亮：《儀禮管見》，《皇清經解續編》，第8冊，卷16，頁2152。
〔註65〕吳紱：「佐食不設席，薦、俎設于階間，而不在室，又無從，佐食卑也。吉祭亦然。」按：筆者查無吳紱之書，見於王士讓《儀禮紃解》引，《續修四庫全書》，第88冊，卷12，頁272～273。
〔註66〕《儀禮・聘禮》，鄭注，卷23，頁275。按：名詞的薦，在飲酒禮指脯醢，在祭禮、食禮指菹醢，如〈士昏禮〉「婦至成禮」章，壻與婦「祭薦、黍、稷、肺。」鄭注：「薦，菹醢。」（卷5，頁51）〈士虞禮・記〉：「嘉薦、普淖。」鄭注：「嘉薦，菹醢。」（卷43，頁508～509）
〔註67〕清・凌廷堪：《禮經釋例・祭例下》，卷10，頁525。

不須復行獻薦之禮，尸亦無祭薦之事。而〈聘禮〉聘賓返國奠告禰廟，「薦脯醢，觴酒陳」，謝德瑩認爲是主人「初獻終也。」〔註68〕經文記載雖然簡略，仍可概見主人獻禮先薦脯醢，後陳觴酒之序。《大戴禮記・諸侯遷廟》：

> 贊者盥，升，適房，薦脯醢。君盥，酌，奠于薦西，反位。

〔註69〕

諸侯遷廟之祭，亦先設薦，後酌酒而獻。

其三，大夫正祭於尸先薦後獻，儐尸反之。根據鄭注〈聘禮〉、〈祭義〉，賈公彥指出正祭時，「先薦後酌」；繹祭、儐尸之禮則「先獻後薦」。〔註70〕儐尸之禮，先獻後薦，禮儀過程近似飲酒禮，已如上述，此不重複。

諸侯祭祀先以鬯酒獻之，後薦孰食。〔註71〕繹祭的部分，〈祭義〉說：

> 君牽牲，夫人奠盎；君獻尸，夫人薦豆。卿大夫相君，命婦相夫人。（《禮記》，卷47，頁808）

鄭注：

> 君獻尸，而夫人薦豆，謂繹日也。儐尸，主人獻尸，主婦自東房薦韭菹醢。（《禮記》，鄭注，卷47，頁808）

鄭玄根據「君獻尸，夫人薦豆」之儀，非正祭的「先薦後酌」，故視此爲繹祭，並引儐尸禮相參。孫希旦以爲鄭說與祭禮不合：祭禮中，主人、主婦獻尸，尸不奠爵，此「奠盎」之文可疑。孫氏引〈禮器〉：「君制祭，夫人薦盎」，認爲〈祭義〉「夫人奠盎」的「奠」當作「薦」，爲夫人獻尸。由於夫人獻尸在「君獻尸」之前，與祭禮先薦豆，其次君獻尸，其次夫人獻尸的順序不合，孫氏遂指〈祭義〉逆陳此三事，「蓋於君、夫人各以一事相對言之，故不以先後爲序也」。〔註72〕易言之，孫希旦以文學修辭的方式解讀此章。只是，《禮記》所錄儀節或與《儀禮》不盡相同，但鮮少不顧先後次序者。黃以周則舉

〔註68〕《儀禮・聘禮》，卷23，頁275。謝德瑩：《聘禮儀節研究》（臺北：文史哲出版社，1983年7月初版），頁436。

〔註69〕《大戴禮記・諸侯遷廟》，卷10，頁201。

〔註70〕《儀禮・有司徹》，賈疏，卷49，頁582～583。

〔註71〕《禮記・郊特牲》：「周人尚臭，灌用鬯臭，鬱合鬯；臭，陰達於淵泉。灌以圭璋，用玉氣也。既灌然後迎牲，致陰氣也。蕭合黍稷，臭，陽達於牆屋，故既奠，然後焫蕭合羶薌。」鄭注：「灌，謂以圭瓚酌鬯，始獻神也。已，乃迎牲於庭殺之。天子、諸侯之禮也。奠，謂薦孰時也，〈特牲饋食〉所云『祝酌，奠于鉶南』是也。」可見先獻鬯酒，後薦孰食之序。（卷26，頁507）

〔註72〕清・孫希旦：《禮記集解・祭義》，下冊，卷46，頁1210。

出〈祭統〉：「宗婦執盎從，夫人薦涗水」，以此爲夫人薦盎之事，黃氏將此視爲祭前準備，「君迎牲後，將制祭于室，夫人薦盎于其主。盎即醆，醆酒涗于清」，祭前君迎牲、制祭，而夫人設醆酒。〔註73〕據此，〈祭義〉的「君牽牲，夫人奠盎」爲祭前準備，而「君獻尸，夫人薦豆」因不符正祭的「先薦後酌」，爲繹祭的可能性較高。

綜上所述，「凡獻，皆薦」之例，還可細分爲飲酒禮、儐尸禮的先獻後薦；正祭於尸先薦後獻。

例二：飲酒禮，一獻之禮，宜親洗爵。

例三：士、大夫祭三獻，行爵從尊者向卑者，不洗爵；從卑者向尊者、異性行爵，則洗爵。

飲酒禮中，賓、主行獻、酢、酬的一獻之禮時，致爵者親洗爵、酌酒，以示潔淨與尊重。〔註74〕〈鄉飲酒禮〉、〈鄉射禮〉、〈燕禮〉、〈大射〉各篇的一獻之禮，皆親洗爵（詳參附表 12「《儀禮》所見「洗爵」的情形」），不擬細述。

〈特牲饋食禮〉載祝代酌尸酢主人之酒，鄭注：

> 祝酌，不洗。尸不親酌，尊尸也。（《儀禮》，鄭注，卷 45，頁 532）

尸因尊貴，不親自爲主人酌酒，由祝代酌而不洗爵。〔註75〕相較之下，〈特牲饋食禮〉賓獻佐食後，洗爵，致爵主人，鄭玄指出洗爵爲「異事新之」；〈有司徹〉主人獻侑不洗爵，鄭玄解釋說：「不洗者，俱獻間無事也」。〔註76〕然而，所謂的「事」，內容不詳。賈公彥分別在〈特牲饋食禮〉、〈有司徹〉說明，〔註77〕〈有司徹〉疏所言較完整，引述如下：

> 此則以其獻尸訖，即獻侑，中間無別酢酬之事，故不洗。凡爵，行爵從尊者來向卑者，俱獻間無事，則不洗爵。從卑者來向尊，雖獻間無事，亦洗，是以此文獻尸訖，俱獻侑不洗，是爵從尊者來故。

〔註73〕清・黃以周：《禮書通故・肆獻祼饋食禮通故第十七》，第 2 冊，頁 811。
〔註74〕《儀禮・士昏禮》鄭注：「獻、酬、酢，以絜清爲敬。」（卷 5，頁 55）。《儀禮・鄉飲酒禮》鄭注「凡旅不洗」說：「敬禮殺也。」（卷 10，頁 105）
〔註75〕《儀禮・特牲饋食禮》，賈疏，卷 45，頁 532。
〔註76〕《儀禮・特牲饋食禮》，鄭注，卷 45，頁 534；鄭注，卷 49，頁 586。
〔註77〕《儀禮》，〈特牲饋食禮〉，賈疏，卷 45，頁 534；〈有司徹〉，賈疏，卷 49，頁 586。

（《儀禮》，賈疏，卷49，頁586）

洗爵，涉及行爵雙方身分的尊卑。所謂「獻間」，指祭禮的各獻之內所包含的禮儀，以主人初獻而言，便包含主人獻尸、尸酢主人、主人獻祝及獻佐食等儀節。賈公彥說明「事」指祭禮一獻之間若有酢、酬之事，或承賤者之爵，則當洗爵。

考察〈士虞禮〉、〈特牲饋食禮〉、〈少牢饋食禮〉三篇，主人初獻之始，洗爵，其後行獻尸、尸酢主人、主人獻祝及佐食，皆不再洗。賈氏所說「行爵從尊者來向卑者」不洗爵，可以成立。但過程中有「尸酢主人」卻同樣不洗，不符合賈公彥說一獻之間「無別酢酬之事」不洗爵，值得重新考察。

《儀禮》記載士、上大夫、下大夫祭祀三獻，皆始於主人初獻。三獻結束的儀節，據士祭〈特牲饋食禮〉長兄弟加爵，鄭注：「大夫、士三獻而禮成，多之為加也。」〔註78〕加爵之前的儀節，包含在三獻內。然因階級之故，三獻結束的儀節不完全相同：士三獻之禮至「獻賓與兄弟」結束。上大夫正祭，三獻結束於賓長獻祝。上大夫儐尸禮三獻，結束於賓受尸酢。下大夫祭，三獻結束於主人遍獻堂下并內賓。為集中討論焦點，並與飲酒禮的一獻之禮作比較，下文以士、大夫正祭三獻、儐尸禮三獻中，有獻、酢、酬者為範圍。

1、士、大夫正祭三獻與飲酒禮的異同

（1）同性行爵

據附表 12，在不涉及異性授受爵的情況下，各獻行爵結束後，重新開始另一獻，皆洗爵，此為鄭玄所言的「異事新之」〔註79〕。而在一獻之間或同一群體中行爵，從尊者向卑者皆不洗，不論過程中是否有酢、酬，如士、大夫吉祭的主人初獻、〈士虞禮〉與〈少牢饋食禮〉的賓長三獻皆然。祭禮，當欲藉著共用一爵、不洗爵的方式，表示親近，以達到收族的效果。祭祀以收族為目的之一，如：

　　《禮記·坊記》：「因其酒肉，聚其宗族，以教民睦也。」（《禮記》，卷51，頁869）

　　《詩·小雅·楚茨》：「諸父兄弟，備言燕私。」

　　鄭箋：「祭祀畢，歸賓客豆俎，同姓則留與之燕，所以尊賓客、親骨肉也。」（《毛詩》，鄭箋，卷13-2，頁458。）

〔註78〕《儀禮·特牲饋食禮》，鄭注，卷45，頁536。
〔註79〕《儀禮·特牲饋食禮》，鄭注，卷45，頁534。

宗族之間的血緣關係是天生的，由血緣關係所生發的社會內聚力隨生活習慣逐漸養成，持續地內化成爲潛意識，並在無形中轉爲自發性，有助於收族。〔註80〕藉著燕飲，可和睦、強化彼此的關係。相對地，宗子爲燕飲的主人，從卑者向主人（尊者）敬酒時，皆洗爵，以示尊卑之異，寓有鞏固倫理、重視教化之意。如〈特牲饋食禮〉賓長獻「佐食」後，獻「主人」則洗爵；〈有司徹〉儐尸之禮，尸取侑爵獻主人，飲爵者由「侑」進行到「主人」時，則洗爵。不儐尸之禮，賓長三獻時，飲爵者由「佐食」轉而爲「主人」時，亦洗爵。

（2）異性行爵

若行爵過程中，接到異性飲用過的爵，當易爵而後洗。〈特牲饋食禮〉主人致爵于主婦後，主人「更爵」自酢。鄭玄指出「男子不承婦人爵」，更引〈祭統〉說明：

> 夫婦相授受，不相襲處。酢必易爵，明夫婦之別。（《儀禮》，鄭注，卷45，頁534）

祭禮中，男女不重複使用同一隻爵。〔註81〕而〈少牢饋食禮〉主婦獻尸後，祝「易爵、洗」，以行尸酢主婦之禮。當主婦受酢飲畢，同樣易爵、洗爵，方行獻祝及佐食之禮。以簡明的方式呈現主婦亞獻時「飲爵者」與「易爵、洗爵」的情形爲：

> 尸→（易爵，洗）主婦→（易爵，洗）祝→兩佐食

可知異性之間行爵，爲了避嫌，必易爵；易爵而後洗，有尊敬之意。《禮記》載：

> 非祭、非喪，不相授器。（《禮記·內則》，卷27，頁520）
>
> 子云：『禮，非祭，男女不交爵』。（《禮記·坊記》，卷51，頁872）

〔註80〕 管東貴：〈周人「血緣組織」和「政治組織」間的互動與互變〉，《從宗法封建到皇帝郡縣制的演變——以血緣解紐爲脈絡》（北京：中華書局，2010 年 9月），頁36。

〔註81〕 凌廷堪則括爲「男女不相襲爵」，「襲」爲重複之意，指不重複使用同一隻爵。關於襲字的意思，見《左傳》哀公十年：「吾卜於此起兵，事不再令，卜不襲吉。」杜注：「襲，重也。」（卷58，頁1015）又，〈特牲饋食禮〉主婦亞獻尸，鄭玄說：「不易爵，辟內子。」（卷45，頁533）此說的討論，詳參第五章第一節。

日常生活中，男女不相授受。〔註 82〕祭祀時，為完成禮事，且「祭事嚴敬，不嫌也」〔註83〕，故主婦得與異性行禮，但男女之別仍存在於易爵、洗爵中。職是，獻間是否洗爵，除了尊卑的問題之外，還涉及性別。

　　總之，祭祀行獻禮時，男子行爵由尊者至卑者，不洗爵；從卑者向尊者則洗；若男女行爵，則易爵而洗。祭禮中的飲酒，以不洗爵表示親暱，親親故禮殺；洗爵為敬，尊尊而見其等級之別。飲酒禮，以潔淨為敬，故親洗。

　　若上述不誤，回過頭來探討賈公彥所說的內容。其一，尸不親酌，為禮遇尊者之故，賈氏所言為是。其二，賈氏說尸酢主人時，尸「不親洗、酌，尸尊故也」。事實上，除了尊卑外，祭禮本以不洗爵表示親近。其三，「獻間無事」之「事」，賈氏以為指有酬酢之禮、卑者向尊者行爵。然而，是否洗爵似與酬酢關係較小，而是行爵雙方的尊卑、性別，及祭祀性質。賈氏僅言及尊卑。賈公彥所言，雖有不足，但仍指出探討祭禮的重要關鍵。

2、上大夫儐尸之禮與飲酒禮的異同

　　上大夫祭祀的儐尸之禮，主人初獻的行爵過程為：

　　　　　　尸 → 侑 →（洗）主人

爵從尸到侑，不洗。侑飲後，尸以此爵酢主人，則洗。主婦亞獻一節，行爵順序為：

　　　　　　尸 → 侑 → 主人

皆不洗。賓長三獻節，行爵順序為：

　　　　　　尸 → 侑 → 主人 → 賓

皆未洗爵。同樣是侑飲用過的爵，同樣是由「侑」到「主人」，初獻洗爵，亞獻、三獻卻不洗？目前僅見胡培翬提出說明：「此儐尸，則尸受侑爵，降洗、降盥自酌者，賓主之禮然也。」〔註84〕胡氏所言，提供一條思考的線索：若從賓、主考量，三獻之禮由主人、主婦、賓發起，三者皆為主黨。而尸、侑與主人雖具事實上的血緣關係，但在此行禮場合中，二者相對屬於賓黨。初獻時，當尸從侑手中接過爵，將酢主人時，即代表賓黨的一方，與主人行

〔註82〕如《韓詩外傳》載孔子南遊適楚，子貢向婦人求飲之事：「（婦人）受子貢觴，迎流而挹之，奐然而棄之，從流而挹之，奐然而溢之，坐置之沙上，曰：『禮固不親授。』」漢・韓嬰著，許維遹校釋：《韓詩外傳集釋》（北京：中華書局，2009 年 5 月初版），卷 1，頁 3。

〔註83〕清・孫希旦：《禮記集解・坊記》，下冊，卷 50，頁 1295。

〔註84〕清・胡培翬：《儀禮正義・有司徹》，第 3 冊，卷 39，頁 2359。

禮，故洗爵，以表敬意。亞獻、三獻，爲主黨的主婦、賓長，從侑的手中接過爵，向主人行禮，主黨爲示親近、無別之意，故不洗。

賓長三獻畢，主人繼而酬尸，洗爵。此屬當「異事新之」。

綜上所述，儐尸之禮的三獻，除了「異事新之」而洗爵外，大體沿續正祭的不洗爵，與飲酒禮異。是以，儐尸之禮雖近似飲酒禮，其中仍有同有異。

例四：飲酒禮，奠爵，將舉者于右，不舉者于左。唯獻公之爵，奠于左。

例五：祭禮奠爵，將舉者于左，不舉者于右。

〈鄉飲酒禮〉、〈鄉射禮〉兩篇「記」文指出「凡奠者，於左；將舉，於右。」〔註85〕飲酒禮奠爵的情形，大致如是。與飲酒禮相對，鄭玄指出祭禮爲示「神惠」〔註86〕，故奠於右爲不舉，奠於左爲舉。然而，祭禮亦有非神惠者，如〈特牲饋食禮〉無算爵，舉觶者皆奠于「薦右」，鄭玄以此爲「非神惠」〔註87〕，但並未解釋箇中原由。凌廷堪因而反對「神惠」之說，改採「相變爲禮」的說法解之：〈特牲饋食禮〉之旅酬，主人奠於薦左，當如〈燕禮〉二大夫媵爵於公「奠於薦左」之意，即「不敢必賓舉」；而無算爵輕於旅酬，其儀簡，「故舉觶者逕奠於薦右」；凌氏總結說：

> 可見蓋皆以相變爲禮，《注》以行神惠、非神惠解之，似與禮例不合。〔註88〕

凌氏從禮儀過程的變化來看待薦左、薦右之別，不無道理。然而，凌氏反對鄭玄以神惠解之，卻又說：

> 唯〈有司徹〉主人受尸酢，將祭俎，先奠之於左，《注》：「神惠，變於常」是也。主人受尸酢，將舉者奠於左，則主人獻尸，將舉亦奠於左矣。〔註89〕

此又採用「神惠」的標準，依違鄭注，似無一致的標準。因而本文期望藉由比較飲酒禮、祭祀飲酒的儀節，嘗試闡明差異所在。

1、飲酒禮的奠爵

根據〈鄉飲酒禮〉、〈鄉射禮〉兩篇「記」文，鄭玄揭示「凡奠爵，將舉者於右，不舉者於左」，闡明奠爵左右位置與後續禮儀的關係：奠爵於右，表

〔註85〕 《儀禮》〈鄉飲酒禮・記〉，卷10，頁104；〈鄉射禮・記〉，卷13，頁147。
〔註86〕 《儀禮・有司徹》，鄭注，卷50，頁599。
〔註87〕 《儀禮・特牲饋食禮》，鄭注，卷46，頁544。
〔註88〕 清・凌廷堪：《禮經釋例・飲食之例中》，卷4，頁225～226。
〔註89〕 清・凌廷堪：《禮經釋例・飲食之例中》，卷4，頁226。

示後續仍將使用此爵行禮；奠於左者，表示不舉爵。之所以區分左右與用爵的關係，主要在於右手文化：為便於右手舉爵，故將舉者奠於右；不舉之觶奠於左，以免妨礙行禮。〔註90〕除了表明「是否用爵」外，禮畢奠爵於左，亦為禮儀告一段落之意，如〈士昏禮〉「舅姑饗婦」章，鄭玄以奠酬為「正禮成，不復舉」〔註91〕。若奠於薦左者皆不再舉，則後續禮儀如何進行？鄭玄指出：

> 凡酬酒皆奠於薦左，不舉。其燕，則更使人舉爵。(《儀禮》，
> 鄭注，卷5，頁55)

因此〈鄉飲酒禮〉、〈鄉射禮〉復使一人或二人舉觶敬酒於賓，〈燕禮〉、〈大射〉使二大夫或賓媵爵於公，以此爵作為下一階段旅酬的開端。

上引鄭玄說「凡酬酒皆奠於薦左，不舉」，〈鄉飲酒禮〉、〈鄉射禮〉中，賓、主雙方行獻、酢禮已各飲一爵，至酬禮時，主人先自飲，後奠爵於賓薦之右。奠爵的舉動，意味著勸賓飲酒。而賓不敢盡主人之盛意，故移於薦左、不舉爵飲酒。值得注意的，是〈燕禮〉、〈大射〉二篇略有些不同：一，主人酬賓時，不直接奠於地而親授受。蓋因其為國君飲酒禮，酒為君物，故主、賓親授受，不奠爵，而賓受酒、祭酒後，方奠於薦左。〔註92〕二，〈燕禮〉、〈大射〉二篇媵爵於公時，奠於薦左，「不敢必君舉」〔註93〕，而公徑取薦左之爵舉行旅酬，則君臣飲酒禮，薦左之爵亦用。

2、祭祀飲酒的奠爵

參照鄭玄的解釋，祭祀飲酒，以奠爵於「左」為將舉，奠於「右」為不舉。由於凌廷堪提出不同的看法，為清楚討論此議題，茲將士、大夫廟祭飲酒奠爵的情形整理為附表2。其中，不符合祭祀奠爵於左為將舉者有二：

第一，〈特牲饋食禮〉「無算爵」章，賓弟子及兄弟弟子酳酒于其尊長，奠於「薦右」，尊長接受弟子答拜後，「奠觶于其所」，仍是「薦右」。鄭注：

> 奠觶，進奠之于薦右，非神惠也。(《儀禮》，鄭注，卷46，頁
> 544)

賈疏：

〔註90〕《儀禮·鄉飲酒禮》，鄭注，卷10，頁104。
〔註91〕《儀禮·士昏禮》，鄭注，卷5，頁55。
〔註92〕宋·李如圭：《儀禮集釋》，收入《經苑(五)》，卷7，頁2023。
〔註93〕《儀禮》〈燕禮〉，鄭注，卷14，頁164；〈大射〉，鄭注，卷17，頁197。

案上「尊兩壺於阼階東，加勺，南柄。西方亦如之。」鄭注云：「爲酬賓及兄弟，行神惠。」（筆者按：此指主人獻賓與兄弟）至此云：「非神惠」者，彼三獻止爵，欲得神惠均于室中。眾賓長爲加爵，止爵者，欲神惠均于在庭，故止爵。行旅酬雖以尸而奠爵待之，亦得爲神惠。至此別爲無算爵，在下自相勸，故得爲非神惠。故奠於薦右，同於生人飲酒：舉者，奠於薦右也。（《儀禮》，賈疏，卷46，頁544）

透過比較上賓三獻 → 眾賓長加爵 → 嗣子舉奠獻尸 → 旅酬 → 無算爵等一連串禮儀流程，賈公彥提出一較爲合理的說法：上賓三獻時，尸止爵，欲均神惠於室，主婦與主人相互致爵後，尸乃卒爵。眾賓長加爵時，「爵止」。鄭玄說：

尸爵止者，欲神惠之均於在庭。（《儀禮》，鄭注，卷45，頁537）

尸希望庭中的眾賓、眾兄弟旅酬飲酒後，方舉爵飲。於是接下來，嗣子獻尸，尸「啐酒，奠之」，不卒爵。〔註94〕尸啐酒，以回報嗣子敬酒的心意，而不卒爵則是再次表明「均神惠」、希望與在庭者一同分享飲酒。於是，旅酬雖行於庭中的眾賓與眾兄弟，但因尸置眾賓長所獻之爵而待之，有「欲神惠之均於在庭」的用意，故仍與上賓三獻之禮同屬神惠。而無算爵則是由堂下的眾賓、眾兄弟發起「自相勸」，與尸無關，因此近似生人飲酒「將舉者，奠於薦右」。〔註95〕易言之，以禮儀的發端者辨別賓弟子及兄弟弟子各酌于其尊長，不屬於神惠。

第二，〈有司徹〉「儐尸之禮，主人酬尸」章，「主人實觶，尸拜受爵，主人反位答拜，尸北面坐奠爵于薦左。」鄭玄無注。賈疏：

主人酬尸，尸奠於薦左者，不舉。案下經不舉，二人舉爵于尸侑，侑奠爵于右，注云：「奠於右者，不舉也。神惠，右不舉，變於飲酒。」與此不同者，〈特牲〉及下不儐尸，皆無酬尸之事，此特有之。由儐尸如與賓客飲酒，無故有酬，異於神惠。神惠，右不舉，侑奠於右是也。侑一名加者，〈少牢〉無侑尸，此乃有，故無加稱。

─────────────────────

〔註94〕《儀禮‧特牲饋食禮》，卷46，頁543。
〔註95〕清人褚寅亮承賈氏之說而更爲簡要，「旅酬、無算爵，同酌下尊，而《注》一以爲神惠，一不爲神惠者，蓋旅酬尸奠爵以待，即神惠也。此賓主弟子各舉觶于其長，於尸無與，故不爲神惠，而同生人禮也。《注》不誤。」見氏著：《儀禮管見》，收入《續經解三禮類彙編（二）》，第2冊，頁1207。

是以主人酬賓，賓奠於左，亦是神惠，故即舉之。〈特牲〉及不儐尸
皆有酬賓，同是神惠，故皆奠於左也。（《儀禮》，賈疏，卷 49，頁
589～590）

賈公彥認為儐尸禮的性質近於飲酒禮，故主人酬尸奠於薦左爲不舉，「非神惠」。後人多從此說，如李如圭、張爾岐、盛世佐、胡培翬。然而，賈氏此說，並無法解釋同樣是儐尸之禮，上賓三獻時，尸亦奠於薦左，而且尸初未舉觶，最後卻「作三獻之爵」〔註96〕，飲用上賓所獻之酒的原因。

清人秦蕙田說：

前上賓獻尸而尸不舉，此主人復爲酬爵勸飲，而尸終不舉，皆
欲惠均于下之意。〔註97〕

秦氏比對〈有司徹〉上賓三獻、主人酬尸，尸連奠二爵於薦左、不舉，認爲當同於〈特牲饋食禮〉賓三獻而尸止爵，欲普及神惠；此〈有司徹〉尸奠爵亦然，故主人獻賓、眾賓與眾兄弟、內賓、私人等禮畢，尸於是「作三獻之爵」，飲用上賓三獻的酒。

　　從禮儀流程來看，士、下大夫正祭，賓長三獻時，尸皆止爵，欲均神惠。〔註98〕上大夫正祭，賓長三獻，尸不止爵而卒爵，無得均神惠。故儐尸之禮時，賓長三獻，尸止爵，以均神惠。後者，鄭玄雖無說，但廟祭禮的相同禮文，當在同樣的語境中解釋，故推知上大夫儐尸之禮，尸止爵當屬欲均神惠之意。而且主人酬尸的「酬」，本爲勸飲之意，〔註99〕接續在尸奠賓爵之後，更見主人殷勤勸飲的心意。尸又奠主人爵，再次表明均神惠的意願。於是，主人乃獻眾人。最終主人獻私人畢，方得稱「均神惠徧」〔註100〕，故尸舉賓長三獻之爵，「作三獻之爵」。從禮儀流程或禮意來說，秦氏之言較爲合理。

〔註96〕　《儀禮・有司徹》，卷 50，頁 598。

〔註97〕　清・秦蕙田：《五禮通考》（桃園：聖環圖書有限公司，1994 年 5 月初版），第
　　　　　4 冊，卷 112，頁 15 上。

〔註98〕　〈有司徹〉下大夫不儐尸之禮，賓長三獻時，「尸拜受。賓戶西，北面答拜。
　　　　　爵止。」鄭注：「尸止爵者，以三獻禮成，欲神惠之均於室中，是以奠而待之。」
　　　　　（《儀禮》，鄭注，卷 50，頁 603）

〔註99〕　《儀禮・鄉飲酒禮》，鄭注，卷 9，頁 88。

〔註100〕　見於張爾岐：《儀禮鄭注句讀》，卷 17，頁 761。胡培翬：《儀禮正義・有司徹》，
　　　　　第 3 冊，卷 40，頁 2388。按：二氏從賈公彥之說，但在分章時，則又言「主
　　　　　人獻私人均神惠徧」。可知二氏將尸欲均神惠之意，上溯於「上賓三獻，尸止
　　　　　爵」，屬於祭祀範疇，但「主人酬尸，尸止爵」則放在飲酒禮的脈絡談。

比較飲酒禮和祭祀飲酒禮奠爵的左右，除了反映了右手文化的取向外，〔註101〕葉國良師指出飲酒禮與祭祀飲酒，之所以措意於左右不同，乃在於標誌禮儀性質不同。上文所討論的祭禮之爵，可以爲證。又如一般生人飲食，大羹汁置於薦右；祭祀鬼神時，由於死生異道，故置於左側，〔註102〕顯示古人慣用改變左右的方式，表示人神之異。

綜上所述，飲酒禮和祭祀飲酒相同的禮文，大致包含受獻者祭酒、受一獻之禮者有薦有俎、受獻之後，薦脀之位始定。禮文略有歧異者，有三：一，飲酒禮先獻後設薦，祭禮先設薦後獻酒，此爲禮儀流程不同所致。二，飲酒的一獻之禮以洗爵爲敬，祭祀多不洗爵以表親近。三，飲酒禮多奠酬於左，表示不用或不敢請尊者「一定」要舉爵。祭禮多奠酬於右，表示不舉爵。而士祭無算爵，因發端於堂下的眾賓與眾兄弟，長者奠於薦右，表示將舉，同於飲酒禮。大夫儐尸禮，尸奠上賓三獻之爵、主人酬爵於右，表明欲均神惠，其後復舉爵。

第二節　飲酒禮的序列儀節與盛殺之辨

禮源自人情，相對地也能引導人情。自鄭玄彰示禮儀活動可分節後，賈公彥、凌廷堪等學者便從「禮之大節」的觀點揭示禮例。就禮儀程序而言，部分儀節具有相對固定的前後次序，本文稱爲「序列儀節」〔註103〕。如飯後用酒漱口以安食氣，即「先飯後酳」，爲一基本序列。就食禮而言，〈士昏禮〉婦至成禮、婦饋舅姑，皆三飯後一酳，當爲士人食禮的普遍情形。相較之下，〈公食大夫禮〉賓十一飯畢，「三飲」。就祭禮而言，士尸九飯而得三獻之酳、下大夫尸十一飯後亦三獻、上大夫尸則十一飯後三獻，並在三獻結束後，再次進行另一場飲酒盛會——儐尸之禮。而〈樂記〉載天子以食禮養三老、五更，食訖，天子「執爵而酳」，親自執爵獻老者，使之酳口。可知飯、酳的數量與形式，將因主人身分、禮儀種類而異，但「先飯後酳」的序

〔註101〕彭美玲師：《古代禮俗左右之辨研究——以三禮爲中心》，頁103。

〔註102〕林素娟：〈喪禮飲食的象徵、通過意涵及教化功能——以禮書及漢代爲論述核心〉，《漢學研究》第27卷第4期（2009年12月），頁12。

〔註103〕儀式的序列行爲參考自詹姆斯·萊德羅、卡羅琳·哈木芙瑞：〈儀式行爲〉，收入王霄冰主編：《儀式與信仰——當代文化人類學新視野》（北京：民族出版社，2008年3月初版），頁61。按：該文以爲儀式行爲屬於無意義，本文則認爲儀式與意義不能二分。

列基本上是固定的。

不只個別的儀節具有固定的先後關係，一整套禮儀的進程具有同樣的特質。以歸納禮儀活動而言，清人凌廷堪《禮經釋例》依據前人所分之章節，歸納禮儀進行的關節，按之讀經，猶「若網在綱，有條而不紊」〔註104〕。如〈鄉射禮〉、〈大射〉雖行禮者身分、舉行目的不同，但就儀節而言，射前飲酒，行射禮時，司射誘射、初射不釋獲、再射釋獲而飲不勝者、三射以樂節射而飲不勝者，均同；〈特牲饋食禮〉、〈少牢饋食禮〉有別，但陰厭、尸飯、主人初獻、主婦亞獻、賓長三獻、祭畢旅酬、無算爵等例亦相同；會通諸例，則能覘《儀禮》之「經緯塗徑」。〔註105〕因此下文據凌氏禮儀進程的觀點，以飲酒禮爲對象，藉由禮例討論禮盛禮殺的涵義。〔註106〕

整理〈鄉飲酒禮〉、〈鄉射禮〉、〈燕禮〉、〈大射〉四篇的儀節如下：

〈鄉飲酒禮〉	〈鄉射禮〉	〈燕禮〉	〈大射〉
主人獻賓	主人獻賓	主人獻賓	主人獻賓
賓酢主人	賓酢主人	賓酢主人	賓酢主人
		主人獻公	主人獻公
		主人自酢於公	主人自酢於公
主人酬賓	主人酬賓	主人酬賓	主人酬賓
		公爲賓旅酬大夫	公爲賓旅酬大夫
主人獻介	（主人獻大夫）	主人獻卿	主人獻卿
		公爲卿舉旅	公爲卿舉旅
介酢主人	（主人自酢於大夫）		
主人獻眾賓	主人獻眾賓	主人獻大夫	主人獻大夫
主人獻工、笙	主人獻工、笙	主人獻工	主人獻工
樂備而旅酬	（樂備而行射）		（樂備而行射）
賓酬主人：旅酬之始	賓酬主人：旅酬之始	公爲大夫舉旅	公爲大夫舉旅
主人酬介	（主人酬大夫）		

〔註104〕清·凌廷堪：《禮經釋例·射例》，卷7，頁378。
〔註105〕上述詳參清·凌廷堪：《禮經釋例·序》，頁39。
〔註106〕關於禮儀的盛殺，目前僅見章太炎〈禮隆殺論〉，從時代先後、行禮與否的觀點討論禮儀隆殺。而本文則從禮儀步驟的角度，嘗試說明鄭玄《儀禮注》、賈公彥《儀禮疏》、凌廷堪《禮經釋例》中的術語及其反映的禮學思維。章太炎之文，見王小紅選編：《章太炎儒學論集》，下冊，頁820～822。

		主人獻笙	
請坐燕因徹俎，脫屨	請坐燕徹俎，脫屨	徹俎，卿大夫說屨	徹俎，賓、公卿大夫說屨
		主人獻士及旅食	主人獻士及旅食
		公爲士舉旅	公爲士舉旅
		主人獻庶子以下	主人獻庶子等
無算爵	無算爵	無算爵	無算爵

〈鄉飲酒禮〉、〈鄉射禮〉的飲酒禮流程大致爲：

（1）主人與賓，行獻、酢、酬的飲酒禮，又稱爲「一獻之禮」。此時的酬爲主人單向行禮，賓並不飲酒。

（2）主人與賓黨之次尊者——介或大夫，進行第二輪獻、酢的飲酒禮，無酬。

（3）主人按照尊卑向賓黨獻酒。相較於前二者，主人獻，而無酢、酬之禮。

（4）賓黨受獻畢，賓酬主人，主人酬介，行旅酬。

（5）無算爵。

比較主人與賓、介（或大夫）、眾賓所行之禮呈依次遞減的情形：

主人與賓　：獻、酢、酬

主人與介　：獻、酢

主人與眾賓：獻

禮數的多寡，正顯示身分尊卑。〈燕禮〉、〈大射〉的流程，與上述細節之異在於：

（1）主人與賓行獻、酢之禮後，暫停與賓行「酬」，改向公行獻、酢之禮，此爲〈鄉飲酒禮〉、〈鄉射禮〉所無。

（2）主人酬賓之後，公爲賓旅酬大夫，先於酬卿，異於〈鄉飲酒禮〉主人依尊卑之次獻眾賓。

（3）按身分尊卑，「主人獻」、「公舉旅」交替進行，如主人獻卿、公旅卿；主人獻大夫、公旅大夫。庶子以下，因位卑，故公不爲之舉旅。

可知〈燕禮〉、〈大射〉的流程，是按階級、身分的不同，將〈鄉飲酒禮〉、〈鄉射禮〉的主人獻賓黨、旅酬混合交替進行。而〈鄉飲酒禮〉、〈鄉射禮〉「主

人獻眾賓」統括眾賓，〈燕禮〉、〈大射〉則明確別爲卿、大夫、士、庶子等，乃因主人的身分位階有別，以致受邀出席的階級有所不同，故形式有簡省、繁複之別，如〈鄉飲酒禮〉的旅酬從單次，擴展爲〈燕禮〉的四次。〈燕禮〉、〈大射〉由獻主（宰夫）獻，而旅酬則由公發起，令臣子行酬，可從多方面思考：首先，二者爲國君款待大臣的禮儀，實質上並無可與眾臣交替行酬的「主『黨』」，因此公舉旅後，諸臣彼此行酬。其次，宰夫代爲獻主，不敢以主人的身分行旅酬。同樣地，賓亦不敢爲旅酬的發起者，免得主客易位、有踰越之嫌。其三，祭禮的旅酬爲廣施「神惠」，那麼飲酒禮中「少長以齒，終於沃、洗者」的旅酬，亦當由國君爲首，普及施恩。

　　綜合上述，飲酒禮的進程，主要爲賓主一獻之禮、主人獻賓黨之次尊者（或有或無）、主人獻眾賓、旅酬、無算爵。

一、飲酒禮的正獻

　　《儀禮》中所見的「獻」，以進奉爲基本義，按照出現情形可分爲三類：第一種是寬泛的「凡進物曰獻」〔註107〕。第二種，飲酒禮中，主人向某人敬酒，可稱爲獻。第三種是指飲酒禮中，具有獻、酢、酬等一套完整的儀式，可稱爲「獻」，又名「一獻之禮」〔註108〕。若重複進行獻、酢、酬等禮儀，則可爲三獻、五獻、九獻等。根據第二、第三類，可分爲獻而「無」酢酬者，與獻而「有」酢酬者。

　　所謂「正獻」，賈公彥說：「言『不獻酒』則旅酬亦不與，旅酬所以酬正獻。」〔註109〕飲酒禮中，正獻與旅酬是相對的二個節目，旅酬是正獻的賓客輪流行酒致意。淩廷堪則直接括例爲「凡正獻既畢之酒，謂之旅酬。」〔註110〕因此，飲酒禮的正獻至少包含旅酬前，主人與賓行禮、主人與介（或大夫）行禮、主人獻眾賓等儀節。

（一）賓主一獻之禮

　　主人與賓行獻、酢、酬的一獻之禮，爲飲酒禮中最重要的儀節。相關禮例與流程，《禮經釋例》載：

〔註107〕《儀禮・鄉射禮》，鄭注，卷11，頁111。
〔註108〕《儀禮・士冠禮》，鄭注，卷2，頁22～23。
〔註109〕《儀禮・鄉飲酒禮》，賈疏，卷10，頁99。
〔註110〕清・淩廷堪：《禮經釋例・飲食之例上》，卷3，頁173。

（獻禮）

凡獻酒皆有薦，禮盛者則設俎。

凡薦脯醢在升席先，設俎在升席後。

凡獻酒，禮盛者受爵于席前，拜與卒爵于階上。

凡獻酒，禮盛者則啐酒，告旨。

凡啐酒于席末，告旨則降席拜。

凡獻酒，禮盛者受爵、告旨、卒爵皆拜，酢主人。

（酢）

凡酢如獻禮，崇酒，不告旨。

凡賓告旨在卒爵前，于席西拜。主人崇酒在卒爵後，于階上拜。

凡禮盛者坐卒爵。

（酬）

凡酬酒，先自飲，復酌，奠而不授，舉觶、媵爵亦如之。

凡酬酒奠而不舉。

凡酬酒不拜洗。〔註111〕

其中還可涵蓋祭酒、祭薦、祭俎之例。〔註112〕主人獻賓時，賓祭薦、祭肺、祭酒於席上，「以示敬主人之物」〔註113〕。而賓以酒「入於己」，故於席末啐酒，表示「非專爲飲食也，爲行禮也，此所以貴禮而賤財也。」〔註114〕酒爲穀物釀成的精華，甚爲珍貴，故視之爲「財」〔註115〕。席上祭薦、祭酒，是重視禮儀的表現，而在席末啐酒，表示不看重飲食之物的甘旨、多寡。〔註116〕接著，由於禮尚往來，賓酢主人。最後，主人執觶酬賓，「更新酒器，

〔註111〕清・凌廷堪：《禮經釋例・飲食之例上》，卷3，頁178～199。

〔註112〕如凡醴皆設柶，用籩豆。凡醴皆用觶，不卒爵。凡祭醴，始扱一祭，又扱再祭，謂之祭醴三。凡酌而無酬酢曰醮。凡執爵皆左手，祭薦皆右手。凡祭薦者坐，祭俎者興，祭薦者執爵，祭俎者奠爵。凡祭薦不挩手，祭俎則挩手。凡祭酒，禮盛者啐酒，不盛者不啐酒；祭肺，禮盛者嚌肺，不盛者不嚌肺。凡祭皆于豆籩之間，或上豆之間。見清・凌廷堪：《禮經釋例・飲食之例下》，卷5，頁245～264。

〔註113〕清・孫希旦：《禮記集解・鄉飲酒義》，下冊，卷59，頁1428。

〔註114〕《禮記・鄉飲酒義》，卷61，頁1005。

〔註115〕賈公彥説：「啐酒於席末者，酒是財，賤財之義也。」《儀禮・鄉飲酒禮》，賈疏，卷8，頁84。按：從古人以穀物交税、以物易物來看，穀實爲財貨的一種。

〔註116〕清・孫希旦：《禮記集解・鄉飲酒義》，下冊，卷59，頁1428。

以再示主人禮敬賓客之意」。〔註117〕而主人先自飲而後飲賓的「酬」禮，表現「忠信」的誠摯情感。〔註118〕禮儀的複雜程度，適與其重要性、內心的敬意成正比，因此一獻之禮亦透過重複洗爵、盥手的清潔程序，表達「敬」意。〔註119〕

（二）主人獻介或大夫

〈鄉飲酒禮〉、〈鄉射禮〉，主人獻賓、主人獻介、主人獻大夫的儀節及相應禮例，對照如下：

儀節項目	主人獻賓	主人獻介或大夫〔註120〕	《禮經釋例》相關禮例
獻酢酬之異	獻、酢、酬，單獨舉行	獻、酢。酬禮併於旅酬	凡主人進賓之酒謂之獻。凡賓報主人之酒謂之酢。凡主人先飲以勸賓之酒謂之酬。
拜洗與否	賓拜謝主人洗爵	介或大夫不拜洗	
拜禮地點	賓在西階，主人在東階	主人與介，同階	凡賓、主人禮，盛者專階，不盛者不專階。
受獻後儀節	嚌肺、啐酒、告旨	不嚌肺、不啐酒、不告旨	凡獻酒，禮盛者則啐酒、告旨。凡祭酒，禮盛者啐酒，不盛者不啐酒；祭肺，禮盛者嚌肺，不盛者不嚌肺
酌酢者	賓為主人酌酒	主人自酌	凡酢，禮殺者，則以虛爵授之

以主人獻賓的禮儀為基準，主人減少向介或大夫所行的禮數，以表徵禮儀場合中的身分差異。

（三）主人獻眾賓

〈鄉飲酒禮〉、〈鄉射禮〉、〈燕禮〉、〈大射〉四篇，主人獻眾賓後，即進脯醢，鄭玄謂之「凡獻，皆薦也」〔註121〕。獻酒與進脯醢雖然是相偕而行的禮，但透過細微差異，可突顯身分尊卑。眾賓身分較為繁複的〈燕禮〉，或許

〔註117〕林素英師：〈論鄉飲酒禮中詩樂與禮相融之意義〉，《井岡山大學學報（社會科學版）》第32卷第2期（2011年3月），頁112。

〔註118〕鄭玄：「酬之言周，忠信為周。」賈疏：「此解主人將酬賓，先自飲之意。以其酬賓，若不自先飲，是不忠信，恐賓不飲，示忠信之道，故先自飲乃飲賓，為酬也。」（《儀禮·鄉飲酒禮》，鄭注，卷9，頁88）

〔註119〕《儀禮·士昏禮》，鄭注，卷5，頁55。

〔註120〕《儀禮》，〈鄉飲酒禮〉，卷9，頁89～90；〈鄉射禮〉，卷11，頁114。

〔註121〕《儀禮·燕禮》，鄭注，卷15，頁177。

是合宜的觀察對象。〈燕禮〉主人獻眾賓的前三項節目爲：

獻卿 → 獻大夫 → 獻工

獻卿時，一卿獻畢，即薦脯醢；主人獻大夫時，全部的大夫獻畢，始進脯醢。針對個別或群體進薦的差別，鄭玄認爲大夫位卑賤於卿，故「徧獻之，乃薦」，作爲辨別尊卑的標誌。賈公彥繼而視此爲例，指出：

凡大夫升堂受獻，得獻訖，即降。獻徧，不待大夫升，遂薦於其位。（《儀禮》，賈疏，卷 15，頁 171）

然而，主人獻工一人，即進脯醢，不待眾工，鄭玄解釋爲「變於大夫」，賈公彥完足其意指出「禮尚異，變於大夫」。易言之，同樣是個別進脯醢的禮儀，卿之於大夫爲尊卑之辨，工之於大夫則爲禮尚異。學者遂以此爲鄭注之失，如盛世佐以爲「每獻輒薦」爲獻工的常禮，注說穿鑿。〔註 122〕李雲光則認爲獻後即薦，爲飲酒之通例，縱使大夫遍獻而後薦之，同樣屬於獻而後薦，「此古人飲食之法，不必由此而見義也。」〔註 123〕從「禮以異爲敬」來看，鄭說不爲無據，但從尊卑的觀點來看，主人獻大夫之禮竟輕於獻工，卻又令人費解。觀察〈燕禮〉、〈大射〉全篇的獻禮，似可另尋解釋。

主人獻工，與獻卿、大夫的顯著差異有二：第一，工有相者。受酒時，相者在旁協助，異於主人逐一向卿、大夫行禮。第二，工「左瑟」，同時服飾上也有別於卿、大夫。因此就外觀而言，獻工與獻大夫十分容易區別，以形式上「變於大夫」的可信度較小。更進一步來說，鄭玄採用回溯的方式，以工對照身分較尊的卿、大夫，得出「略賤」、「變於大夫」的解釋；但後續的主人獻笙、獻士、獻庶子、獻左右正與內小臣，皆採用相同模式：

（1）向該群體的代表獻酒、進脯醢。

（2）代表祭薦、祭酒。

（3）向該群體眾人獻酒，獻畢，一同呈上脯醢，眾人祭酒、不祭薦。

那麼，獻笙毋庸區別於工？獻庶子毋須有別於士？若無區別的必然性，則獻工實可同於大夫。與上述模式略異者，爲〈鄉飲酒禮〉、〈鄉射禮〉、〈燕禮〉主人獻笙，笙一人作爲代表升堂受酒，待眾笙受獻畢，代表與眾笙同時受薦。

〔註 122〕清・盛世佐：《儀禮集編》，《景印文淵閣四庫全書》，第 111 冊，卷 12，頁 441。
〔註 123〕李雲光：《三禮鄭氏學發凡》，頁 706。

〔註124〕職是，綜合獻工、獻笙、獻士、獻庶子、獻左右正與內小臣的模式來看，同一群體的尊卑之別，除了受獻先後外，還顯示在：是否單獨接受獻酒、是否單獨設薦。

　　參照上述模式，主人獻大夫時，受酒者亦爲大夫這一群體的代表。但特別的是，主人亦是大夫〔註125〕，且受國君之命爲獻主，因此就該群體來說，主人實際上尊於受酒者，故此時主人得薦，而非大夫代表。同時，爲了避嫌起見，將薦設於堂下，而非主人之位的阼階（國君在此）；薦於堂下，不祭，〔註126〕是以主人無祭薦之禮。因此，所謂主人獻大夫與上述模式的差異在於：一，主人受薦，大夫代表不受薦。主人獻大夫時，由於主人亦是大夫，且爲「有事者」較尊，故主人得單獨受薦，大夫群體則一齊受薦。二，主人薦設於堂下，不祭。主人雖得薦，卻非受酒者，因此不祭薦、不祭酒。

　　此外，身爲大夫的主人獻卿，屬於卑者獻尊者之禮，應一一向卿敬酒、致意，及進薦。〔註127〕因此主人獻卿皆個別設薦，異於獻大夫的群體設薦。此源於尊卑之異。

　　順此模式的思維，還可解決〈燕禮〉、〈大射〉之「主人獻士及旅食」章，出現非士長者單獨受薦的情形。士長爲士群體的代表，單獨受酒，並無疑義。而〈燕禮〉司正，與射人一人、司士一人、執冪二人，〈大射〉司正、射人，皆屬於士階層，本應與眾士同時受脯醢，卻單獨受薦，有別於其他階層。其道理，與主人相對於大夫群體單獨受薦相同，皆爲「有事者」，藉此表示尊崇。〔註128〕

〔註124〕〈大射〉未載主人獻笙之禮，似爲文略。

〔註125〕《儀禮》〈燕禮〉鄭注：「某，大夫也。」〈大射〉鄭注：「主人，下大夫也。」（卷14，頁160；卷17，頁199）賈疏〈燕禮〉：「以其賓主相對，宰夫爲主人，是大夫，明賓亦是大夫。」（卷14，頁160）

〔註126〕〈燕禮〉主人獻笙、眾士、旅食、祝、史、小臣師、庶子、左右正與內小臣，皆不祭。《儀禮》，卷15，頁173～177。

〔註127〕《禮記・王制》載「大國三卿，……下大夫五人，上士二十七人」（卷11，頁220），各國實際情形雖未必完全相符，大體可知卿人數少，而大夫、士相對較多。以此考量主人獻卿時，每獻輒薦，與人數亦不無關係。

〔註128〕宋・李如圭：「此皆有事者，故別在觶南，北面而先薦。」見氏著：《儀禮集釋》，卷8，頁2031。。清・胡匡衷：「大射以射爲主，故司射與射人特薦。」見氏著：《儀禮釋官》，《皇清經解》，第12冊，卷777，頁8780。另外，主人向群體獻酒的模式，亦可應用於祭禮，如〈特牲饋食禮〉主人獻賓長與眾賓、長兄弟與眾兄弟、士長與眾士。

總結上述，飲酒禮以賓主一獻之禮最爲隆重，次爲主人獻介或大夫，復次爲主人獻眾賓。〈燕禮〉、〈大射〉爲國君飲酒禮，參與的階級較多，爲別尊卑，故儀節、行禮者略有不同。

二、飲酒禮的旅酬

（一）旅酬的儀節

正獻之後，爲依次行酒的旅酬〔註129〕：於〈鄉飲酒禮〉、〈鄉射禮〉爲主黨的眾兄弟與賓黨依其長幼行禮，「賓酬主人，主人酬介，介酬眾賓，少長以齒」〔註130〕。於〈燕禮〉、〈大射〉，則是群臣依尊卑之次行酒：

> 獻君，君舉旅行酬；而后獻卿，卿舉旅行酬；而后獻大夫，大夫舉旅行酬；而后獻士，士舉旅行酬；而后獻庶子。俎豆、牲體、薦羞，皆有等差，所以明貴賤也。（《禮記・燕義》，卷62，頁1022～1023）

卿、大夫、士、庶子的貴賤之別，不僅在於行酬次序，亦顯示在俎豆、牲體等器物上。

正獻與旅酬主要的區別有二：其一，正獻由主人一人依固定順序向特定對象獻酒，如先賓，次介或大夫，後眾賓、工等。旅酬是「以尊酬卑」〔註131〕，尊者先自飲以勸酒，飲畢實爵，向卑者敬酒，眾人輪番飲酒。其二，旅酬儀節較爲減省，如：

> 旅酬，同階禮殺。（《儀禮》〈鄉飲酒禮〉，鄭注，卷10，頁99；〈鄉射禮〉，鄭注，卷12，頁136）

> 凡旅不洗，不洗者，不祭。（《儀禮・鄉飲酒禮・記》，卷10，頁105）

〔註129〕《儀禮・鄉飲酒禮》：「司正升相旅，曰：『某子受酬。』受酬者降席。」鄭玄注：「旅，序也。於是介酬眾賓，眾賓又以次序相酬。」（卷10，頁99）《儀禮・燕禮・記》：「凡公所酬，既拜，請旅侍臣。」鄭玄注：「旅，行也。請行酒於群臣。」（卷15，頁181）《儀禮・大射》：「賓告于擯者，請旅諸臣。擯者告于公，公許。」鄭玄注：「旅，序也。賓欲以次序勸諸臣酒。」（卷17，頁198）旅酬近似接力飲酒：甲酬乙飲，乙酬丙飲，丙酬丁飲。先按照分群體，各群體之中則依長幼之序，呼受酬者之姓及伯仲等排行。

〔註130〕《禮記・鄉飲酒義》，卷61，頁1007。

〔註131〕清・凌廷堪：《禮經釋例・飲食之例中》，卷4，頁206。

立飲。(《儀禮‧鄉射禮》，鄭注，卷 12，頁 136)

相較於主人獻賓專階、洗爵、祭酒、坐飲，旅酬則同階、不洗爵、不祭酒、立飲酒。淩廷堪遂據此括例為：

> 凡旅酬皆以尊酬卑，謂之旅酬下為上。
>
> 凡旅酬，不及獻酒者不與。
>
> 凡旅酬皆拜，不祭，立飲。
>
> 凡旅酬，不洗，不拜既爵。〔註132〕

以受酒不祭來說，祭酒為「賓敬重主人之禮」〔註133〕，旅酬「以次序相酬」，既不與主人為禮，其「弟長」〔註134〕、和睦眾人的性質較為濃厚，故不祭。放寬、減少部分儀節的限制，可降低拘束感，從而帶動歡樂的氣氛，可知旅酬以彼此親近為要。〔註135〕旅酬和賓主一獻之禮的具體差異，表現禮意的不同。

(二)「飲酒禮成於酬」解

探討一獻之禮和旅酬的差異時，還需界定「飲酒禮成於酬」一語的涵義。鄭玄指出飲酒禮的進程，說：

> (1) 獻、酢、酬，賓、主人各兩爵而禮成。(《儀禮‧士冠禮》，鄭注，卷 2，頁 22)
>
> (2) 酬而後獻卿，別尊卑也。飲酒，成於酬也。(《儀禮‧燕禮》，鄭注，卷 14，頁 166)
>
> (3) 酬賓而後獻卿，飲酒禮成於酬。(《儀禮‧大射》，鄭注，卷 17，頁 198)
>
> (4) 酬賓乃獻長兄弟者，獻之禮成於酬。(《儀禮‧特牲饋食禮》，鄭注，卷 45，頁 536)

意指獻、酢、酬的一獻之禮，告成於「酬禮」。然而，〈燕禮〉「公舉媵爵酬賓，賓遂旅酬」章，鄭玄又說：「酬而禮殺」〔註136〕，此時賓正進行旅酬，賈公彥

〔註132〕清‧淩廷堪：《禮經釋例‧飲食之例中》，卷 4，頁 206～215。

〔註133〕《禮記‧鄉飲酒義》，孔穎達正義，卷 61，頁 1005。

〔註134〕《儀禮‧鄉飲酒禮》，鄭注，卷 10，頁 99。

〔註135〕〈鄉飲酒禮‧記〉：「凡旅不洗。」鄭注：「敬禮殺也。」(卷 10，頁 105) 淩廷堪說：「蓋獻、酢、酬所以申敬，旅酬、無算爵所以為歡也。」見氏著：《禮經釋例‧飲食之例中》，卷 4，頁 207。

〔註136〕《儀禮‧燕禮》，鄭注，卷 14，頁 166。

因而將「酬」解讀爲「旅酬」，並認爲「飲酒禮成於酬」的「酬」，指旅酬。
賈氏說：

> （5）凡飲酒禮成於酬。前已旅酬，所盛禮已重。今主人復舉觶，爲
> 無算爵盡歡情，客不盡主人歡，故且奠之，未舉之，故不奠薦
> 左。（《儀禮·鄉射禮》，賈疏，卷13，頁143）

> （6）此酬非謂尋常獻酬，乃是君爲賓舉旅行酬。……飲酒之禮成於
> 酬，故酬辨乃獻卿，以君尊卿卑，是以君禮成，卿乃得獻，故
> 云「別尊卑」也。（《儀禮·燕禮》，賈疏，卷14，頁166）

由於「酬」可指獻酢酬的酬，也可指旅酬。〔註137〕賈公彥對於「飲酒禮成
於酬」的解釋，以「旅酬」爲說，清人張爾岐從其說〔註138〕。然而，酬雖
可指數種禮儀，但所謂「飲酒禮成於酬」的禮成，當指一固定的界限，作爲
區隔禮儀的明顯標誌。若以門限而言，出入內門（廟門或寢門）爲禮儀暫告
一段落的標誌，故出而復入時，身分的象徵性將稍微減輕或轉變，如〈聘禮〉
聘賓出廟門復入，遂從代表國君前來的使者，轉爲外臣的身分，行私覿主國
之君的禮儀。〔註139〕但飲酒禮過程中，賓主並無出內門復入之禮，此時將
以何者作爲禮儀段落的記號？

　　從禮意來說，如果「飲酒禮成於酬」爲旅酬，將如何突顯賓有別於眾賓，
而爲「一坐所尊」〔註140〕？就禮儀行爲而言，上引鄭注（1）至（4）條，皆
以「主人」爲行爲者，〈燕禮〉、〈大射〉的禮儀流程爲：

　　　　主人酬賓 → 公舉媵爵酬賓 → 旅酬大夫 → 主人獻卿。

可知「酬賓而後獻卿」，指「主人」酬賓而後獻卿。若如賈氏所言「酬」爲旅
酬，那麼「酬賓而後獻卿」一句，將分屬兩個行爲者「『國君』酬賓而後『主
人』獻卿」，也略過「旅酬大夫」一節，於理未安。再者，若「酬」作旅酬解，
也無法理解第（1）條〈士冠禮〉「獻、酢、酬，賓、主人各兩爵而禮成」，以

〔註137〕如孔穎達便曾說：「酬有二等：既酢而酬賓者，賓奠之不舉，謂之奠酬。至三
　　　　爵之後，乃舉嚮者所奠之爵，以行之於後，交錯相酬，名曰旅酬，謂眾相酬
　　　　也。」見《毛詩·小雅·小弁》，孔穎達正義，卷12~3，頁422。

〔註138〕清·張爾岐：「成於酬，謂成於旅酬」，見氏著：《儀禮鄭注句讀》，卷6，頁
　　　　248。

〔註139〕關於門的邊界性質，可參（法）阿諾爾德·范熱內普：《過渡禮儀》（北京：
　　　　商務印書館，2010年11月初版），頁17~18。

〔註140〕《左傳》襄公二十七年，杜預集解，卷38，頁647。

主人與賓之禮爲「禮成」；以及第（4）條〈特牲饋食禮〉鄭注「酬賓乃獻長兄弟，獻之禮成於酬」，明言「獻之禮」成於酬，且以主人爲主詞。可知「獻之禮成於酬」，當指獻酢酬之酬。綜上所述，酬可指獻酢酬之酬、旅酬；賈氏分辨鄭玄「酬而禮殺」爲旅酬，有助於後人理解經、注；但將「飲酒禮成於酬」視爲旅酬，恐未必然。

　　再從「正禮」一詞，探討古人對於飲酒禮的進程劃分，兼論「飲酒禮成於酬」。〈士昏禮〉舅姑饗婦，新婦「奠酬」，鄭注。

　　　　奠酬者，明正禮成，不復舉。（《儀禮》，鄭注，卷5，頁55）

〈士昏禮〉以奠酬爲正禮。又，〈鄉飲酒禮〉「遵者入之禮」章，「賓若有遵者諸公、大夫，則既一人舉觶，乃入。」鄭注：

　　　　不干主人正禮也。（《儀禮》，鄭注，卷10，頁101）

賈疏：

　　　　「正禮」謂賓主獻、酢是也，是以一人舉觶爲旅酬始，乃入。

　　　　（《儀禮》，賈疏，卷10，頁101）

〈鄉射禮・記〉、〈大射〉鄭注，皆以旅酬之前的禮儀爲正禮。〔註141〕因此，飲酒禮、射禮以主人獻眾賓爲正禮。綜言之，士昏禮因受禮者爲新婦一人，故禮止於奠酬。飲酒禮、射禮參與者眾，則以主人獻眾賓畢，爲「正禮畢」。職是，「正禮」指正規禮儀，在一整套禮儀活動中，爲最重要的儀節。主人獻賓與眾賓禮畢，意味著飲酒禮最重要的儀節完成。那麼，所謂「飲酒禮成於酬」的酬，亦當指主人與賓互動之獻、酢、酬的酬，而非旅酬。

　　細究賈氏之所以致誤，可從三方面來談：

　　首先，肇因於鄭注古奧。鄭玄說：

　　　　〈鄉飲酒禮〉「徹俎」章，鄭注：「至此盛禮俱成。」（《儀禮》，
　　　　鄭注，卷10，頁100）

　　　　〈鄉射禮〉「司正使二人舉觶」章，鄭注：「不舉者，盛禮已崇。」
　　　　（《儀禮》，鄭注，卷13，頁143）

　　　　〈鄉射禮〉「請坐燕，因徹俎」章，鄭注：「請坐，欲與賓燕，
　　　　盡殷勤也。至此盛禮已成。」（《儀禮》，鄭注，卷13，頁143）

〔註141〕《儀禮・鄉射禮》，鄭注，卷13，頁151。《儀禮・大射》，鄭注，卷18，頁220。

可知〈鄉飲酒禮〉、〈鄉射禮〉的部分流程爲：

　　　　　旅酬 → 使二人舉觶 → 徹俎 → 坐燕。

盛禮，指一套禮儀活動中較爲盛大隆重的儀節。在飲酒禮中的盛禮，指旅酬以前的禮儀。如〈燕禮〉公爲大夫舉行旅酬，大夫在脫屨燕坐後，始祭薦，鄭注：

　　　　　燕乃祭薦，不敢於盛成禮也。(《儀禮》，鄭注，卷 15，頁 175)

立司正之前，眾人立行禮爲「盛」，大夫因地位較卑，故於燕坐後始祭薦〔註142〕。同時，根據上述三條資料，「盛禮已成」和「盛禮已崇」指涉相同，則「崇」字當作「終」解釋，如《詩・衛風・河廣》：「誰謂宋遠，曾不崇朝！」毛傳：「崇，終也。」《荀子・賦》：「周流四海，曾不崇日！」〈鄉射禮〉鄭玄注：「旅則禮終也」，故射禮行於旅酬之前。〔註143〕因而旅酬結束爲「禮終」、「盛禮已成」、「盛禮已崇」，皆指盛禮已經告成、終了。賈公彥將「崇」字解讀爲「崇高、隆重」，故言「盛禮已重」〔註144〕，因而誤解「飲酒禮成於酬」之意。

　　其次，鄭玄以「酬」字兼指獻酢酬之酬、旅酬，致使賈氏誤解。如〈鄉射禮〉：「升不拜洗」，鄭注：

　　　　　酬禮殺也。(《儀禮》，鄭注，卷 11，頁 112)

此「酬」，指賓主正酬。〔註145〕而鄭注〈燕禮〉、〈大射〉時，說「酬而禮殺」〔註146〕、「酬之禮，皆用觶」〔註147〕則又指旅酬。

　　第三，部分禮儀中，正酬和旅酬緊密連結，不易切割，導致賈氏錯解。正酬爲主人自飲後實爵，以勸賓飲。賓則奠爵。某些禮儀中，賓舉此奠爵酬主人，作爲旅酬開端，如〈特牲饋食禮〉。〔註148〕此爵既是正酬的完成，又是旅酬的開端。

〔註142〕《儀禮・燕禮》，賈疏，卷 15，頁 175。

〔註143〕《儀禮・鄉射禮》，鄭注，卷 11，頁 117。

〔註144〕《儀禮・鄉射禮》，賈疏，卷 13，頁 143。

〔註145〕鄭玄以「酬」指賓、主正酬，又見於《儀禮》〈燕禮〉，鄭注，卷 14，頁 164；〈大射〉，鄭注，卷 17，頁 196。

〔註146〕《儀禮・燕禮》，鄭注，卷 14，頁 166；〈大射〉，鄭注，卷 17，頁 198。又，對於酬字異說，疑因唐代爲經、注分行本，故賈公彥對應時產生誤會，或者經、注、疏合刻而誤。

〔註147〕《儀禮・燕禮》，鄭注，卷 15，頁 176。

〔註148〕凌廷堪說：「凡酬酒奠而不舉，禮殺者則用爲旅酬、無算爵始。」見氏著：《禮經釋例・飲食之例上》，卷 3，頁 197～198。

　　總得而言，從禮儀流程的觀點，飲酒禮以賓主獻、酢、酬爲禮成，「飲酒禮成於酬」指主人酬賓。相較於無算爵，一獻之禮和旅酬被視爲「盛禮」。下文進一步討論無算爵在儀節上的變化。

三、飲酒之無算爵

　　在旅酬之前，皆「立」行禮，爲盛禮。當旅酬結束後，主人立司正請坐于賓，此後行無算爵，爲「坐」行禮，屬於禮殺。〔註149〕旅酬之前的禮儀，與無算爵的不同：

　　首先，徹俎。淩廷堪說：

　　　　凡無算爵，必先徹俎、降階。〔註150〕

俎，是身分的象徵，也是「肴之貴者」，在貴賤不相當的思維下，無算爵既爲禮殺，則「不敢以禮殺當貴者」〔註151〕，故徹俎。

　　其次，脫屨。賓客隨著徹俎而降階、脫屨。鄭玄注〈燕禮〉說：

　　　　凡燕坐，必說屨。屨賤，不在堂也。禮者，尚敬，敬多則不親。

　　　　燕安坐，相親之心。（《儀禮》，鄭注，卷15，頁174）

禮以敬爲尚，然而專主於敬則不易產生親密感，是以行禮告一段落後，安坐以相親近，「燕則有跣，爲歡也」〔註152〕。

　　其三，坐行禮、不拜。淩廷堪說：

　　　　凡無算爵，皆說屨，升坐，乃羞。

　　　　凡無算爵不拜，唯受爵於君者拜。〔註153〕

行酒雙方不拜受、不拜送；由於無算爵坐行禮，故行酒時，除了受爵於國君，其他皆不拜。俎實表徵身分之別，立行禮以示恭敬，著屨爲服儀的完整，表

〔註149〕《儀禮・鄉飲酒禮》，賈疏，卷10，頁100。
〔註150〕清・淩廷堪：《禮經釋例・飲食之例中》，卷4，頁216。
〔註151〕《儀禮・鄉飲酒禮》，鄭注，卷10，頁100。
〔註152〕《禮記正義・少儀》：「凡祭於室中、堂上，無跣。燕則有之。」鄭注：「祭不跣者，主敬也。燕則有跣，爲歡也。」（卷35，頁632）按：《隋書・禮儀志》：「今則極敬之所，莫不皆跣。」爲六朝以後，朝祭皆脫屨解韤，閻若璩說：「古祭不跣，所以主敬。朝不脫屨，以非坐，故唯登坐於燕飲，始有跣爲歡。後則以跣示敬，此亦古今不同處。」見唐・魏徵：《隋書》（臺北：鼎文書局，1975年3月初版），第1冊，卷11，頁218。閻若璩著：《潛邱箚記・與傅青主書》（臺北：臺灣商務印書館，1973年出版，四庫全書珍四集），卷6，頁11上。
〔註153〕清・淩廷堪：《禮經釋例・飲食之例中》，卷4，頁217、220。

示莊重。相對地,徹俎、坐行禮、說屨,都是擺脫拘束,以較爲輕鬆的姿態,與他人進行交流,加深情誼。

其四,參與者眾、飲酒次數與樂曲較爲自由。凌廷堪說:

> 凡無算爵,堂上、堂下執事者皆與。〔註 154〕

參與者擴及堂上、下的執事者,「終於沃洗者焉」〔註 155〕。行禮的對象不拘長幼,也不像旅酬受限於司正所指定的人選,可「唯己所欲」、「交錯以辯」,向自己希望的對象行禮,「使之交恩定好」,建立、交流情感。〔註 156〕而飲酒的次數,「無次第之數」〔註 157〕,相當自由。同時,無算爵時,進行的樂歌可不依照正歌演奏的順序、曲目,帶動場面的活絡氣氛,使賓主更爲盡興。〔註 158〕

正式的禮儀以莊重、誠敬爲要,「酒清,人渴而不敢飲也;肉乾,人飢而不敢食也。」〔註 159〕但若一味嚴肅,則不近人情,因此在禮儀過程中也有放鬆的時刻,兩相對照,彰顯「一張一弛,是文武之道也」〔註 160〕。情感與道德必須透過行爲、物質的具體化,方能發揮長遠的影響力。

四、禮盛禮殺之辨

以飲酒禮而言,禮盛、禮殺,實爲一整套禮儀中,核心儀節與其他儀節的相對關係。如相對於一獻之禮的隆重,旅酬爲殺;相對於旅酬,無算爵爲殺。以核心和邊緣的關係來看,飲酒禮在一獻之後,逐漸遞減儀節的限制。以〈燕禮〉的賓爲例,禮儀開始時,由小臣令諸臣入寢,國君不迎臣,見其爲君臣之禮。命賓後,賓出寢門復入,國君降一階,示意。而後宰夫爲獻主,與賓行獻、酢禮時,賓先於主人升階,以見「尊賓」之意。〔註 161〕然而,主人酬賓畢,賓立於席西(席於戶西),而非受獻時的西序內,鄭玄解釋說:

〔註 154〕清・凌廷堪:《禮經釋例・飲食之例中》,卷 4,頁 220〜223。
〔註 155〕《禮記・鄉飲酒義》,卷 61,頁 1007。
〔註 156〕《儀禮・特牲饋食禮》,鄭注,卷 46,頁 545。
〔註 157〕《儀禮・特牲饋食禮》,鄭注,卷 46,頁 545。
〔註 158〕林素英師:〈論鄉飲酒禮中詩樂與禮相融之意義〉,《井岡山大學學報(社會科學版)》第 32 卷第 2 期(2011 年 3 月),頁 118。
〔註 159〕《禮記・聘義》,卷 63,頁 1030。
〔註 160〕《儀禮・鄉飲酒禮》,賈疏,卷 10,頁 100。按:「一張一弛,文武之道」爲孔子之語,見於《禮記・雜記下》,卷 43,頁 751。
〔註 161〕《儀禮・燕禮》,卷 14,頁 162。

　　彌尊也。位彌尊者，其禮彌卑。《記》所謂「一張一弛」者，
是之類與！（《儀禮》，鄭注，卷14，頁164）

相較於〈鄉飲酒禮〉酬禮畢，賓降立於西階下，東面；〈燕禮〉之賓則立於堂
上戶西，故稱「尊」也。從「酬而禮殺」的觀點來看，當飲酒禮的中心點「一
獻之禮」結束後，接著便是轉向「禮殺」之儀，因此稱之爲「禮彌卑」。比較
〈燕禮〉的旅酬、無算爵，可以清楚地說明「禮彌卑」的情形。國君舉媵爵
初行旅酬時，先從酬賓開始。而且此時，賓降堂再拜稽首，公皆命升堂成拜。
公再次行爵爲卿旅酬時，則「若賓若長，唯公所酬」，從賓與長卿二選一，不
特定先從賓開始，此則「賓禮殺矣」〔註162〕。第三次爲大夫舉行旅酬時，「公
又舉奠觶，唯公所賜」，此時國君選擇舉行旅酬的對象，不再有限定範圍。而
且經文用「賜」字，相較於第一次、第二次的旅酬之禮，「是君又彌尊，賓長
彌卑也」。〔註163〕第四次旅酬爲士，同於第三次。至無算爵時，國君下令徹酒
幂，賓與卿、大夫等皆下拜，國君雖辭，但眾臣不升成拜，「明雖醉，正臣禮
也」、「不言賓，賓彌臣也」。〔註164〕從旅酬是否有特定對象、經文用字、下拜
之儀，可見一獻之禮後，賓的地位逐步恢復爲臣。燕禮結束時，卿大夫皆出，
國君不拜送，「賓禮訖，是臣也」〔註165〕，回歸君臣之禮。

　　復對照核心儀節與其他儀節的參與者。按照正獻的過程來看，儀式中心
的參與者，爲兩方的主要人物，如賓、主。〔註166〕由儀式中心的賓、主，次
爲接近儀式中心的介或大夫，再次爲賓黨、主黨，最後爲外緣的工、笙等。
這種分層機制，確立各項儀節的局內人與局外人，而局內人之間又有領導者
和追隨者的主從之別。〔註167〕該禮儀場景中，所有人皆知目前何人可得受酒
或敬酒，何人則被排除在外。這種區別至少有三項作用：第一，由縱向的主
從分層，建立尊卑秩序。在中國社會裡以「關係」爲重點，〔註168〕個體建構

〔註162〕《儀禮・燕禮》，鄭注，卷15，頁171。
〔註163〕《儀禮・燕禮》，鄭注、賈疏，卷15，頁172。
〔註164〕《儀禮・燕禮》，鄭注，卷15，頁178。
〔註165〕《儀禮・燕禮》，鄭注，卷15，頁178。
〔註166〕沈文倬：「所有典禮，或微或顯地組織成主黨、賓黨兩造以揖讓周旋的。」見
　　　　氏著：〈宗周歲時祭考實〉，《菿闇文存——宗周禮樂文明與中國文化考論》，
　　　　下冊，頁363。
〔註167〕（美）蘭德爾・柯林斯著，林聚任、王鵬、宋麗君譯：《互動儀式鏈》（北京：
　　　　商務印書館，2009年4月初版），頁79。
〔註168〕勞思光：《中國文化要義新編》，頁157。

其關係網絡時，以自己為圓心，從圓心出發，按照親疏尊卑之別，他人散佈在不同的圓圈上，愈親近、尊貴者愈靠近圓心，愈疏、卑則愈遠。〔註169〕因此，〈鄉飲酒禮〉獻酒時，主人對賓、介、眾賓所行的禮儀逐漸減殺。〔註170〕第二，由於被標識為同一群體，橫向的各分層的參與者藉由共同的行動，會產生相近的意識、情愫，從而達到連繫情誼、提高群體認同的功能。第三，從一獻之禮、主人獻賓黨、旅酬、無算爵，藉由儀式不斷擴大參與者的人數，那些被排除在一獻之禮外的成員，或者被排除在群體結構之外的人，將被激發出「有為者亦若是」的自我期許，極力爭取獲得成員身分，建立新的社會聯繫。〔註171〕這種積極爭取榮譽的態度，一旦引起共鳴，對於社會秩序、道德情感的向上提升有莫大助益。相對地，禮儀既能促進交流，也就能從交流的過程中達到傳播禮儀的功效。

於是，禮盛與禮殺，突顯出禮文與禮意具有流動變化的特色。藉由參與者的人數由少而多、服飾由莊重完備而簡便、儀節由繁複而簡略，推知從一獻之禮的「敬」，到旅酬、無算爵的「親」與「歡」〔註172〕。易言之，禮儀活動可以引導情意的趨向，儀節的意義可以由情境建構。〔註173〕以〈燕禮〉而言，清人孫希旦說：

> 諸侯燕禮者，諸侯燕其群臣之禮也。蓋君臣之分雖嚴，而上下
> 之情不可以不通，故無事則相與燕飲為樂，以通上下之情。〔註174〕

燕禮，從剛開始一獻之禮的敬，隨著禮儀進行，逐漸開展到敘歡，以溝通上下之情。但是到歡愉到了一定程度，也必有所收束，回歸日常生活，因而曲終又恢復君臣之禮的敬。這顯示禮儀的情境有其規律或過程。〔註175〕禮儀活動誠然經由重複的實踐，具有固定的模式，但就參與者的情感來說，並非

〔註169〕費孝通：《鄉土中國　生育制度》（北京：北京大學出版社，2002年3月初版），頁24～30。

〔註170〕「殺」有「漸」的意思，見《禮記・祭統》，孔穎達正義，卷49，頁836。

〔註171〕（美）蘭德爾・柯林斯：《互動儀式鏈》，頁43。林素英師：〈論鄉飲酒禮中詩樂與禮相融之意義〉，《井岡山大學學報（社會科學版）》第32卷第2期（2011年3月），頁113。

〔註172〕鄭注：「燕以飲酒為歡，醉乃止，主人之意也。」見《儀禮・鄉射禮》，鄭注，卷13，頁145。

〔註173〕（美）蘭德爾・柯林斯：《互動儀式鏈》，頁64。

〔註174〕清・孫希旦：《禮記集解・燕義》，下冊，卷60，頁1451。

〔註175〕（美）蘭德爾・柯林斯：《互動儀式鏈》，頁33。

如磐石般毫無變化。藉由禮儀活動，適時地調整、放鬆，使人們跳脫日常身分的框架，有助於情感交流、調節人際關係，並感受重視。尤其是臣子為賓，受國君禮敬；孫輩之尸受子輩的主人敬養，甚至於〈鄉飲酒禮〉主人為司正行勞禮，均暫時淡化君臣、父子的框架，交流情感。當其回歸日常生活時，則能安於日常之固定行為，將使既有的社會結構更形穩固，有益於教化。《禮記‧燕義》說：

> 君舉旅於賓，及君所賜爵，皆降再拜稽首，升成拜，明臣禮也；
> 君答拜之，禮無不答，明君上之禮也。臣下竭力盡能以立功於國，
> 君必報之以爵祿，故臣下皆務竭力盡能以立功，是以國安而君寧。
> 禮無不答，言上之不虛取於下也。上必明正道以道民，民道之而有
> 功，然後取其什一，故上用足而下不匱也；是以上下和親而不相怨
> 也。和寧，禮之用也；此君臣上下之大義也。故曰：燕禮者，所以
> 明君臣之義也。(《禮記》，卷62，頁1022)

禮尚往來，不僅止於禮儀上的拜與答，更在於各盡職分：臣下盡能以立功，君則報之以爵祿；上以正道引導人民，百姓則從之而有功，使上下和親而無怨，達到穩定社會秩序的「和寧」、強化君臣之間的道德要求。由小見大，禮儀的重要性可見一斑。〔註176〕

　　藉由序列性儀節進程所蘊涵的中心與邊緣概念，同樣有助於掌握其他禮儀的核心儀節，並藉此判斷禮盛與禮殺的標準。以〈聘禮〉而言，其核心儀節為聘享。在聘享之前，聘賓與主國的交涉，「士請事，大夫請行，卿勞，彌尊賓也」、「賓彌尊，事彌錄」、「事彌至，言彌信」〔註177〕，均是從各項細節建立尊賓之意，強調禮儀的中心點即將到來。當核心儀節的聘享結束後，則漸轉為「殺」，如主國之君欲以醴酒慰勞聘賓時，出廟門迎；聘賓私覿，公則不出迎；還玉報享時，賓迎使者而不拜，「示將去」〔註178〕，從細節昭告禮儀之變與殺。祭禮也有相同情形：祭禮以事尸為中心，祭祀之前，如〈特牲饋食禮〉愈接近祭祀開始的時刻，宗人與祝的位置也隨之轉變，「事

〔註176〕蘭德爾‧柯林斯指出最早關於儀式的社會學思考是由中國思想家提出的，尤其是孔子及其後學闡明儀式對維持社會秩序、形塑道德不可或缺的重要性。見氏著：《互動儀式鏈‧中文版譯序》，頁13。

〔註177〕《儀禮‧聘禮》，鄭注，卷20，頁233、243。

〔註178〕《儀禮‧聘禮》，鄭注，卷23，頁271。

彌至，位彌異」。〔註179〕祭祀結束後，如〈有司徹〉載儐尸之禮，雖是以尸爲賓客，舉行飲酒禮，但在性質上主人的地位漸尊、尸則漸卑，主人迎尸及侑時，「尸與侑北面于廟門之外，西上。」鄭玄說：「北面者，賓尸而尸益卑。西上，統於賓客。」經文載：「主人出迎尸，宗人擯。」鄭注：「賓客尸而迎之，主人益尊。」〔註180〕而尸舉賓長所獻之爵，鄭玄解釋說：「不言三獻作之者，賓尸而尸益卑，可以自舉。」〔註181〕尸站立時的位置與面向、主人迎與不迎、尸自舉爵等，均以尊卑爲概念作出相對應的表現，回歸原有的社會階層機制。

職是，《儀禮》所闡述的禮儀，基本構造主要來自於一層又一層的階序，甚至有時在同一階序中又區分爲賓主、男女之禮等，故而所謂的簡、殺、省等，多是出於相對性的，而不是以一固定範式作爲標準加以增減的。藉由禮例揭示出具有相對固定先後順序的序列性儀節，簡約禮文，提供一條發現禮意的路徑。

第三節　士喪禮的吉凶遞移與身分轉換〔註182〕

「吉凶異道」，居喪儀節和日常生活的禮儀，具有相當程度的區別。然而，喪禮儀節的吉凶界定卻顯得十分錯綜。如《禮記‧檀弓下》曾指出卒哭之日「以吉祭易喪祭」〔註183〕，以卒哭爲吉祭、喪祭的分水嶺。但鄭玄《儀禮注》卻仍有看似矛盾的說法：

（1）是日也，以虞易奠，祔而以吉祭易喪祭。（《儀禮‧士虞禮》，鄭注，卷42，頁493）

（2）〈檀弓〉曰：「葬，日中而虞，弗忍一日離也。是日也，以虞易奠。卒哭曰成事，是日也，以吉祭易喪祭，明日祔於祖父。」如是虞爲喪祭，卒哭爲吉祭。（《儀禮‧士虞禮》，鄭注，卷43，頁509）

〔註179〕《儀禮‧特牲饋食禮》，鄭注，卷44，頁522。
〔註180〕《儀禮‧有司徹》，鄭注，卷44，頁581。
〔註181〕《儀禮‧有司徹》，鄭注，卷50，頁598。
〔註182〕本節曾宣讀於中央研究院中國文哲研究所主辦「博士後研究人員、博士候選人暨訪問學員研究成果發表會」，2013年6月10～11日。
〔註183〕《禮記‧檀弓下》，卷9，頁171。

第一條，以祔祭作爲吉、喪的區隔，可知鄭玄將祔祭之前的卒哭視爲喪祭。
第二條，根據〈檀弓〉，以卒哭爲吉凶分界，並指出「卒哭爲吉祭」。二條說
法略見歧異。唐代的《禮記正義》同樣出現定位模糊的情形，如：

> 〈士虞禮〉云：卒哭以後稱哀子，祔祭稱孝子。（《禮記・曲禮
> 上》，孔穎達正義，卷3，頁54）

> 　喪稱哀子、哀孫者，凶祭謂自虞以前祭也，喪則痛慕未申，故
> 稱哀也。故〈士虞禮〉稱哀子，而卒哭乃稱孝子也。（《禮記・雜記
> 上》，孔穎達正義，卷41，頁723）

吉祭，祝辭稱主人爲「孝子」。孔穎達認爲卒哭祭或稱主人爲哀子，或稱爲孝
子，顯示對卒哭祭的吉凶定位不明。除了卒哭祭之外，清人淩廷堪對士虞禮，
亦時見矛盾的說法：

> （1）凡陳鼎，……反吉則西面。……至于〈士喪禮〉小斂奠、大斂
> 　　奠，朔月奠，〈既夕禮〉陳鼎皆門外西面。〈士虞禮〉：「陳三鼎
> 　　于門外之右，北面，北上。」入設于西階前，東面，北上，則
> 　　又禮之變，不可引以爲據也。〔註184〕

> （2）〈士虞・記〉豚解，「升左肩、臂、臑、肫、胳、脊、脅。」又
> 　　云：「升腊左胖，髀不升。」是變禮反吉，始用左胖也。〔註185〕

第（1）條從鼎制判斷從小斂奠到大遣奠陳鼎「西面」者爲「反吉」，士虞禮
陳鼎「東面」爲「禮之變」，顯示反吉、禮之變的定義不同。第（2）條以士
虞禮爲「變禮反吉」，復等同變禮與反吉，則士虞禮的性質是什麼？職是，
歸結士喪禮的問題有二：其一，禮儀性質的吉凶。其二，身分的轉換與界定。
〔註186〕

〔註184〕清・淩廷堪：《禮經釋例・通例下》，卷2，頁159～160。
〔註185〕清・淩廷堪：《禮經釋例・飲食之例下》，卷5，頁272。
〔註186〕目前所見，章景明從靈魂是否得到安頓的觀點，配合《禮記》、《儀禮》中相
　　　　關的祝辭記載與經說，指出虞禮爲喪祭，卒哭爲喪祭和吉祭的分野，十分值
　　　　得參考。見氏著：〈祭、喪之禮吉凶觀念之分別〉，李曰剛等著《三《禮》研
　　　　究論集》（臺北：黎明文化事業股份有限公司，1982年10月再版），頁171
　　　　～180。林素娟從通過儀式的角度，探討飲食對於喪禮中死者存在狀態的改變
　　　　及生者身心過渡的轉化功能，亦可參，見氏著：〈喪禮飲食的象徵、通過意涵
　　　　及教化功能──以禮書及漢代爲論述核心〉，《漢學研究》第27卷第4期（民
　　　　國98年12月），頁1～34。本文則嘗試從「禮例」此一進路著眼，希望有助
　　　　於擴展思考士喪禮的不同面向。

　　如何界定整個喪禮過程中死者和生者的身分轉換？參考《禮記・喪服小記》說：

> 故期而祭，禮也。期而除喪，道也。祭，不爲除喪也。（《禮記》，卷 32，頁 595）

鄭注：

> 禮，正月存親。親亡至今而期，期則宜祭。期，天道一變，哀惻之情益衰，衰則宜除，不相爲也。（《禮記》，鄭注，卷 32，頁 595）

練祭因思親而舉行，變服相對於天道及哀惻之情衰，祭祀死者、變服二事雖同時，但「不相爲也」。〔註 187〕此說清晰地呈現喪禮分成死者之禮、生者之禮二條主線。喪禮，是轉換死者存在形式由生人而鬼神的禮儀，也是轉換家屬身分的禮儀，如由人妻而爲遺孀、由人子而爲一家之主。爲了從具體的禮文探討論無形的身分轉換，本文以爲可從二方面著眼：

　　首先，整個喪禮過程皆屬於過渡時期，主要的作用在於降低身分轉換所帶來的衝擊。法國學者阿諾爾德・范熱內普認爲過渡禮儀（或譯爲通過禮儀），係指運用禮儀行爲，降低社會成員身分轉變所帶來的衝擊與害處。〔註 188〕其禮儀進程可大致區隔爲：分隔（割）禮儀 → 邊緣禮儀 → 聚（結）合禮儀等三種直線式的階段；但在實踐中，三種階段並非扮演同樣重要的角色，而且各民族的過渡禮儀特徵也不盡相同。〔註 189〕近代學者余光弘透過臺灣漢族彌月、昏禮、喪葬等生命儀禮的田野調查與相關的記載，修正並延伸該理論。〔註 190〕余氏指出此理論混淆儀式時間和儀式行爲，而且忽略部分禮儀行爲具有雙重性質，如「毀飾」既區隔新成員與其他人，但同時又使之具有特定群體擁有的記號，而成爲其中一員。因而余氏提出：「過渡時期並不僅存在於分割與結合儀式之間，而是整個儀禮進行的期間都是過渡或邊際時期」，在這段期間內，分割儀式與結合儀式交替、反覆進行，而非一次性的先後關係。〔註 191〕易言之，余氏認爲范熱內普的「邊緣禮儀」可歸入

〔註 187〕《禮記・曲禮上》：「生與來日，死與往日。」（卷 3，頁 54）可知喪禮有區隔生者、死者之禮的意識。

〔註 188〕（法）阿諾爾德・范熱內普：《過渡禮儀》，頁 10。

〔註 189〕（法）阿諾爾德・范熱內普：《過渡禮儀》，頁 11、138～140。

〔註 190〕上述詳參余光弘：〈A. van Gennep 生命儀禮理論的重新評價〉，《中央研究院民族學研究所集刊》第 60 期（1985 年秋季），頁 229～257。

〔註 191〕余光弘：〈A. van Gennep 生命儀禮理論的重新評價〉，《中央研究院民族學研

分割儀式、結合儀式兩類，而整個行禮時間皆為「過渡時期」。余氏以臺灣漢族的禮儀印證過渡禮儀的理論，較貼近臺灣漢族特有的禮儀行為與思維。而臺灣漢族所行的喪葬禮儀，大體承古漢族而來。〔註192〕故本文承余氏之說，將整個喪禮過程視為過渡時期。過渡時期內，透過反覆舉行儀式，確認死者和生者的身分轉變，「逐漸地灌輸給社群中的所有成員，以便彼此互相間的互動關係可以重新得到調整。」〔註193〕易言之，屬於過渡時期的喪禮，其主要涵義當在於死者和生者的身分轉換及其人際關係的重新確認。

其次，運用差序格局的概念，將討論的焦點集中於死者與嗣子。就喪禮而言，身分的轉變包含死者、其父母、其妻或夫、子女、孫等群體。除了死者外，許多的儀式集中於其子、媳或長孫上。〔註194〕費孝通指出傳統中國人際關係類似同心圓，依親疏向外遞減。〔註195〕關係不同，禮儀亦異，以界定尊卑、親疏。因此討論可聚焦在儀式較多且關係較密切的死者和嗣子（下文依討論的需要，或稱嗣子為主人，或稱為人子者）。

其三，吉凶、身分都是無形的概念，運用禮文規則可具體觀察吉凶性質與身分的轉換。「名位不同，禮亦異數」，古人透過禮儀行為、器物、服飾界定無形的身分關係。作為禮儀重要關鍵或步驟的禮例，適能彰顯喪禮過程中個人身分與他人關係的變化。

總之，參考《禮記·喪服小記》的觀點，將鄭玄、賈公彥、凌廷堪的禮例重新分類，透過具體的禮文規則，探討《儀禮》士喪禮中無形的吉凶觀念與身分轉換的脈絡：首先，根據向死者致意的奠、祭之例，討論死者從生者（人）被界定為鬼神（祖先）的次第變化。清人張爾岐說：

> 喪禮凡二大端：一以奉體魄，一以事精神。楔齒綴足，奉體魄之始。奠脯醢，事精神之始也。〔註196〕

究所集刊》第 60 期（1985 年秋季），頁 233～239。

〔註192〕徐福全師說：「臺灣民間喪葬儀節之力求慎終追遠、事死如事生及儀節之安排等，實皆源自儒家《禮經》及《文公家禮》等。」見氏著：《臺灣民間傳統喪葬儀節研究》（臺北：作者自印本，2003 年 9 月），頁 511。

〔註193〕余光弘：〈A. van Gennep 生命儀禮理論的重新評價〉，《中央研究院民族學研究所集刊》第 60 期（1985 年秋季），頁 239。

〔註194〕余光弘：〈A. van Gennep 生命儀禮理論的重新評價〉，《中央研究院民族學研究所集刊》第 60 期（1985 年秋季），頁 240～241。

〔註195〕關於差序格局，詳參費孝通：《鄉土中國　生育制度》，頁 24～30。

〔註196〕清·張爾岐：《儀禮鄭注句讀》，卷 12，頁 2 上。

張氏指出喪禮過程中，分從體魄、精神（魂）兩方面服侍死者。始死到殯的三日內，整飾死者的體魄；殯後，除了修飾棺柩外，大致上不再變動遺體。因此，討論的內容以針對精神的奠、祭禮儀爲主。其次，從居喪生活的變化，探討主人從爲人子者轉換爲一家之主的身分。藉由過渡時期的觀點，亦可進一步理解「喪事略」、「反吉」、「漸吉」、「彌吉」等注解的涵義。需補充說明的是，古人根據死者生前的階級、性別、年齡等，給予不同的待遇，〔註197〕《禮記・王制》說：

> 天子七日而殯，七月而葬。諸侯五日而殯，五月而葬。大夫、
> 士、庶人三日而殯，三月而葬。（《禮記》，卷 12，頁 239）

各階級的儀節，有其規定。《儀禮》記載的喪禮爲成年的男性士階級，本文進行討論時，將以士階級的禮儀資料爲優先，其他階級之禮次之。

一、奠、祭儀節之例與亡者身分轉換

下文先論述向死者致意的奠、祭儀節之例，再藉由禮例內容，探討死者身分轉換的情形。

（一）禮　例

1、陳徹奠的方位之例

例一：凡奠於堂室者，陳徹多升自阼階，降自西階。奠於庭者，陳由重北而西，徹訖由重南而東。

見於〈士喪禮〉「還柩車、設祖奠」章，賈疏說：

> 凡奠於堂室者，皆升自阼階，降自西階。奠於庭者，亦由重北，
> 東方來陳，由重北而西，徹訖，由重南而東，象升自阼階，降自西
> 階也。（《儀禮》，賈疏，卷 38，頁 455）

賈氏嘗試說明設奠地點，與設、徹奠路徑的關係：於堂室設奠時，升自東階，降自西階。奠於庭中，由重北之東往西，則由重南往東。凌廷堪亦據此括例說：

> 凡奠于堂室者，陳、徹皆升自阼階，降自西階。奠于庭者，陳
> 由重北而西，徹由重南而東。〔註198〕

〔註197〕如諸侯階級的喪禮考察，可參周何：《春秋吉禮考辨》（臺北：嘉新水泥公司
　　　　文化基金會，1970 年 10 月初版），頁 231～244。
〔註198〕清・凌廷堪：《禮經釋例・變例》，卷 8，頁 403。

據附表 14「《儀禮》所見喪奠的升降」，小斂奠於堂、大斂奠於室、朔月奠及朝夕奠等，皆符合此例。設、徹奠的特殊情形有三：其一，在殯宮時，若國君臨視大斂之儀。賈公彥說：

> 凡奠，皆升自阼階。是爲君在阼，故辟之而升西階也。（《儀禮》，賈疏，卷 37，頁 437）

「以君在阼」〔註199〕，故升自「西階」。其二，遷柩於禰廟時，死者有「子道」，從西階升柩於堂，遷柩從奠也由西階而上。其三，在禰廟時，柩位於堂上兩楹之間，北首，奠設於死者的右手邊處，且爲了「辟其足」〔註200〕，因此設遷祖奠時，升降自西階。

柩載於車後，遷祖奠隨著移於「庭」，設於柩車西，當尸膞之處。往後設奠、徹奠皆以「重」作爲行進路線的定點。徹遷祖奠時，「由重南，東」。〔註201〕而設、徹祖奠時，由重北東方來，去時至重南而後往東行。

設奠以「依神」〔註202〕，奠是亡靈憑依處之 ，因此設奠、徹奠的行進路線，象徵對死者的界定。設、徹堂室之奠，多升自主人（或一家之長）使用的阼階，降自賓客使用的西階，象徵死者的地位將由生前的主人，漸轉爲賓客。《禮記》載：

> 子云：「賓禮，每進以讓。喪禮，每加以遠：浴於中霤，飯於牖下，小斂於戶內，大斂於阼，殯於客位，祖於庭，葬於墓，所以示遠也。」（《禮記・坊記》，卷 51，頁 869）〔註203〕

喪禮的整個過程，象徵死者在生人的世界裡逐漸褪去身影，最終以賓客待之。或者更爲直接地說，相對於冠禮時，冠子於阼階，「以著代也」；昏禮，舅姑饗婦畢，先降自西階，婦降自阼階，「以著代也」；那麼，喪禮設奠「升自阼階，降自西階」，也是另一種形式的「以著代也」。

庭中之奠，設從重北而西，徹從重南而東。重爲鬼神所依託〔註204〕，「重以南爲後，由重南而東，如由足而西，無事不敢出其前也」，象徵生前服事之

〔註199〕《儀禮・士喪禮》，鄭注，卷 37，頁 437。
〔註200〕《儀禮・既夕禮》，鄭注，卷 38，頁 451。
〔註201〕《儀禮・既夕禮》，鄭注，卷 38，頁 455。
〔註202〕鄭玄：「鬼神無象，設奠以憑依之。」《儀禮・士喪禮》，鄭注，卷 35，頁 410。
清・胡培翬：《儀禮正義・士喪禮》，第 3 冊，卷 27，頁 1763；〈既夕禮〉，第 3 冊，卷 31，頁 1934。
〔註203〕可另參《禮記・檀弓上》，卷 7，頁 130；《禮記・檀弓上》，卷 7，頁 134。
〔註204〕《禮記・檀弓下》，孔穎達正義，卷 9，頁 168。

禮。〔註205〕而重北、重南的行進方向,「象升自阼階,降自西階」〔註206〕,同樣與主、賓身分轉移對應。

例二:凡將奠,皆先設饌於東堂下,徹則設于西堂下南方。

此見於賈公彥:「凡奠在室外,經宿者,皆辟之於序西南」,〔註207〕後由凌廷堪作較爲完整的括例:「凡將奠,皆先設饌於東方,徹則設于西方。」〔註208〕凌氏的考察可分四點說明:第一,未奠之前,皆先設堂下東方,如小斂奠、大斂奠、朝夕奠、朔月奠、薦新奠、遷柩朝祖奠、大遣奠。第二,徹下的饌食(統稱徹奠),設於堂下西方,爲小斂奠、大斂奠、朔月奠、祖奠、朝夕奠。第三,例外可分成二類:其一,再設之奠,徹後不復設於西方,如遷柩從奠、遷祖奠。其二,始死設於肩膞的小斂辟奠,爲「事之始,未忍以神事之」;大遣奠,爲「事之終,以賓客事之」,故皆不設於西方。第四,據鄭注,凌氏說明徹奠設於西方,乃「爲求神于庭。孝子不使其親須臾無所馮依也」,待後設之奠事畢,可去除西堂下的徹奠。〔註209〕

然而,除了小斂辟奠、大遣奠之外,箇中禮意猶有可申說者。人死爲鬼,設奠祭祀,意味著古人認爲鬼仍有需求感受。〔註210〕如《左傳》載:

> 司馬子文曰:「鬼猶求食,若敖氏之鬼不其餒而!」(《左傳》
> 宣公四年,卷21,頁370)

> 衛甯惠子曰:「君入,則掩之。若能掩之,則吾子也。若不能,
> 猶有鬼神,吾有餒而已,不來食矣。」(《左傳》襄公二十年,卷34,
> 頁589)

設奠,即照應爲人子者不忍以鬼神事之的情感需求,行「事死如事生」之禮。設於東方之意:

〔註205〕清・沈彤:《儀禮小疏》,《景印文淵閣四庫全書》,第109冊,卷6,頁987。
〔註206〕《儀禮・既夕禮》,賈疏,卷38,頁455。按:〈既夕禮〉設祖奠,「主人要節而踊。」鄭注:「要節者,來象升,丈夫踊。去象降,婦人踊。」(《儀禮》,鄭注,卷38,頁455)徹祖奠時,鄭玄注:「入由重東,而主人踊,猶其升也。自重北西面而徹,設於柩車西北,亦猶序西南。」(《儀禮》,鄭注,卷39,頁464)可知賈公彥之說,當承鄭玄之意。
〔註207〕《儀禮・士喪禮》,賈疏,卷36,頁425。
〔註208〕清・凌廷堪:《禮經釋例・變例》,卷8,頁401。
〔註209〕上述詳參清・凌廷堪:《禮經釋例・變例》,卷8,頁401~402。
〔註210〕康韻梅師:《中國古代死亡觀之探究》(臺北:國立臺灣大學出版委員會,1994年6月初版,《文史叢刊》之九十五),頁149。

《儀禮‧鄉飲酒禮》：「薦脯五脡，橫祭于其上，出自左房。」

鄭注：「左在東，陽也，陽主養。」（《儀禮》，鄭注，卷 10，頁 103）

《禮記‧玉藻》：「君子之居恆當户，寢恆東首。」

鄭注：「首生氣。」（《禮記》，鄭注，卷 29，頁 548）

東為太陽上升之處，是生氣之所在。食品陳設於東房，「主於養」之意；臥息時東首，是為了攝取生氣。那麼，設奠於東堂下，無異於生人取薦於東房，為「養」之意。日落西方，為死亡幽暗、危險之處。〔註 211〕徹奠設於西方，是為了讓親人的靈魂有所依附。徹奠設於西堂下，以「依神」，即在某種程度上，逐漸轉化死者的身分。因此喪奠雖然講求「事死如事生」，但同時也不斷地藉由各種細節，改變死者的身分界定。

2、奠、祭的器物之例

例三：生人左几，鬼神右几。

見於〈有司徹〉鄭玄注。〔註 212〕為生人設几於左，便於右手取物。〔註 213〕禮儀過程中，主人若親授几，表示禮遇、隆重，如〈士昏禮〉醴使者、〈聘禮〉主君禮賓、〈覲禮〉王使人郊勞，侯氏禮使者。若有其他表示禮遇的行為，則主人不一定親授几，如〈公食大夫禮〉雖設几，而公不親授，乃因公親設涪醬，「可以略此」〔註 214〕。相對地，禮儀較不盛大，則不設几，如小聘。不論鬼神或常人，多用一几，而天子左右几，以「優至尊也」。〔註 215〕

〔註 211〕黃應貴：〈儀式、習俗與社會文化——人類學的觀點〉，《新史學》第 3 卷 4 期（1992 年 12 月），頁 129～130。按：伊里亞德説：「住家也被認為是在世界的中心上，並在這小宇宙的範圍中，複製這世界。」住屋是世界的複製，太陽的東升西落與行進方向、人的生死可以相印證。見氏著：《聖與俗：宗教的本質》，頁 93。

〔註 212〕《儀禮‧有司徹》，鄭注，卷 49，頁 582。

〔註 213〕彭美玲師指出神右几，人左几，體現「左尊右卑」之義；而天子左右几，以「優至尊」。同樣可作為理解禮文的參考。見氏著：《古代禮俗左右之辨研究——以三《禮》為中心》，頁 236。關於設几與布席的關係，可參張光裕：〈讀《儀禮》札記二則〉，收入李曰剛等著：《三《禮》研究論集》，頁 77～78。

〔註 214〕《儀禮‧公食大夫禮》，鄭注，卷 25，頁 300。

〔註 215〕《儀禮‧覲禮》，卷 26 下，頁 321。按：熊安生：「天子、諸侯在殯宮則有几筵，大夫、士大斂有席，虞始有几。然殯宮几筵，為朝夕之奠，常在不去。」（《禮記‧曾子問》，孔穎達正義引，卷 18，頁 359）林素娟：「天子諸侯由於

　　據〈士喪禮〉，從小斂奠到大遣奠，無几。士虞禮設几，「几在南」，祝布席於室中，東面，設几於右，鄭玄釋爲「漸也」，即「向吉之漸也」〔註216〕，表明逐漸從凶禮轉向吉禮。

　　祭祀或行禮於廟，爲鬼神設几於右，以「依神」〔註217〕，如〈士昏禮〉納采、親迎；〈聘禮〉聘享，〈特牲饋食禮〉、〈少牢饋食禮〉等。

　　根據附表3「《儀禮》所見設几的情形」，觀察各篇設几，可知：一，古人運用設几左、右之別，表明用几者爲生人或鬼神。二，正式禮儀中，主人爲賓客設几，致其殷勤之意。而喪禮從小斂奠到大遣奠，無几，當出於事死如事生，不以賓客之禮待之，又不得以鬼神視之的特殊作法。至虞禮始設几，且在南，爲「右」，屬於鬼神之禮，具有指標性的意義。

例四：凡士吉禮陳鼎於內門外，東方北面。

　　士喪禮，小斂奠到大遣奠陳鼎於內門外，東方西面。虞禮陳鼎內門外，
　　西方北面。

　　目前所見，最早指出陳鼎與吉凶關係者，爲賈公彥：

　　　　凡鼎陳於外者，北面爲正。阼階下，西面爲正。〈士喪禮〉小
　　　斂陳一鼎於門外西面者，喪禮少變在東方者，未忍異於生。於大斂
　　　大奠及朔月奠、〈既夕〉陳鼎，皆如大斂奠。門外皆西面者，亦是〈喪
　　　禮〉、〈既夕〉變也。〈士虞〉陳三鼎于門外之右，北面北上，入設于
　　　西階前東面北上，不在東者，既葬鬼事之，反吉故也。〈公食〉陳鼎
　　　七，當門南面西上者，以賓是外人，向外統之。（《儀禮・士昏禮》，
　　　賈疏，卷4，頁43）

門，皆指內門，即寢門或廟門。其要點如下：一，吉禮陳鼎於門外時，以東方北面爲正。入設於堂下時，在阼階下，西面。二，〈士喪禮〉、〈既夕禮〉，鼎仍設於門外東方，爲「未忍異於生」之意。但面向則由北改爲「西面」，以示「變」。三，〈士虞禮〉陳鼎，門外時於「西方」，北面北上；門內時，「西階」下東面北上。此乃「既葬鬼事之」，與吉禮在東相反對。四，〈公食大夫

　　　　身分尊貴，始死則已備几席之具，於此亦可看出禮儀行使中身分差異所反映
　　　　的儀式豐儉的不同。」見氏著：〈喪禮飲食的象徵、通過意涵及教化功能——
　　　　以禮書及漢代爲論述核心〉，《漢學研究》第27卷第4期（民國98年12月），
　　　　頁15，注59。

〔註216〕清・胡培翬：《儀禮正義・士虞禮》，第3冊，卷32，頁2015。

〔註217〕《儀禮・聘禮》，鄭注，卷20，頁243。

禮〉陳鼎「南面西上」，與「北面北上」有別。賈公彥認爲「賓是外人」。此「外」，不是指「家門」內、外，而是指「國」內、外。由於〈公食大夫禮〉的賓爲外國下大夫，爲了表示優禮之意，也爲了有別於款待國內之臣，故「南面西上」。綜上所述，賈公彥基本上是以禮儀性質區別陳鼎位置、面向異同。另外，賈公彥曾比較〈士冠禮〉父爲子行冠禮、孤子冠，指出陳鼎於內外與禮儀性質的關係：

> 凡陳鼎在外者，賓客之禮也。在內者，家私之禮也。是在外者爲盛也。（《儀禮》，賈疏，卷3，頁30）

士父爲子行冠禮，陳鼎於階下，屬「家私之禮」；士孤子冠，陳鼎於門外，屬「賓客之禮」。後者的禮儀，較爲隆重。

　　針對賈公彥的說法，凌廷堪考察〈士冠禮〉、〈士昏禮〉、〈特牲饋食禮〉、〈少牢饋食禮〉等性質較接近家私之禮者，均陳鼎於門外，與賈氏所言不符。凌氏並以〈公食大夫禮〉陳鼎於門外，「南面西上」，對照賈氏所說「凡鼎陳于門外者，北面爲正。阼階下，西面爲正」，亦不合。因此凌氏說：

> 以經文證《疏》，多不合，疑《疏》說誤也。〔註218〕

因而凌氏將小斂奠、大斂奠、朔月奠等陳鼎於門東西面者視爲「反吉」，而〈士虞禮〉陳鼎於「門外之右，北面北上」，爲「禮之變，不可引以爲據也」〔註219〕。於是，改從「階級」的標準，括例說：

> 凡陳鼎，大夫、士，門外北面，北上；諸侯，門外南面，西上。反吉，則西面。〔註220〕

凌氏將陳鼎之法分成大夫、士、諸侯之常禮與反吉，同樣也符合《儀禮》的記載。可見相同的資料，由於詮釋者的觀點不同，而產生不同的條例。

　　根據上述，以階級作爲區別，主要的問題有二：

　　第一，如何界定士階級的孤子冠法、喪禮的陳鼎地點或面向。〈士昏禮〉、〈特牲饋食禮〉等士階層的吉禮中，陳鼎於內門外，皆東方，北面。「北面」，以「鄉內相隨」〔註221〕，方便依次入設於廟或寢中。當入設於寢或廟時，則置於阼階下西面。〈士冠禮〉載孤子冠禮，設鼎於門外，東塾，北面。鄭玄認

〔註218〕清・凌廷堪：《禮經釋例・通例下》，卷2，頁160。
〔註219〕清・凌廷堪：《禮經釋例・通例下》，卷2，頁160。
〔註220〕清・凌廷堪：《禮經釋例・通例下》，卷2，頁159。
〔註221〕《儀禮・少牢饋食禮》，鄭注，卷47，頁561。

爲「孤子得申禮，盛之。父在，有鼎不陳於門外。」〔註222〕孤子冠禮，自爲主人，身爲一家之主，故得設鼎於門外。父在之冠子禮，並非父（主人）自身與外人所行之禮，而是父爲子舉行冠禮，故設鼎於阼階下，而非門外，以免產生誤會。因此，士冠禮陳鼎於內外的差異，當出於主人身分不同（可參第陸章第二節討論士冠禮「因身分而異」）。

凌廷堪指出士喪禮陳鼎於廟門外之東，西面北上爲「反吉」；虞禮在門外之西，北面北上爲「禮之變」，將反吉、禮之變視爲二種不同的情形。若然，凌氏說：

〈士虞‧記〉豚解，「升左肩、臂、臑、肫、胳、脊、脅。」

又云：「升腊左胖，髀不升。」是變禮反吉，始用左胖也。〔註223〕

「變禮反吉」復爲相同意思。凌氏又說：

〈特牲〉、〈少牢〉皆奉槃者東面，執匜者西面；〈士虞〉執槃

西面，執匜東面，亦反吉也。〔註224〕

此復以士虞禮爲反吉。可知虞禮的性質，凌氏看法游移不定。參照附表4「《儀禮》所見陳鼎情形」整理，士喪禮陳鼎分爲二階段：其一，小斂奠到大遣奠，陳鼎於廟門外，「東方西面」。在「事死如事生」的大前提下，設鼎於東方，同於士冠禮、士昏禮等吉禮；又在細節上標明與日常生活的禮儀不同，故改爲「西面」，異於冠、昏禮。其二，士虞禮設鼎於廟門外「西方」，北面。從以「吉凶異道」來說，特牲饋食禮吉祭陳鼎於「東方北面」，士虞禮陳鼎「西方北面」，以東、西爲生死之別，符合古人以東方爲生氣，西方爲殺氣的思想。因此士虞禮方爲「反吉」。凌氏視小斂奠到大遣奠陳鼎門外東方西面，爲「反吉」，士虞禮爲「禮之變，不可引以爲據」，實可商榷。

第二，諸侯與外臣（大夫）行禮的陳鼎法。〈聘禮〉與〈公食大夫禮〉均爲諸侯禮遇身爲使者的大夫，可一併參看。〈聘禮〉諸侯命人爲賓客設飧、饋贈饔餼時，陳鼎於門內中庭的方式相近：東階下西面爲未煮熟的腥牢，西階下東面爲熟食的飪牢。以「東——春——生、西——秋——熟」〔註225〕的生熟，及「禮尚初」的觀點來看，應以在東的腥牢爲貴，「有腥者，所以優賓也」

〔註222〕《儀禮‧士冠禮》，鄭注，卷3，頁30。

〔註223〕清‧凌廷堪：《禮經釋例‧飲食之例下》，卷5，頁272。

〔註224〕清‧凌廷堪：《禮經釋例‧祭例上》，卷9，頁506～507。

〔註225〕《儀禮‧聘禮》，賈疏，卷20，頁239。

〔註226〕。〈公食大夫禮〉諸侯設食款待下大夫，陳鼎於廟門外或廟門內的中庭時，皆南面西上。比較二篇陳鼎的差異，可能的原因有四：其一，受禮者為侯伯之卿或子男之下大夫的階級差異所致。〔註227〕然據〈少牢饋食禮〉、〈有司徹〉兩篇載卿、下大夫祭禮，陳鼎未因階級而異，則此可能性較小。其二，諸侯本身的階級尊卑所致。目前資料僅顯示鼎數與階級的關係，但無諸侯陳鼎面向的資料可供討論，如《周禮・秋官・掌客》載各級諸侯、大夫的鼎簋之數，而無面向的說明。其三，禮儀本身的性質所致，如鄭玄認為〈公食大夫禮〉為了賓客舉行食禮，賓立於門外西方，鼎亦隨賓的所在位置而設，故南面西上，「統於外」。〔註228〕其四，陳設地點。〈聘禮〉在賓館（大夫廟），〈公食大夫禮〉在諸侯廟。

　　綜上所述，諸侯與外臣之禮，因資料不足，無法深入討論陳鼎面向不同的原因。然而，就士階級之禮而言，陳鼎亦呈現吉凶不同的情形：吉禮陳鼎於內門外者，東方北面。喪禮，小斂奠到大遣奠，內門外，東方西面；虞禮則內門外，西方北面。

例五：凡庭洗，士吉禮設於阼階東南，南北以堂深。

　　士喪禮小斂奠到大遣奠，無洗，士虞禮設洗於西階西南。

　　據〈士冠禮〉、〈士昏禮〉等士吉禮，設洗的位置在阼階東南，當東榮，南北以堂深。物品的相對位置為：水在洗東，篚在洗西。堂下之洗，為男子所用，又稱南洗。婦人行禮，使用設於房中之北的洗，又謂之北洗。

　　清人淩廷堪為庭洗與禮儀吉凶性質，括例說：

　　　（1）凡庭洗設于阼階東南，南北以堂深，天子諸侯當東霤，卿大夫
　　　　　　士當東榮，水在洗東。〔註229〕

　　　（2）凡凶事無洗，或設盥于堂下，或設盥于門外。〔註230〕

淩氏考覈各篇吉禮，並以各階級宮室有別，歸納出上述第（1）條禮例。第（2）條的凶禮則以小斂奠、大斂奠、豫於祖廟陳設等，作為凶事無洗之證，並提出「蓋凶事略，不設洗，惟設盥以代之」。至於〈士虞禮〉，淩氏說：

〔註226〕《儀禮・聘禮》，鄭注，卷21，頁256。
〔註227〕《儀禮・聘禮》，賈疏，卷19，頁226。
〔註228〕《儀禮・公食大夫禮》，鄭注，卷25，頁299。清人胡培翬亦從此說，見氏著：
　　　　　《儀禮正義・公食大夫禮》，第2冊，卷19，頁1188。
〔註229〕清・淩廷堪：《禮經釋例・通例下》，卷2，頁149。
〔註230〕清・淩廷堪：《禮經釋例・變例》，卷8，頁411。

〈士虞禮〉在既葬之後，始設洗，然亦設于西階西南，水在洗
西，篚在東，異於吉時之洗在東階東南也。〔註231〕

據〈士虞禮〉，設洗於西階西南，水在洗西，篚在東，異於吉禮。凌氏以爲
「凡凶事無洗」，「異於吉時」的虞禮當屬於凶事，卻也設洗，略顯矛盾。

　　參〈士喪禮〉小斂奠時，在堂下東方「設盆盥于饌東，有巾。」鄭注：

　　　　爲奠設盥也。喪事略，故無洗也。（《儀禮》，鄭注，卷 36，頁
　424）

而〈士虞禮〉陳具時，「設洗于西階西南，水在洗西，篚在東。」鄭注：

　　　　反吉也，亦當西榮，南北以堂深。（《儀禮》，鄭注，卷 42，頁
　493）

可知鄭玄認爲士喪禮過程中，從小斂到大遣奠，死者形體猶在，以「奠」向
死者致意，故「設盥」而無庭洗，爲「喪事略」；虞禮與吉禮相對，爲「反吉」，
故設洗於西。〔註232〕彭美玲師指出凌廷堪對於〈士虞禮〉的性質「未達一間，
故定有『凶事無洗』之例，又於陳鼎諸例顯其瑕疵」〔註233〕，實爲的評。

3、奠、祭的食物之例

例六：凡牲皆用右胖，唯變禮反吉用左胖。

　　此條見於《禮經釋例》。〔註234〕以食禮而言，本應以〈士昏禮〉婦至成
禮、婦饋舅姑或〈公食大夫禮〉爲主要討論根據，然〈士昏禮〉用特豚合升，
而〈公食大夫禮〉未載牲體之左右，無法作爲討論牲體左右的參考，故以屬
於士階級禮的〈鄉射禮〉〔註235〕、〈特牲饋食禮〉爲對照。

　　士喪禮過程中，小斂奠、大斂奠用特豚，標誌「人道之終」〔註236〕。

〔註231〕清‧凌廷堪：《禮經釋例‧變例》，卷8，頁412。

〔註232〕關於《儀禮》盥洗具的陳設，可參張光裕：〈《儀禮》盥洗説〉，李曰剛等著：
　　　　《三《禮》研究論集》，頁87～91。

〔註233〕彭美玲師：《古代禮俗左右之辨研究——以三《禮》爲中心》，頁259。

〔註234〕清‧凌廷堪：《禮經釋例‧飲食之例下》，卷5，頁271。胡培翬進一步指出「凡
　　　　吉祭，神俎牲用右胖。」見《儀禮正義‧特牲饋食禮》，第 3 冊，卷36，頁
　　　　2215。

〔註235〕賈公彥認爲〈鄉飲酒禮〉、〈鄉射禮〉均爲士禮，曾永義從樂器判定〈鄉飲酒
　　　　禮〉屬大夫禮、〈鄉射禮〉屬士禮。雖然兩篇賓、主人、介或大夫的俎實相同，
　　　　但本文從較嚴格的標準，引〈鄉射禮〉。見《儀禮》，〈鄉飲酒禮〉，賈疏，卷
　　　　8，頁80；〈鄉射禮〉，賈疏，卷11，頁109。曾永義：《儀禮樂器考》，頁114
　　　　～115、117～118。

〔註236〕清‧凌廷堪：《禮經釋例‧飲食之例下》，卷5，頁273。

朝夕哭奠，用右胖，以示「事死如事生」〔註237〕。可知，喪禮雖性質屬於凶禮，其中仍有同於吉禮之處，以安頓爲人子者對亡父的不忍之情。及至大遣奠，用羊、豕之「左」胖，屬於「反吉祭也」〔註238〕；虞祭用「左」胖：肩、臂、臑、肫、骼、脊、脅共七體。

　　士人吉禮，〈鄉射禮〉以狗爲牲，茲以主人、賓的俎實，依尊卑之次爲：

　　　　　賓　俎：脊、脅、肩、肺。

　　　　　主人俎：脊、脅、臂、肺

主人、賓，皆用右體，以其「周所貴也」。〔註239〕〈特牲饋食禮〉所用牲體：〔註240〕

　　　　　尸　俎：右肩、臂、臑、肫、胳、正脊二骨、橫脊、長脅二骨、
　　　　　　　　　短脅。

　　　　　主人俎：（左）臂、正脊二骨、橫脊、長脅二骨、短脅。

　　　　　主婦俎：觳折。

　　　　　佐食俎：觳折、脊、脅。

吉祭尸俎十一體，以右胖爲主；凶祭尸俎七體，以左胖爲主。若牲體不足，得用另一胖。〔註241〕主婦與佐食俎的「觳折」，乃分牲之右後足。以牲體「前貴後賤」、右胖尊於左胖來看，尸用右臂，主人用左臂，而主婦與佐食分用右後足，顯示階序上的差異。至於左右之別與吉凶的關係，《禮記‧檀弓上》載孔子因姊喪，拱手尚右，鄭玄注說：

　　　　喪尚右，右陰也。吉尚左，左陽也。（《禮記》，鄭注，卷7，頁
　　130）

孔穎達進一步申述說：

　　　　此既凶事尚右，吉事尚左。案〈特牲〉、〈少牢〉吉祭皆載右胖，
　　〈士虞禮〉是凶事載左胖者，取義不同。吉祭載右胖者，從地道尊
　　右。〈士虞禮〉凶祭載左胖者，取其反吉。故〈士虞禮〉設洗于西階

〔註237〕人子以「事死如事生」的方式進行喪葬儀式，乃本之於人情，詳參林素英師：〈先秦儒家的喪葬觀〉，《漢學研究》第19卷第2期（2001年12月），頁83～112。
〔註238〕《儀禮‧既夕禮》，鄭注，卷39，頁463。
〔註239〕《儀禮‧鄉射禮》，鄭注，卷13，頁147。
〔註240〕《儀禮‧特牲饋食禮‧記》，卷46，頁550。
〔註241〕詳參彭美玲師：《古代禮俗左右之辨研究——以三《禮》爲中心》，頁113。

西南，鄭注「反吉」是也。（《禮記》，孔穎達正義，卷7，頁 130）牲體的左右，與陰陽觀念相應。〔註242〕復從空間位置來看，古代建築坐北朝南，太陽升起的東方爲左，古人遂以左爲陽、爲吉，右爲陰、爲凶。〔註243〕因此，吉禮牲體以右胖爲主，凶禮以左胖爲主。

例七：凡用醴者，無玄酒。

辨別酒類組合的關係，首見於〈燕禮〉賈疏：

> 凡無玄酒者，直陳之而已，不言上下。……又，凡用醴者，無玄酒。〈士冠禮〉醴子、〈昏禮〉醴婦、〈聘禮〉醴賓，醴皆無玄酒，質故也。……〈士喪〉、〈既夕〉、〈士虞〉皆有酒、醴，無玄酒者，以凶變於吉故也。（《儀禮》，賈疏，卷14，頁 159）

賈氏首先比對〈燕禮〉堂上設酒、玄酒各一壺，堂下門西士旅食爲兩壺酒，因爲兩壺皆用，故經文不特別標明「上下」。可知同一套禮儀中，酒的種類因尊卑而異。其次，十七篇中用醴者皆無玄酒。用醴情形可分爲二：一，單用醴，如〈士冠禮〉醴子等篇。二，使用醴、酒的組合，如喪禮諸篇，「以凶變於吉故也」。下文承賈氏之說，進一步觀察《儀禮》中士階級禮儀使用酒類的組合情形。

首先，士階級飲酒，以玄酒、酒爲主，如〈鄉射禮〉只使用這二種酒。〔註244〕

其次，吉禮禮盛，則單用醴。此所謂「禮盛」，指冠子、昏禮醴婦確認家族新成員、喪禮初事死者等〔註245〕，以及昏禮醴使者，主人賜予隆盛之禮。〔註246〕質樸的醴，單獨用於特定對象時，往往表示極大的誠意或禮遇。

〔註242〕此承林素英師提示，特此致謝。

〔註243〕詳參彭美玲師：《古代禮俗左右之辨研究——以三《禮》爲中心》，頁 211～219。

〔註244〕〈鄉飲酒禮〉同。而諸侯禮的〈燕禮〉、〈大射〉則按照身分有所區別。〈燕禮〉公、卿、大夫、士用玄酒、酒，士旅食單用兩壺酒。〈大射〉除了與〈燕禮〉相同之外，比士旅食身分更低的隸僕人、巾車、獻者，用兩壺名爲「獻酒」的濁酒。

〔註245〕鄭玄解釋初遭喪，用醴或酒的原因是「或卒無醴，用新酒。」可知本當用醴。但喪事「一日二日而可爲者」不預備，若匆促之間無醴，則用新酒。《儀禮·既夕禮·記》，鄭注，卷40，頁 474。

〔註246〕陳祥道：「禮之質者尚醴，文者尚酒。冠禮醴子，昏禮醴婦、禮賓，厚其親也；聘禮醴賓，厚其私覿也；士喪及虞醴神，存其養也；非此無所事醴，則用酒而已。」按：陳氏羅列各類用醴情形，及其禮意，可供參考。見氏著：《禮

　　第三，喪奠、虞祭，用醴、酒。〈士喪禮〉、〈既夕禮〉、士虞祭酒、醴並用，以凶變吉，無玄酒。賈公彥遂據此括例「凡用醴者，無玄酒」，又說：

　　　　醴法上古，酒是人所常飲，故在東。吉禮，玄酒在酒上。今以
　　　　喪祭，禮無玄酒，則醴代玄酒在上，故云上醴也。（《儀禮》，賈疏，
　　　　卷 42，頁 493～494）

賈氏指出喪禮用醴，是為了有別於日常。而以醴為尚，周聰俊師則提出解釋說：

　　　　蓋以至敬不尚味，故祭祀用味薄之五齊；以三酒味厚，故為人
　　　　所飲也。醴之貴於酒者，於此亦可知矣。〔註247〕

以「至敬不尚味」為切入角度，說明醴貴於酒，誠有其洞見。

　　第四，祭祀時，士之正祭事尸，用玄酒與酒〔註248〕。陽厭時，《儀禮·特牲饋食禮》經文載「納一尊」，未說明酒類。參照〈有司徹〉下大夫廟祭陽厭，「納一尊」，鄭玄說：「陽厭殺，無玄酒。」〔註249〕可知士階級祭禮陽厭的「一尊」當盛酒。

　　吉祭以用玄酒、酒為主，且以玄酒為上。喪奠、士虞祭改用醴代替玄酒，「上醴」亦在左。因此，「玄酒與酒」、「醴與酒」為吉凶禮儀用酒的對照組。〔註250〕至於卒哭祭畢餞尸，設「水尊在酒西」，兼用玄酒、酒，以示由凶喪

書》，收入《景印文淵閣四庫全書》，第 130 冊，卷 84，頁 533。按：日本東京大學東洋文化研究所藏宋慶元年間（1195～1200）刊元至正七年（1347）福州路儒學修補至明遞修本影印本，因文字模損，故仍以《景印文淵閣四庫全書》本為據。

〔註247〕周聰俊師：〈殷禮制中醴及醴器研究〉，《三禮禮器論叢》（臺北：文史哲出版社，2011 年 1 月初版），頁 54。

〔註248〕《儀禮》〈特牲饋食禮〉，卷 44，頁 523；〈少牢饋食禮〉，卷 47，頁 561。

〔註249〕《儀禮·有司徹》，鄭注：「陽厭殺，無玄酒」，卷 50，頁 605。

〔註250〕除了辨別禮儀外，也可從實用的層面看待不兼設玄酒、醴的原因。玄酒為水，為先民最初用以禮敬上帝之物。設玄酒，以示「不忘古」、法其初。據《周禮·天官·酒正》，醴是初發酵，未經過濾、蒸餾的酒，非精製的酒類。《說文解字》亦云醴為「一宿孰」。那麼，醴是一種酒味較淡，帶有甜味的酒。與釀造時間較久、酒精濃度較高的酒相比，醴較接近穀物的原貌，較為樸實，與玄酒相似。玄酒是為了沖淡酒而設置，如《禮記·郊特牲》說：「祭齊加明水，報陰也。……明水涗齊，貴新也。」（卷 26，頁 507～508）鄭注：「五齊加明水，則三酒加玄酒」，用水（玄酒）沖淡濁酒，使之清澈、寓有以「新」為貴之意。而醴，釀造時間短，酒味薄，不須沖淡，故不與玄酒並設。以水和酒說，詳參尚秉和：歷代社會風俗事物考》，卷 7，頁 113。王國維：《觀堂集林·說盉》，頁 152。

漸入吉禮。

例八：凡士虞祭，無胏俎，不致爵、不加爵。獻尸畢，不獻賓、不旅酬、
　　　不餕。

　　見於凌廷堪《禮經釋例》。〔註251〕比較〈特牲饋食禮〉、〈士虞禮〉的儀
節差異如下：其一，吉祭用胏俎裝盛食用過的俎實，虞祭無胏俎，置於篚，
「篚，猶吉祭之有胏俎」〔註252〕。其次，就儀節流程來說，虞禮三獻禮畢，
無致爵、加爵、獻賓、旅酬、餕等事，「蓋虞祭是葬畢迎精之祭，與吉祭異，
故不能備禮也」〔註253〕。

（二）死者身分的轉換階段

　　《禮記・檀弓下》說：

> 葬日虞，弗忍一日離也。是日也，以虞易奠。卒哭曰成事，是
> 日也，以吉祭易喪祭。明日祔于祖父。其變而之吉祭也。（《禮記》，
> 卷9，頁171）

明確揭示奠、虞祭、卒哭祭、祔祭等重要進程，本文將依此探討諸奠、祭的
吉凶變化。

1、兼具「事死如事生」與「漸凶」的小斂奠到大遣奠

　　士喪禮第一日、第二日，遺體在正寢之室，始死奠、小斂奠皆設於尸旁。
大斂時，遷遺體於堂上東階，而第三日的大斂奠猶設於正寢之室，因此奠與
遺體不在同一處，「自是不復奠于尸」。大斂奠，始設席，鄭玄以爲「安神位」，
胡培翬進而指出是「廟祭之始」。〔註254〕

　　從第四日開始，至下葬前，在正寢之室每日朝、夕設奠，謂之朝夕奠。
同時，燕寢之室亦設平日供養之物、朝夕奠食、四時珍異與湯沐等，「孝子不
忍一日廢其事親之禮，於下室設之，如生存也。」〔註255〕因此，從第四日開
始，正寢之室、燕寢之室皆設奠。後者仿效生前侍奉之禮，主於「事死如事
生」之意。前者正寢之奠，異於生前之禮，傾向廟祭性質。或許可以說從第

〔註251〕清・凌廷堪：《禮經釋例・祭例》，卷10，頁532。
〔註252〕《儀禮・士虞禮》，鄭注，卷42，頁498。按：清人凌廷堪襲用以爲「凡尸
　　　　　所食，皆加于胏俎，若虞祭則以篚代之。」見氏著：《禮經釋例・祭例上》，
　　　　　卷9，頁477。
〔註253〕清・凌廷堪：《禮經釋例・祭例下》，卷10，頁532。
〔註254〕清・胡培翬：《儀禮正義・士喪禮》，第3冊，卷28，頁1772。
〔註255〕《儀禮・既夕禮》，鄭注，卷41，頁483。

三日大斂奠到下葬後，喪禮兼有事死如事生、異於生二種性質。而正寢之奠隨時日有所變化，可藉此觀察吉凶與身分的轉變。

　　從小斂奠到大遣奠，形式上略同於吉，而又有變。同者，如牲體用右、陳鼎於門外東方等「事死如事生」的吉禮，因應人子回報父母的「仁愛」之心〔註256〕，並告慰亡靈：生者並未驟然棄絕死者、「致死之」，仍奉行生前之事。變者如陳鼎仍在門外東方，卻由「西面」變爲「北面」，及「喪事簡略」不設几、洗等，亦異於生。這些禮儀細節上的改變或簡省，一方面顯示禮儀性質不同〔註257〕，轉化死者的身分認定。另一方面，也象徵死者處於複雜多重的身分界定：形體雖存，卻非生人；雖非生人，卻又不得以鬼神視之。就禮意而言，據《荀子・禮論》：「喪禮者，以生者飾死者也、大象其生以送其死，故事死如生，事亡如存，終始一也」，章景明說：

　　　　然而所謂「大象其生以送其死」，實是自始死以至下葬，整個
　　喪禮進程中的原則，而其所以有這般的禮俗形式，最主要的乃是基
　　於靈魂不滅，死者可能復活的觀念而產生的禮俗行爲。〔註258〕

章氏精準地指出「事死如事生」潛藏著家屬期盼死者復活的心情〔註259〕、靈魂不滅的觀念。

　　值得注意的是，朝夕哭奠用右胖，屬於吉禮；大遣奠用左胖，爲凶禮。鄭玄說：「遣，謂祖廟之庭大奠，將行時也，人之道終於此。」〔註260〕送別死者人生最後一程，設置遣奠。《禮記・雜記下》載：

　　　　或問於曾子曰：「夫既遣而包其餘，猶既食而裹其餘與？君子
　　既食則裹其餘乎？」曾子曰：「吾子不見大饗乎？夫大饗，既饗，卷
　　三牲之俎歸于賓館。父母而賓客之，所以爲哀也。子不見大饗乎？」
　　（《禮記》，卷42，頁740）

大遣奠畢，士包取牲之臂、臑、骼以隨葬。父母本爲一家之主，如今裹餘食而贈之，猶如以賓客之禮待之。總之，大遣奠裹牲體隨葬以賓客之禮待父母、

〔註256〕章景明：〈儒家對於喪禮的基本觀念與態度〉，李曰剛等著：《三《禮》研究論集》，頁167。
〔註257〕彭美玲師：《古代禮俗左右之辨研究——以三《禮》爲中心》，頁259。
〔註258〕章景明：〈祭、喪之禮吉凶觀念之分別〉，李曰剛等著：《三《禮》研究論集》，頁175。
〔註259〕章景明：〈祭、喪之禮吉凶觀念之分別〉，李曰剛等著：《三《禮》研究論集》，頁175。
〔註260〕《周禮・春官・大史》，鄭注，卷26，頁403。

牲體用左胖與吉禮相對，喻示禮儀將進入另一階段，即喪禮「反吉」——下葬、虞禮。

2、「反吉」的葬、士虞禮

鄭玄說：

> 葬者，送亡之終。〔註261〕

埋葬，表示爲亡者送行的禮儀告一段落。孔穎達說：

> 論葬後當以鬼神事之。禮，未葬，由生事之，故未有尸；既葬，親形已藏，故立尸，以係孝子之心也。（《禮記·檀弓下》，孔穎達正義，卷10，頁193）

「喪禮自葬以前」，慮及孝子心情，不忍以鬼神看待死者，「未有尸」，故稱「奠」而不言「祭」。〔註262〕下葬，埋葬形體後，當日中午舉行虞「祭」，如同生前侍奉的「燕寢」之「奠」不再舉行。〔註263〕這表示原本兼行事死如事生、異於生二種性質的禮數，藉由不斷地加重「異於生」乃至反吉的成分，至下葬後則完全去除「事死如事生」的部分，轉爲反吉。

如何界定虞禮的性質，在於凶、反吉的比較基準點是什麼？若「反吉」的吉指與日常生活相對的吉，則禮主於生人。若「反吉」是指與吉祭相對，則禮主於鬼神（死者）。參考《儀禮》、《禮記》注疏，除了上述大遣奠用左胖外，「反吉」多指士虞禮，並以〈特牲饋食禮〉作爲「吉」的對照。〔註264〕從禮例提供的線索來看，〈士虞禮〉異於〈特牲饋食禮〉的儀節至少包含：

〔註261〕清·皮錫瑞輯：《鄭志疏證》（臺北：世界書局，1963年4月初版，《讀書箚記叢刊》第二集），卷6，頁19上。

〔註262〕朱子：「喪禮自葬以前，皆謂之奠，其禮甚簡，蓋哀不能文，而于新死者，亦未忍遽以鬼神之禮事之也。」見清·李光地：《朱子禮纂》，《景印文淵閣四庫全書》，第142冊，卷3，頁690。

〔註263〕鄭玄說：「既虞祭，遂用祭禮，下室遂無事也。」虞祭時，不再奠於燕寢之室。孔穎達則認爲「卒哭之時，乃不復饋食於下室。」然而，《儀禮·士虞禮·記》指出再虞如初虞，三虞、卒哭「亦如初」，士虞祭、卒哭祭的差別在於舉行日期和祝辭，禮儀大體相同。而且《儀禮·士虞禮》載葬後「猶朝夕哭不奠」（卷40，頁473），則當去此燕寢之室奠，故本文從鄭玄說。見《禮記·檀弓下》，鄭注、孔穎達正義，卷10，頁193。《儀禮·士虞禮·記》，卷43，頁509。

〔註264〕《儀禮》，〈士冠禮〉，賈疏，卷3，頁29；〈士昏禮〉，賈疏，卷4，頁43；〈士虞禮〉，鄭注、賈疏，卷42，頁493；〈士虞禮〉，賈疏，卷42，頁500。《禮記》，〈檀弓上〉，孔穎達正義，卷7，頁130；〈檀弓下〉，孔穎達正義，卷9，頁174。

〔註 265〕
　　　器物陳設：牲用左體、陳鼎於門西、設洗於西方、無玄酒、無
肵俎。

　　　儀節流程：不致爵、不獻賓、不旅酬、不餕、不加爵、不嘏主
人。

從器物、儀節等條例來看，士虞禮和吉祭的〈特牲饋食禮〉形成反對，是爲
反吉。復從靈魂是否得到安息的觀點而言，安魂的虞祭未畢之前，亡靈尚未
能安定止息，故屬凶喪之禮。〔註 266〕

　　除了士喪禮儀節之外，還可從禮儀之間的衝突，印證埋葬對死者身分轉
換的重要性。《禮記・內則》記載一般情形下，諸侯世子出生後三個月，舉
行接子禮，並命名。〈曾子問〉則記載若君薨而未葬，世子生，則「三日」
見子、命名。〔註 267〕若君已葬，而世子生，則「三月」命名。〔註 268〕孔穎
達解釋說：

　　　葬時，攝主已弁絰葛以交神明，葬竟又服受服，喪之大事便
　　　畢。……葬後，神事之，故依平常之禮，三月不見也，三月乃見，
　　　因見乃名，故云：「乃名于禰。」（《禮記》，孔穎達正義，卷 18，頁
　　　360）

若君葬後，世子生，依平常「三月乃見、命名」之禮的原因，即在於「葬後，
神事之」。

　　當進行到凶禮核心的虞祭時，既爲反吉，卻也蘊含由凶轉吉的因素。如
從小斂奠到大遣奠不設几，虞禮設右几，爲鬼神用，屬於「向吉之漸也。」
〔註 269〕又如〈特牲饋食禮〉陳設時，「主婦視饎爨于西堂下。」〔註 270〕士
人廟祭時，在西堂下設炊黍稷的爨。相較之下，〈士虞禮〉載「饎爨在東壁，

〔註 265〕孫希旦説〈士虞禮〉：「牲升左胖進骶，魚進鬐，皆喪祭之禮也。」亦爲士虞
　　　　禮與吉祭不同之處。見氏著：《禮記集解・檀弓下》，上冊，卷 10，頁 261。
〔註 266〕章景明：〈祭、喪之禮吉凶觀念之分別〉，李曰剛等著：《三《禮》研究論集》，
　　　　頁 177。
〔註 267〕《禮記・曾子問》，卷 28，頁 536。按：此處未行「事死如事生」之禮，可
　　　　能是因爲小斂奠到大遣奠之間，包含兩種概念：事死如事生、異於生，而見
　　　　世子禮採用「異於生」的作法。
〔註 268〕《禮記・曾子問》，卷 18，頁 358～360。
〔註 269〕清・胡培翬：《儀禮正義・士虞禮》，第 3 冊，卷 32，頁 2015。
〔註 270〕《儀禮・特牲饋食禮》，卷 44，頁 523。

西面。」虞禮設竈於堂下東壁，與吉禮廟祭在堂下西壁設竈，形成反對。而鄭玄說：「於虞，有亨饎之爨，彌吉。」虞禮之前的奠，或設黍稷，然其竈似未設於殯宮裡，至虞禮方見烹煮‧黍稷的竈，故爲「彌吉」。〔註271〕因此，「反對」的本身有時也呈現轉吉的涵義。

　　3、吉凶分界的卒哭祭畢

　　《禮記‧檀弓下》載卒哭之日「以吉祭易喪祭」，卒哭爲喪祭、吉祭的分水嶺。鄭玄的說法未見一致，如：

> 　　《儀禮‧士虞禮》陳器，「側亨于廟門外之右，東面。」
> 　　鄭注：「是日也，以虞易奠，祔而以吉祭易喪祭。」（《儀禮‧
> 　　　　士虞禮》，鄭注，卷42，頁493）
>
> 　　《儀禮‧士虞禮‧記》：「三虞、卒哭、他用剛日，亦如初，曰：
> 　『哀薦成事。』」
> 　　鄭注：「〈檀弓〉曰：『葬日中而虞，弗忍一日離也。是日也，
> 　　　　以虞易奠。卒哭曰成事，是日也，以吉祭易喪祭。明日
> 　　　　祔於祖父。』如是，虞爲喪祭，卒哭爲吉祭。」（《儀禮‧
> 　　　　士虞禮‧記》，鄭注，卷43，頁509）
>
> 　　《儀禮‧士虞禮‧記》載卒哭祭的饗辭「哀子某，圭爲而哀薦
> 　之，饗！」鄭玄注：「凡吉祭饗尸，曰孝子。」（《儀禮‧士虞禮‧記》，
> 　鄭注，卷43，頁512）

第一條，以祔爲吉祭。第二條，以卒哭爲吉祭。第三條，吉祭饗尸稱主人爲「孝子，反推鄭玄認爲卒哭是喪祭。同一篇文章，說法前後矛盾。其實問題都歸結於如何解讀《禮記‧檀弓下》。

〔註271〕賈公彥解釋鄭玄之意說：「朔月、薦新之等，始有黍稷，向吉。仍未有爨，至此始有亨饎之爨，故云『彌吉』。」（《儀禮‧士虞禮》，賈疏，卷42，頁493）清人吳廷華《三禮疑義》說：「但朔奠既有黍稷，斷無無饎爨之理，彼文略耳。此疏謂彼未有爨，至此始有亨饎之爨。是以〈士喪禮〉所陳黍稷皆生矣，豈不大誤！且虞本喪祭，烏得言吉？彌字亦習語，可厭。」（《三禮疑義》，第20冊，卷42，頁5下）胡培翬認爲：「吳說似有理，存之。」（《儀禮正義‧士虞禮》，第3冊，卷32，頁1977）按：士喪禮，朝夕奠亦於燕寢之室設黍稷。而經文說：「饎爨在東壁，西面」，此殯宮原爲正寢，不當設爨，而此言設「爨」，乃著眼於地點（正寢、殯宮、廟），而非著重於黍稷生熟。而且，「奠」講究事死如事生，天子諸侯方有血食之祭，士階級亦似不宜以未烹飪的黍稷與其他祭品向死者致意。

　　《禮記・檀弓下》說:「葬日虞,弗忍一日離也。是日也,以虞易奠。卒哭曰成事,是日也,以吉祭易喪祭。明日祔于祖父。其變而之吉祭也。」〔註272〕運用排比句的觀點,解讀這段經文,很容易得出「卒哭爲吉祭」的說法。然而,葬日,清晨行大遣「奠」,「日中而虞」。因此「以虞易奠」係指「日中」行虞祭之時,而非虞禮「當日」皆屬之。卒哭爲喪祭,「以吉祭易喪祭」的時間點在卒哭祭「畢」,非卒哭本身,亦非行卒哭祭「全日」。爲闡明此觀點,當從卒哭祭的禮文著眼。〔註273〕

　　第一,從喪禮過程來看,虞祭、卒哭祭禮儀大體相同,僅舉行日期和祝辭略有不同,後者多一餞尸禮。可知二者性質接近。〔註274〕

　　第二,從喪禮進程來看,卒哭祭畢,有即吉之事,茲舉三例:其一,如卒哭祭畢餞尸,始設玄酒,鄭玄注:

　　　　有玄酒,即吉也。此在西,尚凶也。(《儀禮・士虞禮・記》,

　　鄭注,卷43,頁509)

相對於奠、士虞禮無玄酒,卒哭祭畢餞尸設玄酒,爲漸向吉。但相對於〈特牲饋食禮〉吉祭的玄酒在東,卒哭餞尸「水尊在酒西」〔註275〕,玄酒在西仍屬凶。其二,《禮記・檀弓下》載「『既』卒哭」而有神諱,以諱事神,〔註276〕則近於吉祭。其三,祔祭,主人自稱「孝子」,爲吉祭用辭。

　　第三,從「吉凶不相干」的觀點來看,卒哭祭畢,行吉禮。《禮記・雜記下》:「大功之末,可以冠子,可以嫁子。父小功之末,可以冠子,所以嫁子,可以取婦。己雖小功,既卒哭,可以冠、取妻。」鄭注:

　　　　此皆謂可用吉禮之時。父大功卒哭,而可以冠子、嫁子;小功

　　卒哭,而可以取婦。己大功卒哭,而可以冠子;小功卒哭,而可以

　　取妻。必偕祭乃行也。(《禮記》,鄭注,卷42,頁743)

喪禮儀節的性質和其他禮儀息息相關,卒哭祭畢,可行冠子、嫁子等吉禮,似反證卒哭的性質較近凶禮。

────────────

〔註272〕《禮記・檀弓下》,卷9,頁171。
〔註273〕承　徐福全師的提點,使筆者重新思考卒哭的性質,敬致謝忱。
〔註274〕《禮記・雜記下》:「上大夫之虞也少牢,卒哭成事、附皆大牢。下大夫之虞
　　　　也犆牲,卒哭成事、附皆少牢。」(卷42,頁739)牲體的種類與禮儀的隆殺
　　　　有關,而非吉凶性質,因此未列入討論。
〔註275〕《儀禮・士虞禮・記》,卷43,頁509。
〔註276〕清・孫希旦:《禮記集解・檀弓下》,卷11,頁291。

第四，從喪禮與其他凶事之間的衝突來看，卒哭祭畢得參與其他凶事。《禮記・喪大記》說：

大夫、士既葬，公政入於家；既卒哭，弁絰帶金革之事無辟也。

（《禮記》，卷45，頁782）

《禮記・曾子問》也有相似的記載。若有征戰之事，大夫、士卒哭祭畢，「還其職位於君」，爲國效力。〔註277〕士喪禮至三月卒哭時，「哀殺」〔註278〕，故可從戎。

第五，從祝辭來看，卒哭祭時，祝辭稱主人「哀子」，屬於喪祭用辭（詳見主人居喪儀節的討論）。又，《儀禮・士虞禮・記》載三虞、卒哭的祝辭爲「曰哀薦成事。」這不僅顯示虞祭和卒哭密切相關，更值得關切的是「成事」一詞的涵義。《禮記》〈曾子問〉、〈雜記下〉載「卒哭成事」，而〈檀弓下〉則說：「卒哭曰成事。」「成」爲備的意思，喪祭之事至卒哭爲「備」，故曰「成事」，猶如士人吉祭時，祝宣告奉養完成的「利成」爲事尸禮畢之意。「卒哭曰成事」，卒哭祭是祭事的完成，那麼卒哭祭當劃入此事之內，還是此事之外？卒哭祭之前爲虞祭，虞祭屬喪祭。因此卒哭若劃入「此事之內」，則屬喪祭；若爲「此事之外」，則爲吉祭。參照飲酒至酬禮而告備的「飲酒禮『成』於酬」，以及卒哭祭的作用在於報告亡靈明日即將舉行祔祭，爲「告祔」。即使無尸、不餞，但同樣舉行告祔，向亡靈說明將有所歸。因此卒哭當屬於凶喪之祭。

綜上所述，卒哭祭與虞祭性質相同，當屬喪祭。若此說不誤，鄭玄以卒哭爲「吉祭」，賈公彥承之並進一步說明「卒哭對虞爲吉祭，卒哭比祔爲喪祭」〔註279〕，則忽略《禮記・檀弓下》用語不精的問題，與《儀禮》卒哭禮文和虞禮的相似性。

下葬後，亡者被界定爲鬼神，此時的亡靈未歸入祖廟確定昭穆，是未被序列化的祖先，「鬼有所歸，乃不爲厲」，有成爲厲鬼的可能性，因此虞禮、卒哭爲喪祭，性質屬於凶。〔註280〕卒哭祭「畢」方轉向吉。亡靈祔祭祖廟，

〔註277〕《禮記・曾子問》，鄭注，卷19，385。
〔註278〕《儀禮・士虞禮・記》，鄭注，卷43，頁509。
〔註279〕《儀禮・士虞禮》，鄭注，卷43，頁509。《儀禮・士虞禮》，賈疏，卷42，頁493。
〔註280〕黃啓方從民俗學的觀點，說明奠祭的習俗是由對死者的畏懼心理而演變成敬仰和崇拜，亦可參。見氏著：〈《儀禮・士喪禮》中的喪俗〉，《中國東亞學術

得其所歸，故為吉祭。「其變而之吉祭」則指虞祭、卒哭祭、祔祭的進程由凶喪而遞移向吉，呈現「喪中自相對」〔註281〕的變化，即相對於卒哭，祔祭是吉祭，但相對於士人特牲饋食禮，祔祭則屬凶。

擴大範圍來說，相較於其他吉禮，整個三年之喪皆為凶。鄭玄注《禮記·曾子問》曾比較一系列喪禮飲酒說：

> 奠無尸，虞不致爵，小祥不旅酬，大祥無無算爵，彌吉。（《禮記》，鄭注，卷18，頁363）

奠，以事生之禮為主，故無尸，虞禮三獻尸而不致爵於生者，小祥致爵而無旅酬，大祥旅酬而不行無算爵。死亡，不僅是自然生命狀態的改變，同時也是社會身分的轉變。〔註282〕隨著由奠而祭的禮儀進程，反映小斂奠到大遣奠的事死如事生與漸凶、虞禮與卒哭的反吉、祔祭的漸吉等變化，確立死者身分由生人逐步轉為「先人」。

二、居喪儀節之例與主人身分轉換

喪禮過程中，涉及身分轉換的生者甚廣，包含子女、孫、媳等遺族。目前所見的禮例皆以主人（嗣子）為焦點，反映主人在過渡時期所受的影響，遠甚於他人，故居喪儀節以主人為討論對象。

（一）居喪儀節之例

例一：吉時拱，尚左手。喪時拱，尚右手。

見於《儀禮·喪服·記》鄭注。〔註283〕吉、喪皆行拱手禮；男子拱手，吉禮左手在上，喪禮右手在上。如《禮記·檀弓》載孔子因服姊喪，拱手尚右，學生從之，於是：

> 孔子曰：「二三子之嗜學也。我則有姊之喪故也。」二三子皆尚左。（《禮記》，卷7，頁130）

經說明後，學生拱手遂以左手為上，有別於孔子拱右，表示吉、喪不同。〈奔喪〉記載：聽聞遠方兄弟過世時，喪事已畢，此時「免、袒、成踊」，表示

研究計劃委員會年報》第9期（1970年），頁45。

〔註281〕《儀禮·士虞禮》，賈疏，卷43，頁509。《周禮·春官·小宗伯》，賈疏，卷19，頁294～295。

〔註282〕（美）伊里亞德：《聖與俗：宗教的本質》，頁225。

〔註283〕《儀禮·喪服·記》，鄭注，卷34，頁402。

內心哀傷，遇賓來弔，則以左手爲上，「從吉拜也」〔註284〕，表示喪事畢。

例二：吉冠則纓、武別材，凶冠則纓、武同材。

　　見於賈疏〈喪服〉「斬衰」章。平日所著之冠纓、冠武的材質不同；若遭喪等凶事時，二者材質相同，以示「喪事略也」〔註285〕。除了材質不同外，冠的形制亦略有差異：吉冠，圈於首的冠武，與纓分離；喪冠，則使用同一條繩，屈而繞首爲武，垂而爲纓，亦稱「條屬」。〔註286〕條屬的形制，有輕重服之分。據鄭注，大功以上，首絰有纓，以一條繩爲之；小功以下，首絰無纓。〔註287〕同時，條屬的縫法也表現輕重喪之異，《禮記・雜記上》載：

　　　　喪冠條屬，以別吉凶。三年之練冠亦條屬，右縫；小功以下，
　　左。（《禮記》，卷41，頁722）

小功以下服輕，左縫，以與重喪「右縫」相別。因此，冠的材質、形制表示吉凶之異，條屬的形制、縫法則進一步區別輕重喪。

例三：吉時有行戒，故有絇。喪中無行戒，故無絇。

　　〈喪服〉「成人小功」章，經文未載成人小功鞋頭是否裝飾，鄭注引舊說「小功以下，服無屨頭飾的吉屨」，賈氏則括此例闡明吉凶著屨的區別。〔註288〕絇爲鞋頭突出的裝飾，「狀如刀衣鼻」。〔註289〕以鞋鼻倒扣住下裳的裙襴，避免行動過於匆促，故稱作「行戒」。《禮記・檀弓上》鄭注：

　　　　禮，既祥，白屨無絇。（《禮記》，鄭注，卷6，頁120）

是則三年之喪，至祥祭之後，其屨猶無絇。

例四：凡喪服變、除，皆法天道、隨哀以降殺。

　　親始死時，爲人子者去冠〔註290〕、赤足，「扱上衽」，三日去笄纚括髮。

〔註284〕《禮記・奔喪》，孔疏，卷56，頁945。按：鄭玄注〈奔喪〉時說：「逸〈奔喪禮〉曰：『凡拜，吉喪皆尚左手。』」（卷56，頁945）可知鄭玄未從逸《禮》，而取《禮記・檀弓》孔子故事成說。又，較爲詳盡的拱手禮探討，可參葉國良師：《禮制與風俗》，頁26～28。

〔註285〕《禮記・雜記上》，鄭注，卷41，頁722。

〔註286〕《儀禮・喪服》，鄭注，卷28，頁339。

〔註287〕《儀禮・喪服》，鄭注，卷31，頁371。

〔註288〕《儀禮・喪服》，鄭注、賈疏，卷33，頁386。

〔註289〕《儀禮・士冠禮》，鄭注，卷3，頁32。

〔註290〕中國古代冠帽之意，參彭美玲師：〈君子與容禮——儒家容禮述義〉，收入葉國良師等著：《漢族成年禮及其相關問題研究》（臺北：大安出版社，2004年

〔註291〕喪服只有絰、帶，腰絰多餘的麻散而下垂，不作整飭。〔註292〕第四天成服，則六升服、冠、首腰之絰、杖、菅屨皆服之，表達內心哀傷，甚至以此作爲不孝的自我責罰。〔註293〕下葬後，主人漸次除服。隨著喪期虞、卒哭、練、大祥、禫、吉祭等重要節目〔註294〕，喪服漸次變除。喪服之「變」，與「受服」、「有受」同義，指換穿輕一等的喪服。「除」指除服，即喪期內不再換輕一等的喪服，喪期滿，直接改穿日常服飾，與「無受」意思相同。賈公彥在〈喪服疏〉指出喪服變除的原則：

> 凡喪服所以表哀，哀有盛時、殺時，服乃隨哀以降殺。（《儀禮·喪服》，賈疏，卷28，頁342）

> 凡變除，皆因葬、練、祥乃行。（《儀禮·喪服》，賈疏，卷31，頁367）〔註295〕

> 凡喪服變除，皆法天道。（《儀禮·喪服》，賈疏，卷33，頁388）

總括來說，賈氏認爲喪服變除的原則有二：其一，與內心哀傷互爲表裡。初遭喪親，內心甚爲哀慟則服重。時日長久，心情逐漸平復緩和，服制也依次變除。伴隨著喪禮進程一系列的儀式，死者逐步獲得確定的位置。〔註296〕同時，親屬的情感也從中得到安頓。服飾相應於情感，隨著喪禮的重要節目而變、除喪服，表徵情感的轉變，俾使「顏色稱其情，戚容稱其服」〔註297〕、「稱情而立文」〔註298〕。其二，人是自然萬物的一環，當順從天地之易、四時之變，而變除喪服、弔服。以人和自然關係來看，《禮記·三年問》說：

8月初版），頁251～255。
〔註291〕《禮記·問喪》，鄭注，卷56，頁946。
〔註292〕《禮記·喪服小記》，孔穎達正義，卷33，頁606。
〔註293〕關於喪服起源與演變的探討，可參林惠祥：《文化人類學》（北京：商務印書館出版，2000年9月再版），頁246。章景明：《先秦喪服制度考》，頁3。王明珂：〈慎終追遠──歷代的喪禮〉，《中國文化新論──宗教禮俗篇 敬天與親人》（臺北：聯經出版事業公司，1991年1月初版），頁325。
〔註294〕章景明：《先秦喪服制度考》（臺北：臺灣中華書局，1986年9月二版，儀禮復原研究叢刊），頁263。
〔註295〕參照上引《禮記·喪服小記》「祭，不爲除喪。」鄭玄指出除服與祭祀「不相爲。」（卷32，頁595）賈公彥說：「凡變除，皆因葬、練、祥乃行」，當指變、除喪服，藉著下葬、小祥、大祥祭的時機而舉行，而非「因爲……所以……」的因果關係。
〔註296〕（法）列維－布留爾著，丁由譯：《原始思維》，頁406。
〔註297〕《禮記·雜記下》，卷42，頁737。
〔註298〕《禮記·三年問》，卷58，頁961。

　　　　然則何以至期也？曰：至親以期斷。是何也？曰：天地則已易
　　矣，四時則已變矣，其在天地之中者，莫不更始焉，以是象之也。（《禮
　　記》，卷58，頁961～962）

三月一時，效法季節轉換而得沐；四時一年，天地更始，則小祥以「象之」。
「宇宙本身受一種周期性控制，而這種周期性體現于人類生活。」〔註299〕人
爲天地萬物的一分子，起居俯仰，乃至死生大事，亦當與自然節奏相應，相
偕於宇宙。即使是弔服，「亦當依氣節而除」〔註300〕，回歸日常生活。〔註301〕

例五：凡主人之位，小斂前在尸東，小斂後在阼階下，謂之內位；既殯在門
　　　　外，謂之外位。

　　見於《儀禮・既夕禮》鄭注、賈疏，及凌廷堪《禮經釋例・變例》。〔註
302〕小斂之前，主人位於室中尸東，「唯君命出」，故無其他位置。若因君命而
出，主人「即位于西階下」，鄭注：

　　　　即位西階下，未忍在主人位也。（《儀禮・士喪禮》，鄭注，卷
　　35，頁411）

其父始死，爲人子者猶盼其復生，不忍居主人之位。小斂後，俵尸於堂。賈
疏：

　　　　至小斂後，始就東階下西南面，主人位也。（《儀禮・士喪禮》，
　　賈疏，卷35，頁411）

若有弔喪之賓、贈衣物之襚者，主人待於阼階下之位，此爲內位。殯後，朝
夕哭之禮，「丈夫即位于門外，西面北上。外兄弟在其南，南上。……主人即
位，辟門。」主人始有門外之位：門東，西面。當其入廟行禮時，仍就阼階
下的內位。入祖廟行禮，主人之位亦在阼階下。可見隨著喪禮進程，爲人子
者逐漸立於主人之位。

〔註299〕（法）阿諾爾德・范熱內普：《過渡禮儀》，頁4。又參林素英師：《喪服制度
　　　　的文化意義：以《儀禮・喪服》爲討論中心》，頁204～213。
〔註300〕《儀禮・喪服》，賈疏，卷34，頁397。
〔註301〕喪服的變化，可參章景明：《先秦喪服制度考》，頁263～280。林素英師：《喪
　　　　服制度的文化意義：以《儀禮・喪服》爲討論中心》，頁204～213。按：林
　　　　師並指出受服變除的例外，包含爲殤者服喪、諸侯之大夫爲天子服總衰、齊
　　　　衰三月與緦麻三月等喪期太短者。見上揭書，頁202～204。
〔註302〕《儀禮・既夕禮》，鄭注、賈疏，卷38，頁455～456。清・凌廷堪：《禮經釋
　　　　例・變例》，卷8，頁417。

例六：凡吉祭饗尸，曰「孝子」。

　　見於《儀禮・士虞禮・記》鄭注。〔註303〕據《禮記・雜記》：「祭稱孝子孝孫，喪稱哀子哀孫」，鄭玄以喪奠饗辭，稱主人爲「哀子」，對照出吉祭饗尸，稱主人爲「孝子」。

　　《禮記・雜記下》說：「祝稱卜葬、虞，子孫曰『哀』。」祝者卜葬、卜虞時，若主人爲子，則祝辭稱：「哀子某卜葬其父某甫」；若主人爲孫、爲祖後者，祝辭則說：「哀孫某卜葬其祖某甫。」〔註304〕虞祭以前屬凶喪之禮，「痛慕未申」〔註305〕故稱「哀」。卒哭祝辭與饗辭，用「哀子」〔註306〕，仍屬喪。祔祭祝辭用「孝子」，則爲吉祭。〔註307〕「哀子」至「孝子」的變化，一方面顯示主人「善事父母」〔註308〕，「葬之以禮，祭之以禮」〔註309〕。另一方面，表示祔祭具有某種程度的關鍵性，此待下文討論。

　　若上述不誤，孔穎達說：「故〈士虞禮〉稱『哀子』，而卒哭乃稱『孝子』也。」〔註310〕參照《儀禮》經文，卒哭祝辭猶稱「哀子」，孔氏此說似誤。

例七：凡非主人，升降自西階。

　　見於《儀禮・特牲饋食禮》鄭注。〔註311〕〈士冠禮〉、〈士昏禮〉、〈特牲饋食禮〉等士吉禮，主人多升降自阼階、席於阼階上，以示其爲一家之尊。

　　〈士喪禮〉「君使人襚」章載：

　　　　唯君命出，升降自西階。（《儀禮》，卷35，頁411）

小斂以前，主人位在室內尸東。若國君命人前來致意，主人始出室，並升降自西階。《禮記・曲禮上》：「升降不由阼階」，孔穎達說：

　　　　升降不由阼階者，阼階，主人之階也。孝子事死如事生，故在喪，思慕猶若父在，不忍從父阼階上下也。若祔祭以後，即得升阼

〔註303〕《儀禮・士虞禮・記》，鄭注，卷43，頁512。
〔註304〕《禮記・雜記下》，鄭注、孔穎達正義，卷42，頁739。
〔註305〕《禮記・雜記上》，孔穎達正義，卷41，頁723。
〔註306〕《儀禮・士虞禮・記》，卷43，頁509、511、512。
〔註307〕《儀禮・士虞禮・記》，卷43，頁512。
〔註308〕漢・許慎：《説文解字》，8篇上，頁402。
〔註309〕《論語・爲政》，卷2，頁16。邢昺疏説：「『死葬之以禮』，謂爲之棺槨、衣衾而舉之，卜其宅兆而安措之之屬也。『祭之以禮』，謂春、秋祭祀，以時思之，陳其簠簋而哀戚之之屬也。」
〔註310〕《禮記・雜記上》，孔穎達正義，卷41，頁723。
〔註311〕《儀禮・特牲饋食禮》，鄭注，卷46，頁543。

階。知者，案〈士虞禮〉云卒哭以後稱哀子，祔祭稱孝子。祔祭如
饋食之禮，既同於吉，則孝子得升阼階也。（《禮記》，孔穎達正義，
卷3，頁54）

升降自阼階，象徵一家之主的身分。爲人子者思慕其父，不忍即從阼階上下。
孔氏認爲祔祭如饋食之禮，「既同於吉，則孝子得升阼階」。對照〈特牲饋食
禮〉，吉祭時，代表祖靈受祭的尸升自賓客使用的西階，而主人升自阼階，差
異尤爲明顯。

　　此外，父母寢疾，爲人子女當在旁服侍。若遇出使而奔喪，亦「入門左，
升自西階」〔註312〕，未忍異於生，故不從阼階。

（二）主人身分轉換的討論

　　相較於奠、祭之例所反映的事死如事生、反吉、漸吉等轉折，主人居喪
儀節大體可分爲二類：一類是以日常生活和居喪相對，如服飾、「吉事交相左、
凶事交相右」，「吉時拱，尙左手；喪時拱，尙右手」、行戒有無等。另一類，
是整個喪禮過程中，從突遭變故漸進式地恢復一般生活狀態，如喪服以次漸
除、立位由室內而門外、祝辭由哀子而孝子。主人的居住、飲食也反映同樣
的情形。以居住而言，先是「居倚廬，寢苫、枕塊，不說絰帶」。〔註313〕
此所以爲「至痛飾也」。下葬後，主人的居住環境爲「柱楣翦屛，苄翦不納」
〔註314〕，並隨各項進程修飾、改變居處環境。以飲食而言，三日之內，水
漿不入於口、不舉火，而由鄰里製作糜粥弔問之，其「惻怛之心、痛疾之意，
傷腎、乾肝、焦肺」。〔註315〕三日後，「疏食水飲」，不食蔬荣、果物。《禮
記·間傳》說：

　　　　父母之喪，既虞卒哭，疏食水飲，不食菜果。期而小祥，食菜
果。又期而大祥，有醯醬。中月而禫，禫而飲醴酒。（《禮記》，卷
57，頁955）

〔註312〕《禮記·奔喪》，卷56，頁940。
〔註313〕《禮記·間傳》，卷57，頁955。
〔註314〕《禮記·間傳》，卷57，頁955。
〔註315〕《禮記·問喪》，卷56，頁946。按：三日之內，可由鄰里製作糜粥以飲食
　　　　之，亦可由「君命，食之也」（〈檀弓下〉，卷9，頁170），因此「水漿不入於
　　　　口」爲守喪的原則，但仍有些變通的辦法。又，〈間傳〉載：「斬衰三日不食，
　　　　齊衰二日不食，大功三不食，小功、緦麻再不食。」（卷57，頁955）可知「三
　　　　日不食」除了等待親人復生，還具有「別親疏」的作用。

小祥，食荣果；大祥，有醯醬；至禫祭，可飲醴酒。〔註316〕禫，「澹澹然，平、安意也」〔註317〕，爲人子者喪父，雖經三年猶有餘哀，「哀痛未盡、思慕未忘」，以禫祭安頓、平撫其悲傷，終至除服，回歸日常生活，使之「復生有節」。〔註318〕

在喪禮的過渡時期中，透過具體儀節逐漸確立主人的身分，其中值得注意的時間點有三：

第一，殯。以位置而言，從始死立於尸東，至小斂的阼階下位、殯後的門外位等，由內而外，逐漸擴展主人的活動空間，與宗族、賓客交接，藉由行爲建立起人子者的主人意識。從殯後，主人之位大體如此。不過，殯後，死者形體猶存，行事死如事生之禮，爲人子者似不宜以一家之主視之。

第二，埋葬也是較爲顯著的時間點。葬後行虞禮，主人開始漸次除服、修飾喪次。然改變服飾、居住環境爲內心哀傷稍褪的表徵，和主人身分關係不大。

第三，祔祭。從行禮細節來看，祔祭有二個較爲明顯的改變：其一，主人升自阼階。參照〈曲禮〉「爲人子者，升降不由阼階」、〈冠義〉適子冠於阼「以著代也」、〈昏義〉婦人降自阼階「以著代也」，那麼祔祭時，主人升自阼階，當是爲人子者轉換身分的關鍵。其二，祝辭對主人稱呼的改變。士階級三次虞祭、卒哭，祝皆稱主人爲「哀子」。〔註319〕祔祭時，始稱主人爲「孝子」〔註320〕，而吉祭的〈特牲饋食禮〉則稱主人爲「孝孫某」〔註321〕。按照人類學親稱體系，親屬稱謂的標準之一是「存歿標準（criterion of decedence）」，依存在狀態而改變稱呼。〔註322〕如《禮記·曲禮》說：「生曰父，曰母，曰妻；死曰考，曰妣，曰嬪」，即屬於存歿異稱。一旦改變死者的稱謂，即表示死者的存在狀態、與生者的關係有所轉變，同時也意味著生者的身分發生變化。祔祭，以「孝」稱主人，表示定位改變。「死是那些把個人與社會集體連結起來的繩索的猝然中斷。於是，又確立了死者與這個集

〔註316〕《禮記·間傳》，卷57，頁955。
〔註317〕《儀禮·士虞禮》，鄭注，卷43，頁513。
〔註318〕《禮記·三年問》，卷58，頁961。
〔註319〕《儀禮·士虞禮·記》，卷43，頁508～509、511、512。
〔註320〕《儀禮·士虞禮·記》，卷43，頁512。
〔註321〕《儀禮·特牲饋食禮》，卷44，頁520。
〔註322〕（美）喬治·彼得·穆道克（George Peter Murdock）著，許木柱等譯：《社會結構》（臺北：洪葉文化事業公司，1996年9月初版），頁126。

體之間的新的關係。」〔註 323〕袝祭時，死者之靈袝於祖先之列，確認彼此昭穆關係〔註 324〕，死者與遺族的新關係同時獲得確認。相對地，嗣子實質性的主人身分，也由此得到正式的確立。

　　總結上述，向死者致意之禮、生人所行之禮兩種脈絡並存於喪禮儀節，其中不乏轉進下一階段的變動因子，因此顯得端緒紛陳。透過禮例所闡明的規則，一方面可以修正鄭玄、孔穎達對卒哭祭定位不明的問題，與凌廷堪或以虞禮爲反吉或以爲禮之變的說法，並闡明賈公彥相對而定的吉喪（凶）觀點與喪禮過渡性質。另一方面，運用禮例界定身分的轉換：就亡者而言，下葬前，事其體魄與精神之禮並行。既葬至卒哭祭，死者的身分由人而確立爲鬼神、是未界定昭穆次序的祖先。袝祭，亡靈進入祖先之列，正式界定其昭穆位置。以嗣子而言，袝祭以前，嗣子兼行子禮與一家之主的禮儀，以前者爲主。亡靈袝於祖廟後，嗣子確立爲一家之主。

　　同時，藉由禮例釐清死者、生者二條禮儀脈絡及其中的「漸」，當有助於理解吉凶遞移的情形。所謂的「反吉」，係與〈特牲饋食禮〉相對。而「彌吉」，則是三年之喪整個過程中的前後禮儀相比較而得。就喪禮進程而言，由事死如事生的漸凶、反吉、漸吉，而終歸於三年之喪結束後的「吉」，呈現出「喪中自相對」〔註 325〕，即喪禮諸節目彼此相對爲吉凶，卻又漸轉爲吉的情形。擴大範圍來看，以三年之喪和日常吉禮相對而言，整個喪禮仍屬於凶禮。〔註 326〕茲整理如下：

　　　　吉 → 始死，小斂、大斂、朝夕哭奠、大遣奠（由邊緣朝向喪禮核心，漸凶）→ 葬、虞禮、卒哭（喪禮核心、反吉）→ 袝、小祥、大祥、禫（遠離核心朝向邊緣，漸吉）→ 吉

〔註 323〕（法）路先・列維─布留爾：《原始思維》，頁 314。

〔註 324〕徐福全師：《《儀禮》〈士喪禮〉〈既夕禮〉儀節研究》（臺北：國立臺灣師範大學國文研究所碩士論文，周何教授指導，1979 年 6 月），頁 419〜420。

〔註 325〕《儀禮・士虞禮》，賈疏，卷 43，頁 509。

〔註 326〕《禮記・檀弓下》：「卒哭曰：『成事』。是日也，以吉祭易喪祭，明日袝于祖父。」清人孫希旦說：「凡言吉祭，有二：一是喪中卒哭之祭，此言『以吉祭易喪祭』，〈曾子問〉「其吉祭特牲」是也。一是喪畢吉祭，〈士虞・記〉：『是月也吉祭，猶未配。』《大戴・遷廟禮》『乃擇日而吉祭焉』是也。」孫氏已指出「吉祭」一詞的不同涵義，本文放在禮儀進程的脈絡下討論，以爲卒哭祭仍屬喪祭，卒哭祭畢方爲分界。見孫希旦：《禮記集解・檀弓下》，上冊，卷 10，頁 261。

第四節　論「正禮」的類型

《儀禮》與《禮記》注、疏屢見「正禮」一詞，其論述內容卻頗有不同。經過第參章與本章，討論注解者應用禮例的各種情形後，藉由規則的概念，當有助於澄清「正禮」的面向。

「正」為不偏邪之意，引申為合於法則的、善的、正確的。合於法則的表現有四：

第一，符合特定身分或階級的行為。〈士相見禮〉「士見大夫」章，「於其入也，一拜其辱也。」鄭注：

> 大夫於士，不出迎，入一拜，正禮也。（《儀禮》，鄭注，卷 7，
> 頁 72）

大夫迎士，以「不出迎，入一拜」為規則。符合大夫身分的禮儀行為，稱為「正禮」。又，《禮記·文王世子》：「至于賵、賻、承、含，皆有正焉。」鄭注：「正，正禮也。」孔穎達進一步申說：

> 庶子之官治之，使賵、賻、贈、含，隨其親疏各有正禮。（《禮
> 記》，孔穎達正義，卷 20，頁 401）

著眼於親屬關係的遠近，規定賵、賻等內容。符合者，則為正禮。

第二，正禮的正，為首、長的意思。同一套禮儀中有主從、輕重之別，最首要的正禮相對於其他禮儀，為核心與邊緣的關係。如本章第二節指出飲酒禮本為賓而舉行，因此以賓主互動的禮儀為核心，主人獻賓、介或眾賓，合稱為「正禮」。〈鄉飲酒禮〉、〈鄉射禮〉尊者或大夫至，在旅酬「一人舉觶，乃入。」鄭玄注：

> 不干主人正禮也。（《儀禮》，鄭注，卷 4，頁 101）

賈疏：

> 正禮，謂賓主獻酢是也。（《儀禮》，賈疏，卷 4，頁 101）

為免地位較低的主、賓與眾賓行禮有所顧忌，大夫至正禮畢，旅酬時方入。又，〈士昏禮〉舅姑饗婦，為婦一人受禮，無獻次賓之事，因此「正禮」結束於一獻之禮的奠酬，賈公彥說：「奠酬得正禮，不旅。」〔註327〕孔穎達亦同。〔註328〕相較之下，〈燕禮〉、〈大射〉之國君飲酒禮，因參加者眾，「正禮」包含主人獻賓、卿、大夫、士、庶子等，而於獻庶子結束後，為「正禮

〔註327〕《儀禮·士昏禮》，賈疏，卷 1，頁 22。
〔註328〕《禮記·昏義》，孔穎達正義，卷 61，頁 1001。

畢」〔註329〕。可知正禮的範圍因禮儀種類具有彈性，要皆以禮儀核心爲主。

第三，與日常生活相對的正式禮儀，稱爲正禮。此爲兩套不同禮儀的關係。如《儀禮・士相見禮》：「若君賜之食，則君祭，先飯徧嘗膳飲，而俟君命之食，然後食。」賈疏：

> 云「此謂君與之禮食」者，謂君與臣小小禮食法，仍非正禮食。
> 正禮食則〈公食大夫〉是也。（《儀禮》，賈疏，卷7，頁75）

相對於〈公食大夫禮〉的正規禮食，〈士相見禮〉所載的侍食禮，雖爲食禮的一種，但就程度而言，仍不足以謂之正禮食。又，《禮記・曲禮上》：「長者辭，少者反席而飲。長者舉未釂，少者不敢飲。」孔穎達比較〈燕禮〉、〈玉藻〉、〈士相見禮〉等篇的飲酒禮儀說：

> 案二文皆先君卒爵，而此云後飲者，此據燕飲正禮，故引〈燕禮〉以証之，〈玉藻〉及〈士相見禮〉謂私燕之禮，故不同也。（《禮記》，孔穎達正義，卷2，頁42）

《禮記・玉藻》、《儀禮・士相見禮》臣子先於國君卒爵，《禮記・曲禮》、《儀禮・燕禮》則尊者先飲。就飲酒禮而言，有正規、正式的〈燕禮〉，也有日常的私燕之禮。從正式的程度區別，故言其爲「正禮」。

第四，與特殊情形相對的正禮，如《禮記・曲禮下》：「國君去其國，止之，曰：『奈何去社稷也。』……國君死社稷。」孔穎達引《五經異義》說：

> 《異義》：《公羊》說：國滅君死，正也。故〈禮運〉云：「君死社稷，無去國之義。」《左傳》說：昔大王居豳，狄人攻之，乃踰梁山，邑於岐山，故知有去國之義也。許慎謹案：《易》曰：「係遯有疾，厲畜臣妾，吉。」知諸侯無去國之義也。鄭不駁之，明從許君用《公羊》義也。然則《公羊》之說，正禮；《左氏》之說，權法；義皆通也。（《禮記》，孔穎達正義，卷4，頁78）

國家滅亡，君爲之死，是一般的規則。若國滅而君遷徙「去國」，則屬於變通的作法。又，《禮記・明堂位》載：「昔者周公朝諸侯于明堂之位，天子負斧依，南鄉而立。……此周公明堂之位也。」鄭注：

> 朝之禮不於此，周公權用之也。（《禮記》，鄭注，卷31，頁575）

根據《儀禮・覲禮》行禮於文王廟，而〈明堂位〉載諸侯朝於明堂，因此判斷爲「周公權用之」，當屬攝政之時。又《禮記・王制》：「天子將出征，類乎

〔註329〕《儀禮・大射》，鄭注，卷18，頁220。

上帝。」孔穎達說：

> 但類者，以事類告天。……以事類告祭，則是非常。故孔注《尚書》亦云以攝位事類告天。鄭又以類雖非常祭，亦比類正禮而爲之，故〈小宗伯〉注云：「類者，依其正禮而爲之」是也。（《禮記》，孔穎達正義，卷 20，頁 236）

天子郊天本有固定時節，[註330] 此謂之正禮。若因出巡、征伐、攝位等不特定事件而以類祭告上帝，則屬於非常。這類具有固定作法、既有的正禮，是相對於特殊事件而言。

　　根據上述標準，判斷合於正禮者爲「善」，如《禮記·檀弓上》記載子路取笑早上行祥祭傍晚即歌的魯人，孔子制止子路，待子路離開後，孔子說：「又多乎哉，踰月則其善也。」[註331] 孔穎達說：

> 時孔子抑子路、善彼人，既不當實禮，恐學者致惑，待子路出後，更以正禮言之。（《禮記》，孔穎達正義，卷 6，頁 116）

可知能夠確實遵行三年之喪的「正禮」，爲「善」。《禮記·樂記》孔穎達疏指出：

> 人有多少品類，故先王因其先後使尊卑得分，然後乃可制禮作樂，爲法以班天下，如周公六年乃制禮樂也。（《禮記》，孔穎達正義，卷 38，頁 686）

因此周公所制的禮，本身就是一種「法」、一種規範。

〔註330〕周何指出周天子郊祭有二：正月冬至圜丘之祭，三四月間祈穀之祭。見氏著：《春秋吉禮考辨》，頁 43。
〔註331〕《禮記·檀弓上》，卷 6，頁 116。

第伍章　評論鄭、賈、淩以禮例解經的不足

　　禮例作爲解讀《儀禮》的一種方法，探討其不足處，首要當從方法與目的之間，是否產生落差著眼。推次法根植於禮例的「必然性」，即同類的禮文應具有固定、一致的現象與規則，禮意、禮文二者之間應具有固定的關係。反之，若禮意、禮文與禮例不一致，將使類推產生問題。於是，禮文現象與規則的對應是否固定、一致，禮意解釋是否合宜，不僅是影響禮例是否成立、推論是否合宜的關鍵，也會涉及禮例解經的可信度與經典的涵義。因此判斷禮例的解經效用，當可從禮意、禮文的結構加以討論。〔註 1〕

　　其次，從比較異同（互見）、分類、推次的「禮例應用過程」著眼，辨別異同後的「分類」是最關鍵的步驟。事物的異同，只是現象，不一定有優劣高下。但進入分類階段，若標準不一或歸類有誤，甚至是標準本身的界定有問題，容易導致條例應用上的不足，並影響條例是否成立。

　　職是，本章從方法與目的、禮意與禮文的角度，探討應用禮例解經的不足；同時，從用例過程，說明禮例應用本身可能產生的問題。

第一節　從禮意與禮文的結構探討禮例解經的不足

　　從禮意與禮文的結構，探討禮例解經的不足，須考量文獻根據問題。兼具禮文與禮意根據者，如《禮記‧雜記上》載諸侯亡於朝覲天子或諸侯自相

〔註 1〕可參葉國良師：〈論淩廷堪的《禮經釋例》〉，《禮學研究的諸面向》，頁 82～100。

-265-

朝會，柩車「至於廟門，不毀牆，遂入，適所殯，唯輤爲說於廟門外。」鄭注：

> 凡柩自外來者，正棺於兩楹之間，尸亦俟之於此，皆因殯焉。異者，柩入自闕，升自西階；尸入自門，升自阼階。其殯必於兩楹之間者，以其死不於室而自外來，留之於中，不忍遠也。（《禮記》，鄭注，卷 40，頁 710）

孔穎達指出鄭玄根據《公羊傳》定公元年、《禮記・曾子問》，推論諸侯亡於境外者，其柩入的禮儀爲：入自闕，升自西階，停放於兩楹之間。〔註2〕今觀其說，依〈檀弓上〉〔註3〕、〈坊記〉〔註4〕，周人殯於西階，而此亡於外者停柩於兩楹之間，乃因不忍疏遠以客待之。禮文、禮意上的推論，皆有文獻依據。然而，諸侯亡於外的喪禮是否如此，則因目前資料不足，無法評判。

除了因目前材料不足，無法討論外，近代出土文物十分豐富，以此檢證注釋，雖然極有助於探求古代文化原貌，但以此批判未曾得見出土器物的注解者而言，卻似乎有失公允。因此材料的運用方面，參考劉述先說：

> 對於一個歷史現象的了解是一回事，評價又是另一回事。同時回到當時歷史的情況作出評斷與根據現在的需要作出評斷，更是截然不同的兩椿事體，不可以混爲一談。……如果要當時人作出像現代人那樣的評斷，事實上是不可能的，因而也是沒有意義的。但歷史的本性既是變化，它自不能拘限後世產生新的觀點與角度，但這不是要我們去厚誣古人，而是需要了解歷史的前因後果。〔註5〕

鄭玄、賈公彥、凌廷堪等學者因應禮儀文獻不足，故從規則的必然性，使用推次法解釋《儀禮》與經籍，並且自成體系。因此本文按照「回到當時歷史的情況作出評斷」，主要以注解者可見之傳世文獻、所能得到的訊息討論禮例

〔註2〕《禮記・雜記上》，孔穎達正義，卷 40，頁 710。

〔註3〕《禮記・檀弓上》：「周人殯於西階之上，則猶賓之也。」（卷 7，頁 130）《禮記・檀弓上》：「子游曰：『飯於牖下，小斂於戶內，大斂於阼，殯於客位，祖於庭，葬於墓，所以即遠也，故喪事有進而無退。』」（卷 7，頁 134）

〔註4〕《禮記・坊記》：「子云：『賓禮，每進以讓。喪禮，每加以遠：浴於中霤，飯於牖下，小斂於戶內，大斂於阼，殯於客位，祖於庭，葬於墓，所以示遠也。』」（卷 51，頁 869）

〔註5〕劉述先：〈論所謂中國文化的超穩定結構〉，杜維明主編：《儒學發展的宏觀透視──新加坡一九八八年儒學群英會紀實》（臺北：正中書局，1997 年 7 月初版），頁 115。

解經的不足，相關的出土文物、西方學說則作爲輔助之用。

下文分別從禮意、禮文的角度，討應用禮例解經的不足。

一、不當的禮例解釋降低解經的可信度

先秦時，解讀禮制已產生眾說紛紜的現象。《禮記》記載禮意詮釋的爭議，如：

> 曾子曰：「尸未設飾，故帷堂，小斂而徹帷。」仲梁子曰：「夫
> 婦方亂，故帷堂，小斂而徹帷。」（《禮記・檀弓上》，卷8，頁147）

曾子說「尸未設飾」，涉及孝子對死者的關懷，「爲人褻之」〔註6〕，避免他人對亡故的親人感到汙穢。仲梁子說：「夫婦方亂」，則重視生者的形象。同樣的帷堂行爲，禮意的解釋卻不同。又如魯文公五年時，王使榮叔「歸含且賵」，《左傳》說：

> 王使榮叔來含且賵，召昭公來會葬，禮也。（《左傳》，卷19上，
> 頁311）

《左傳》以此爲合禮之事。而《公羊傳》的解讀是：

> 其言「歸含且賵」何？兼之。兼之，非禮也。（《公羊傳》，卷
> 13，頁167）

《穀梁傳》同樣認爲：

> 含，一事也；賵，一事也。兼歸之，非正也。（《穀梁傳》，卷
> 10，頁101）

二《傳》認爲榮叔兼行含、賵之事爲非禮。〔註7〕解釋歧異的現象，可從三方面解讀：其一，禮儀雖受到實踐，卻不一定在認知上形成共識，即知、行並未合一。其二，不同的解釋，不必然此是彼非，有時一條規則所蘊涵的意義，可能是多方面的。其三，禮爲長期形成的生活習慣，解讀可能因時代、社會文化、地域、學派、個人主觀等因素而異。

然而，解讀經書，著重一致的、固定的解釋，方能達到良好的學習效果。若以例解經時，解釋言人人殊，將影響禮文的解讀，並混淆讀者對禮例的認

〔註6〕《禮記・曾子問》，鄭注，卷8，頁147。

〔註7〕據《公羊傳注》，含爲卑者之事，天子使者以至尊行至卑之事，「失尊之義也」，再加上含爲殯前之禮，經文說「歸含且賵」不僅表明使者晚來，也表示「本不當含」（卷13，頁167）。《穀梁疏》則認爲天子於諸侯之喪，「含、襚常各異使」，不應一人行二種禮儀（卷10，頁101）。

知與應用，也降低以例解經的可信度。〔註8〕目前所見，禮意詮釋失當之例，大多來自尊卑觀念，如君尊於臣、男尊於女等，乃至鄭玄注釋的權威（唐代「疏不破注」、清代漢學）等。下文將針對此類現象進行說明。

例一：凡爵，不相襲者也。（君臣不相襲爵）

〈燕禮〉公舉媵爵酬賓時，「賓進，受虛爵。降奠于篚，易觶洗。」鄭注：

> 凡爵不相襲者也。於尊者言「更」，自敵以下言「易」。更作新，易，有故之辭。（《儀禮》，鄭注，卷14，頁165）

鄭玄以行禮者的身分爲基準：受尊者爵言「更」，受敵體以下者言「易」。「更」字者，如〈燕禮〉主人自酢於公「更爵洗升」〔註9〕、公舉媵爵酬賓，賓受爵「若膳觶也，則降，更觶」〔註10〕、公爲士舉旅酬時，受者「降，更爵洗」〔註11〕。〈大射〉主人受公酢「更爵，洗」〔註12〕、公取媵觶酬賓，「若膳觶也，則降，更觶」〔註13〕、公爲士舉旅酬，受者「降，更爵」〔註14〕。用「易」字，表示授受敵體、卑者之爵。如上引〈燕禮〉文、〈有司徹〉不儐尸之禮，主婦亞獻，尸卒爵後，「祝易爵」〔註15〕。

然而，更、易二字的使用，是否如鄭玄所言的涇渭分明，朱子認爲：

> 更、易二字，注疏之說雖詳，然於例頗有不合，疑本無異義，不必強爲分別也。〔註16〕

朱子指出更、易二字本無異義，不須強爲區分。自朱子之後，禮家多從互文的角度來看更字、易字的使用。如敖繼公《儀禮集說》：

> 易觶，謂更取角觶也，或言更，或言易，互文耳。〔註17〕

清人凌廷堪亦承其說，括爲「凡飲酒，君臣不相襲爵」之例。〔註18〕

〔註8〕 前幾章的討論中已出現這類情形，如第肆章第三節「凡士吉禮陳鼎，於內門外，東方北面」條，讀者可相互參考。

〔註9〕 《儀禮·燕禮》，卷14，頁163。

〔註10〕 《儀禮·燕禮》，卷14，頁166。

〔註11〕 《儀禮·燕禮》，卷15，頁176。

〔註12〕 《儀禮·大射》，卷17，頁196。

〔註13〕 《儀禮·大射》，卷17，頁198。

〔註14〕 《儀禮·大射》，卷18，頁220。

〔註15〕 《儀禮·有司徹》，卷50，頁602。

〔註16〕 宋·朱熹：《儀禮經傳通解·燕禮》，《朱子全書》，第2冊，卷20，頁635。

〔註17〕 元·敖繼公：《儀禮集說》，《通志堂經解》，第33冊，卷6，頁19137。

本文以朱子說為是，茲舉數例以證成朱子之說：

首先，鄭玄認為於尊者應言「更」，經文卻出現使用「易」字的情形，如〈大射〉公取媵觶酬賓，賓從公處受爵，「易觶」〔註19〕；〈少牢饋食禮〉尸將酢主婦，祝從尸受爵，「（祝）易爵，洗，酌，授尸。」〔註20〕上述均為卑者於尊者受爵而用「易」字。

其次，敵體以下，應言「易」字，卻使用「更」字的情形，如〈特牲饋食禮〉主人致爵主婦後，主人自酢「主人更爵，酌，醋。」〔註21〕主人與主婦為一體，依鄭玄所言，應用「易」字，而經文卻用「更」。又，〈少牢饋食禮〉主婦獻祝時，「贊者受，易爵于篚」〔註22〕，此贊者，為有司贊者，〔註23〕身分低於主婦。從贊者的身分來說，應用「更」字，而經文用「易」字。是知《儀禮》的編寫者當未於更、易二字與尊卑的關係有所措意。

鄭玄以尊卑觀念為基礎解經，侷限於文字異同，故在禮意詮釋上產生缺失。更、易二字雖與身分尊卑無關，然君臣不相襲爵之說仍可成立。

例二：凡〈夏〉，以鍾鼓奏之。

見於鄭注〈燕禮〉「燕畢賓出」章。〔註24〕燕禮畢，奏〈陔夏〉，以樂送賓，賓亦據樂節調整行走的速度、姿態。據《周禮・春官・鍾師》注，〈陔夏〉為九夏之一，以鍾、鼓奏之。〔註25〕〈鄉射禮〉載賓出奏〈陔〉，鄭注：

> 〈陔夏〉者，天子諸侯以鍾、鼓，大夫、士鼓而已。（《儀禮》，鄭注，卷13，頁145）

〈鄉飲酒〉注同。〔註26〕鄭玄認為各階級皆可用〈陔夏〉，所異者在於樂器：天子、諸侯備用鍾、鼓兩種樂器，大夫、士僅用鼓演奏。因此「凡〈夏〉，以鍾鼓奏之」只適用於天子、諸侯。〔註27〕

〔註18〕 清・淩廷堪：《禮經釋例・飲食之例下》，卷5，頁266。
〔註19〕 《儀禮・大射》，卷17，頁197。
〔註20〕 《儀禮・少牢饋食禮》，卷48，頁573。
〔註21〕 《儀禮・特牲饋食禮》，卷45，頁534。
〔註22〕 《儀禮・少牢饋食禮》，卷48，頁573。
〔註23〕 《儀禮・少牢饋食禮》，卷48，頁573。
〔註24〕 《儀禮・燕禮》，鄭注，卷15，頁178。
〔註25〕 《周禮・春官・鍾師》，鄭注，卷24，頁365。
〔註26〕 《儀禮・鄉飲酒禮》，鄭注，卷10，頁101。
〔註27〕 清人盛世佐認為天子與大夫送賓俱用〈陔夏〉，「何其無差等也？」又據《周禮・春官・鍾師》九夏中，並無〈陔夏〉，指出鄭玄混同〈鍾師〉的「祴夏」

演奏〈陔夏〉時,各階級以不同的樂器表示身分有別,所面臨的首要問題是:單用鼓是否能演奏出樂曲?就樂曲而言,鼓是無法傳達樂章,至多鼓其節奏而已。〔註28〕再者,《儀禮》的行文著重記錄主要行禮者的動作,行禮者未嘗使用的器物、眾有司的相關儀節往往記載從簡、甚至略而不談。〈鄉飲酒〉:「笙入,堂下磬南,北面立。樂〈南陔〉、〈白華〉、〈華黍〉。」敖繼公說:

> 《詩》曰:「笙磬同音」,而禮有笙磬、笙鍾,則吹笙之時,亦奏鍾、磬之篇以應之矣!不言者,主於笙也。〔註29〕

經文僅載笙,但事實上演奏時,還有笙鍾、笙磬用以和協笙。《儀禮》經文之所以不言鍾,「可能因爲樂縣平常就擺設在堂下的」〔註30〕,如〈曲禮下〉:「大夫無故不徹縣」,常事不書。從樂器擺設來看,〈鄉飲酒〉有笙鍾、笙磬各一肆,還有頌鍾、頌磬各一肆,符合「諸侯之卿大夫半天子之卿大夫,爲判縣,二面二肆」,當屬於大夫禮。〔註31〕曾永義指出〈鄉射禮〉爲「諸侯之士半天子之士,爲特縣,一面一肆」,屬士禮。〔註32〕若然,則士、大夫皆有鍾鼓,即可奏〈陔夏〉送賓。

當諸侯、大夫、士皆得奏鍾鼓,皆用〈陔夏〉送賓,將如何區別尊卑?王國維〈釋樂次〉提供相當完整的考察結果:

> 大夫、士有送賓之樂,而無迎賓之樂。其送賓也,以〈陔夏〉。
> 諸侯迎以〈肆夏〉,送以〈陔夏〉。
> 天子迎以〈肆夏〉,送以〈肆夏〉。〔註33〕

與「陔夏」,致使「天子諸侯大夫之樂,尊卑莫辨,其誤甚矣。」盛氏似以爲天子奏〈祴夏〉、諸侯以下奏〈陔〉,從樂曲本身著眼,指出鄭玄改字解經以互注三《禮》,因而致誤。見清·盛世佐:《儀禮集編》,《景印文淵閣四庫全書》,第110冊,卷7,頁281。

〔註28〕 曾永義:《儀禮樂器考》,頁116。
〔註29〕 元·敖繼公:《儀禮集說》,《通志堂經解》,第33冊,卷4,頁18973。
〔註30〕 曾永義:《儀禮樂器考》,頁115。
〔註31〕 曾永義:《儀禮樂器考》,頁114~115。按:曾先生指出「一肆」爲二列,二肆四列,二肆又稱「堵」,天子、諸侯、諸侯之卿大夫的身分尊卑,表現在樂器是肆或堵,及排列位置上。其說精審可參。見前揭書,頁108~109。
〔註32〕 曾永義:《儀禮樂器考》,頁117~118。
〔註33〕 王國維:《觀堂集林·釋樂次》,上冊,頁88~89。按:《周禮·春官·大司樂》載尸出入奏〈肆夏〉,大饗「如祭祀」(卷22,頁344),是知〈肆夏〉用於祭祀、大饗。

各階級迎送賓的差別，在於迎送樂曲是否皆備，及樂曲之異同，而不全然是樂器。根據同一批材料，鄭玄與近代學者解釋上的差別，在於天子、諸侯、大夫、士的尊卑概念先行，以致解釋略有不足。

例三：男女不相襲爵

　　鄭玄曾指出異性不同用一隻爵，即「男女不相襲爵」〔註34〕，並認為《儀禮》中有二條例外：第一，因尸酢大夫妻「易爵」，為了避嫌起見，〈特牲饋食禮〉尸酢士妻時，不易爵。第二，相較於上大夫儐尸之禮，下大夫主婦自酢于主人，「自酢不更爵，殺」。前者出於尊卑避嫌之故，後者雖言「禮殺」，亦主於卿、下大夫之妻尊卑有別。易言之，鄭玄認為男女不相襲爵，可因尊卑而異禮。清人淩廷堪從鄭玄「自酢不更爵，殺」之說，加上〈特牲饋食禮〉主婦致爵于主人共三條資料，皆解為禮殺。〔註35〕由於淩氏以鄭玄為根據，因此下文以鄭玄所言的兩條資料為討論對象。若廓清鄭玄所言，則淩氏新增的〈特牲饋食禮〉主婦致爵于主人一條，亦隨之而明。

　　第一，〈特牲饋食禮〉尸酢主婦時，經文載：「酢，如主人儀。」鄭玄注：

　　　　不易爵，辟內子。（《儀禮》，鄭注，卷45，頁533）

根據經文「如主人儀」，鄭玄認為主婦受尸酢時，如同主人受尸酢，「不易爵」。同時，鄭玄解釋襲爵是為了「辟內子」，即大夫之妻。但清人吳廷華說：

　　　　蓋經雖曰：「如主人儀」，其中原有不同處。……豈因經言「酢，
　　如主人」，而遂可謂之親嘏主婦邪？〔註36〕

經文雖說：「酢，如主人儀」，但觀察大夫、士祭，〈少牢饋食禮〉主人受尸嘏，主婦不嘏；〈特牲饋食禮〉主人受嘏，主婦亦當不嘏。可知「酢，如主人儀」，在實際操作時，仍可保有細微差異，並非完全一致。清人胡培翬遂據「男女不相襲爵」，以及〈少牢饋食禮〉尸酢主婦「更爵」，認為此篇亦更爵，經文未細述箇中差異而已。〔註37〕就字義而言，「如」字至少有四種作用：一，比較作用，即甲與乙相同；二，比擬作用，即甲與乙類似；三，舉例作用，即列舉其中之一；四，假設作用，即順此便可產生應有的作用。〔註38〕

〔註34〕　《儀禮・有司徹》，鄭注，卷49，頁588～589。
〔註35〕　清・淩廷堪：《禮經釋例・飲食之例下》，卷5，頁268。
〔註36〕　清・吳廷華：《三禮疑義・特牲饋食禮》，卷45，頁20下。
〔註37〕　清・胡培翬：《儀禮正義・特牲饋食禮》，第3冊，卷35，頁2147。
〔註38〕　陸宗達、王寧：《訓詁與訓詁學》，頁211。

相較之下，鄭玄視「如」字，爲甲與乙相同的比較作用，因此主婦同於主人之儀不易爵。吳廷華、胡培翬則從甲與乙類似的比擬作用著眼，提出主婦亦當易爵。根據吳氏所舉的受嘏之禮來看，尸酢主婦當易爵。

第二，〈有司徹〉下大夫之祭，主婦自酢於主人，「受爵，酌以酢」。相較於上大夫，經文未載主婦更爵之事，鄭注遂云：「自酢不更爵，殺」。問題是，下大夫的不儐尸之禮雖較上大夫的儐尸之禮簡省，但三獻之「酳」仍屬事尸，禮尙隆重，儀節當與儐尸之禮「更爵」相同。參照《禮記·祭統》說：

> 夫人薦豆執校，執醴授之執鐙。尸酢夫人執柄，夫人受尸執足。

> 夫婦相授受，不相襲處，酢必易爵，明夫婦之別也。（《禮記》，卷49，頁836）

可知祭祀時，尸與主婦授受執器異處〔註39〕，主人與主婦除了「不相襲處」之外，「酢必易爵」。是以，此當屬「文不具」之類。此條例本身無誤，但由於經文缺載，形成解釋上的空間。面對《禮記》的男女有別說，鄭玄認爲經文不書「更爵」即無此禮，並以地位尊卑爲考量，故其說異於《禮記》。

例四：凡牲皆用左胖。

見於鄭注〈士冠禮〉夏殷冠子之法用醮禮一節。〔註40〕相較於賓和冠者以醴行禮，鄭玄解釋用酒行醮禮者，爲「國有舊俗」、「醮，夏殷之禮」，聖人用而不改。〔註41〕賈公彥以醮爲「夏殷之禮」，並在這樣的觀念下，認爲牲用左胖爲夏殷之法，與周朝相異。〔註42〕宋人魏了翁、李如圭，從其說。〔註43〕

然而，宋人陳祥道卻認爲夏殷之說不可考，鄭玄解「凡牲用左胖」不知何據。〔註44〕清人則質疑「左」字似爲誤字，如沈彤〔註45〕、張惠言〔註46〕、

〔註39〕 清·孫希旦：《禮記集解·祭統》，卷47，頁1247。

〔註40〕 《儀禮·士冠禮》，鄭注，卷3，頁29。

〔註41〕 《儀禮·士冠禮》，鄭注，卷3，頁28、33。

〔註42〕 《儀禮·士冠禮》，賈疏，卷3，頁28、29。按：此說承自鄭玄：「醮，夏殷之禮。」見《儀禮·士冠禮·記》，鄭注，卷3，頁33。

〔註43〕 宋·魏了翁：《儀禮要義·士冠禮》，《景印文淵閣四庫全書》，第104冊，卷3，頁368～369。李如圭：《儀禮集釋》，《經苑（五）》，卷1，頁1933。

〔註44〕 宋·陳祥道：《禮書》，《景印文淵閣四庫全書》，第130冊，卷64，頁407。

〔註45〕 沈彤說：「云『凡牲，皆用左胖』，亦誤。」見氏著：《儀禮小疏》，《景印文淵閣四庫全書》，第109冊，卷3，頁918。

〔註46〕 張惠言：「惟《注》云：『凡牲皆用左胖』，似左爲誤字，《疏》以夏殷禮釋之，亦未的。」見氏著：《讀《儀禮》記》，《續經解三禮類彙編（二）》，卷1，頁1356。

盛世佐〔註 47〕等人。淩廷堪考證經文儀節，提出「凡牲皆用右胖，唯變禮反吉用左胖」，並說：

> 竊謂注凡牲皆用左胖，當作「右胖」，「左」字蓋傳寫之誤。
> 〔註 48〕

胡培翬則進一步概括右胖的使用情形：「凡吉祭，神俎牲用右胖。」〔註 49〕就《儀禮》經文而言，當以清人所言爲是。除了左右之辨外，鄭玄說：「凡牲皆用左胖」，所言當指尊者之俎。鄭玄以全稱的方式敘述，確有不妥，如彭美玲師指出「凡牲皆用右胖」，實爲「凡牲以用右胖爲主」或「凡牲以用右胖爲貴」，左胖並非全然不用。〔註 50〕

　　根據此例，賈公彥亦不乏檢視經文儀節的流程，如：

> 案〈特牲〉、〈少牢〉皆用右胖，〈少儀〉云：「大牢則以牛左肩折九箇」，爲歸胙用左，則用右而祭之。〈鄉飲酒〉、〈鄉射〉主人用右體，生人亦與祭同用右者，皆據周而言也。此云「用左」，鄭據夏、殷之法，與周異也。但〈士虞〉喪祭用左，反吉故也。（《儀禮・士冠禮》，賈疏，卷3，頁29）

然而在迴護鄭注的立場下，運用三代異制的推次法解決文字問題、闡明鄭玄《注》，成爲闡釋鄭注「國有舊俗」的最佳延伸。因此檢證的過程固然不可或缺，但是先入爲主的觀念比起客觀論述的影響，恐怕更爲深遠，也更不易爲人所察覺。

例五：凡拜至者，皆是尊之也。

　　〈鄉飲酒〉「拜至」章，鄭玄指出拜至爲「尊賓」之意，賈公彥引〈燕禮〉、〈大射〉、〈公食大夫禮〉證明拜至之禮，並括爲此例。〔註 51〕「尊賓」之說，來自《禮記・鄉飲酒義》：「所以致敬也」。是以，「拜至」爲主人感謝賓客前來，並向其致敬之禮。〈士昏禮〉賈公彥疏說：

> 云「主人北面，再拜」者，拜賓至此堂飲之。是以〈公食大夫〉、〈燕禮〉、〈鄉飲酒〉、〈鄉射〉、〈大射〉皆云「拜至」，並是拜賓至此

〔註47〕盛世佐：「《註》左胖之左，恐是右字之譌。」《儀禮集編》，《景印文淵閣四庫全書》，第 110 冊，卷 2，頁 112。
〔註48〕清・淩廷堪：《禮經釋例・飲食之例下》，卷 5，頁 273。
〔註49〕清・胡培翬：《儀禮正義・特牲饋食禮》，第 3 冊，卷 36，頁 2215。
〔註50〕彭美玲師：《古代禮俗左右之辨研究——以三《禮》爲中心》，頁 113。
〔註51〕《儀禮・鄉飲酒禮》，賈疏，卷 8，頁 83。

堂也。但〈燕禮〉、〈大射〉、〈公食大夫〉皆云「至再拜」，先言「至」
者，欲見賓至乃拜之，是有尊卑不敵之義。餘皆言「拜至」，「至」
在「拜」下者，體敵之義也。若然，此（筆者按：指〈士昏禮〉）爲
禮賓有拜至者，前雖有納采、問名之事，以昏禮有相親之義，故雖
後亦拜至也。〈聘禮〉享禮及禮賓不拜至者，聘禮不取相親之義，故
不拜至，是以彼鄭注云「以賓不於此始至」也。（《儀禮》，賈疏，卷
4，頁 41）

賈氏詮釋《儀禮》所見拜至的情形，區別爲二類：其一，言「至再拜」者，
主人見賓至乃拜之，有尊卑不敵之義，如〈燕禮〉、〈大射〉、〈公食大夫禮〉
等。其二，言「拜至」者，體敵之義，如〈士昏禮〉。同時，賈氏進一步解釋
經文不言拜至的情形，如〈士冠禮〉無拜至之禮，因冠子禮並非特地爲賓客
而行之禮，「故異於〈鄉飲酒〉之等也」；〈聘禮〉不拜至，乃因其「聘禮不取
相親之義」。〔註 52〕綜言之，賈氏以身分尊卑、禮意解釋「拜至」。賈氏之說
衍生出三個議題：

　　第一，是「拜至」、「至再拜」用辭不同，是否顯示身分尊卑？據附表 15，
《儀禮》所見拜至的情形可分成三種：其一，明言「拜至」，如〈鄉射禮〉
主人獻大夫、〈公食大夫禮〉大夫相食。其二，直述禮儀行爲而不申明「拜
至」二字，如〈士昏禮〉醴使者、〈鄉飲酒〉賓主升堂行拜。其三，使用「至
再拜」一詞，如〈燕禮〉、〈大射〉主人拜賓及〈公食大夫禮〉主人拜賓至。
然而，〈燕禮〉代爲獻主的宰夫，爲下大夫〔註 53〕，賓亦下大夫，二者體敵
卻用「至再拜」。〈鄉射禮〉主人爲州長，屬士階層，〔註 54〕地位低於鄉大夫，
卻用「拜至」一詞，與賈氏的定義不符。進一步思考構成辭彙差異的原因可
能有二：其一，行禮場合中最高身分階層的人是否爲國君，若是，則使用「至
再拜」，否則「拜至」或直述禮儀皆可。其二，與身分無關，經文的不同用
語，似爲編寫者不一所致。「拜至」爲常用語，而「至再拜」或表示雙方在

〔註 52〕上說見《儀禮》，〈士冠禮〉，賈疏，卷 2，頁 19；〈士昏禮〉，卷 4，頁 41。宋
　　　　人李如圭亦沿用賈氏之說，「至再拜者，賓至乃拜之，有尊卑不敵之義。體敵
　　　　者，皆言拜至。」見氏著：《儀禮集釋》，《經苑（五）》，卷 7，頁 2020。
〔註 53〕鄭注《儀禮・燕禮》指出賓的身分爲「某大夫也」，賈公彥說：「以其賓主相
　　　　對，宰夫爲主人，是大夫。」（卷 14，頁 160）《儀禮・大射》鄭注：「主人，
　　　　下大夫也。」（卷 17，頁 199）
〔註 54〕清・胡培翬：《儀禮正義・鄉射禮》，第 1 冊，卷 8，頁 453。

堂上站定、就位後，方行再拜禮。據目前所見資料，這兩種原因都可能成立。

　　第二個議題爲〈聘禮·記〉載「禮不拜至」的禮意，及該篇是否如賈公彥所言「不取相親之義」，並由此構成與〈昏禮〉的區別。〈士昏禮〉載男方遣使行納采、問名之禮，若使者甫入，即行拜至，則所拜的對象是使者本人，還是使者象徵的男方主人？除了易造成混淆之外，即使主人（女父）拜至，爲人使者因「不當其盛禮」，不能答拜，也失去禮尙往來的意義。因此，納采、問名等禮，主人不行拜至。正禮結束後，使者的任務完成，主人醴使者，乃拜至，「主人北面，再拜。賓西階上，北面答拜」〔註55〕，爲主人向使者個人表達敬意，並慰勞辛苦。

　　〈聘禮〉行聘享時，主君未向賓行拜至禮。所謂「禮，不拜至」，鄭玄注：

　　　　以賓不於是始至。（《儀禮·聘禮》，鄭注，卷24，頁287）

鄭玄認爲聘賓抵達之次日，方行聘享禮，因此主國之君不向聘賓拜至。清人胡承珙從經文與記文「互相備」的觀點，說：

　　　　蓋經於聘時無拜至明文，〈記〉獨言：「禮，不拜至」，正見聘

　　有拜至，與經文互相備。〔註56〕

胡氏以爲「記」文適可補足經文所無的拜至之禮。但此說並未解釋「禮，不拜至」的「禮」所指爲何？而且「記」文說「不」拜至，如何能推論出「正聘」時「有」拜至？此說仍未達一間。

　　筆者以爲「禮，不拜至」當指主君禮賓時，不拜至。理由如下：其一，從〈燕禮〉鄭注來看：

　　　　四方之賓，謂來聘者也。自戒至於拜至，皆如〈公食〉。（《儀

　　禮》，鄭注，卷15，頁179）

此言爲來聘者行飮酒禮有拜至，儀如〈公食大夫禮〉。〈燕禮〉、〈聘禮〉之鄭注，不無矛盾，「禮，不拜至」仍可再議。其二，「禮，不拜至」，鄭玄說：「今文『禮』爲『醴』。」而「記」文載：

　　　　禮，不拜至。醴，尊于東箱，瓦大一，有豐。薦脯五臟，祭半

　　臟橫之。祭醴再扱，始扱一祭，卒再祭。主人之庭實，則主人遂以

────────────

〔註55〕《儀禮·士昏禮》，卷4，頁41。

〔註56〕清·胡承珙：《儀禮古今文疏義》，收入《皇清經解續編》，第8冊，卷1，頁5766。

出，賓之士訝受之。（《儀禮・聘禮・記》，卷 24，頁 287）
與主君用醴酒招待賓的儀節、用物完全相應。﹝註 57﹞可知「禮，不拜至」的
「禮」，當指主君禮賓。其三，參照上述〈士昏禮〉主人醴使者，行拜至。
此國君禮賓，同樣爲慰勞使者的禮節，也應拜至之禮。但事實上，主君禮賓
卻未行拜至禮，因此「記」文特別記載「禮，不拜至」。

那麼，〈聘禮〉是否行拜至？何時拜至？從上述分類來看，〈聘禮〉經文
並未明言「拜至」或「至再拜」，因而觀察是否有直述禮儀行爲而不申明「拜
至」一類，發現〈聘禮〉賓私覿時，經文載：

公揖讓如初，升。公北面再拜。賓三退，反，還，負序。（《儀
禮》，卷 21，頁 252）

私覿，爲聘賓初以「臣禮」見公，公辭後，聘賓遂行賓客禮入門左、升堂，
公於堂上行再拜。公行再拜禮，聘賓雖以賓客的身分入門左，仍不敢自尊大，
故「三退，反，還序」，避免「與君亢賓主之禮」﹝註 58﹞。鄭玄解釋國君「再
拜」爲「新之也」。﹝註 59﹞但爲何「新之」？當因此時聘賓去除「諸侯使者」
的身分，以「臣子」的定位拜見主國之君，與〈士昏禮〉主人醴賓相同。故
此當屬經文直敘禮儀行爲，而不用「拜至」二字的情形。易言之，〈聘禮〉
主君於賓私覿時，行拜至禮。由於主君以一境之主的身分，行拜至禮，而主
國之臣無此資格，故往後聘賓私下拜見主國之卿，卿亦不拜至。從禮意來說，
〈聘禮〉爲「諸侯相於久無事，使卿相問之禮」﹝註 60﹞，本具相親之意，賈
公彥爲分別〈士昏禮〉、〈聘禮〉拜至之有無，強加區別相親與否之意，恐非。

第三個探討的議題，爲行「拜至」禮的場合是否存在共相？賈氏認爲「冠
子非爲賓客」故不行拜至，異於〈鄉飲酒〉之等。﹝註 61﹞此可作爲討論的切
入點。據附表 15 的整理，〈士昏禮〉、〈鄉飲酒〉、〈鄉射禮〉、〈燕禮〉、〈大射〉、
〈公食大夫禮〉、〈有司徹〉等篇屬於賓主互動、飲食的場合皆行拜至，知主
人藉此表達誠敬歡迎之意。敖繼公則從儀節的角度，說明拜至的意義：「將與

﹝註 57﹞ 《儀禮・聘禮》：「宰夫實觶以醴，加柶于觶，面枋。公側受醴。賓不降，壹
拜，進筵前受醴，復位。公拜送醴。宰夫薦籩豆脯醢，賓升筵。擯者退，負
東塾。賓祭脯醢，以柶祭醴，三。庭實設。……賓執左馬以出。上介受賓幣，
從者訝受馬。」（卷 21，頁 250～251）。
﹝註 58﹞ 《禮記・曲禮下》，鄭注，卷 4，頁 76。
﹝註 59﹞ 《儀禮・聘禮》，鄭注，卷 21，頁 252。
﹝註 60﹞ 《儀禮・聘禮》，賈疏引鄭玄《三禮目錄》，卷 19，頁 226。
﹝註 61﹞ 《儀禮・士冠禮》，賈疏，卷 2，頁 19。

賓行禮，先爲此以發之也」〔註62〕，亦可備一說。對照之下，〈士冠禮〉、〈覲禮〉、喪禮、喪祭、吉祭未見拜至之禮，唯儐尸之禮有拜至。〈士冠禮〉主人是否在醴賓時行拜至，由於資料不足，目前無法討論。然〈覲禮〉、喪禮、正祭等，無拜至的原因，當可據敖氏之說，非賓主互動之禮，故不拜至。而儐尸之禮，爲主人以賓客之禮款待尸、侑，類似生人飲酒禮，故有拜至。

綜上所述，賈公彥「凡拜至者，皆是尊之也」一語固然無誤，然而認爲〈聘禮〉不具相親之意，略顯不足。

二、紛歧或不足的禮文證據增加解經的困難

經書是禮儀的載體，透過文字敘述，得以瞭解禮儀的進行過程，特別是具有先後順序的儀節，如「凡無算爵，必先徹俎、降階」，包含徹俎 → 降階 → 無算爵等禮儀順序。〔註63〕「《儀禮》經皆依事序次，不比記文有補記之法」〔註64〕，以經書爲據，闡明禮儀，乃重視敘述本身所呈現的儀軌。

然而，文字敘述與實際行禮之間，仍有不能對應的情形。除了常見的省文、文不具等文字未載而事實上有此儀節者外，復舉二種情形爲例說明：其一，同一時段發生的禮儀行爲。〈鄉射禮〉請坐燕因徹俎：

> 賓取俎，還授司正。司正以降自西階。賓從之降，遂立于階西，東面。……主人取俎，還授弟子。弟子受俎，降自西階以東。……大夫取俎，還授弟子。弟子以降自西階，遂出授從者。（《儀禮》，卷13，頁143～144）

賓取俎授司正的同時，主人與大夫亦取俎，授弟子，「經特各終言其事耳，非有先後也」〔註65〕。同時進行的儀節，表現在文字上不得不有先後，二者不完全對應。其二，文字敘述、禮儀程序二者之間的差參。如《儀禮》記載辭洗、盥手的先後順序，各篇不一。沈文倬比較〈鄉飲酒〉、〈鄉射〉、〈燕禮〉、〈大射〉辭洗儀節異同，認爲辭洗是「辭其爲己洗爵，非辭其盥手，又何嫌乎於未盥時辭洗也」，盥手是爲了洗爵，是以不論辭洗是在盥手前還是盥手

〔註62〕元・敖繼公：《儀禮集說》，《通志堂經解》，第33冊，卷2，頁18930。《禮記・鄉飲酒義》認爲拜至之禮，在彰顯「隆殺之義」。見《禮記・鄉飲酒義》，卷61，頁1007。

〔註63〕清・淩廷堪：《禮經釋例・飲食之例中》，卷4，頁216～217。

〔註64〕清・胡培翬：《儀禮正義・特牲饋食禮》，第3冊，卷36，頁2194。

〔註65〕清・胡培翬：《儀禮正義・鄉射禮》，第1冊，卷9，頁608。

後，所辭者皆在於辭洗爵之事，不宜從其先後，曲生枝節。〔註66〕申言之，《儀禮》的編寫者未留意敘述的一致性，或者辭洗與盥手雖然都是應行的禮節，但並無固定的先後順序。上述情形都可能造成文字敘述不完全反映禮儀進程。

由於文字敘述不一定完全對應禮儀，再加上歷來許多學者在肯定某條禮例的前提下，各自選擇不同的禮文解釋該條例或提供的禮文證據有限，以致爭議不斷，進而影響禮例的實質應用。針對這類情形，下文先以三條禮例說明禮文取捨紛歧，在考察之後，仍具有相當程度的結果，可供參考。其次，舉二條禮例說明儀文證據不足，以致影響禮文認知，並降低禮例解經的效力。

例一：凡解牲之法，體解爲二十一體。

〈少牢饋食禮〉「將祭，即位設几，加勺載俎」章，「佐食二人上利升羊載右胖，髀不升，肩、臂、臑、膊、骼、正脊一、脡脊一、橫脊一、短脅一、正脅一、代脅一，皆二骨以並。」鄭注：

> 凡牲體之數及載，備於此。（《儀禮》，鄭注，卷47，頁562）

鄭玄雖然指出牲體之數備於〈少牢饋食禮〉此章，但用語簡明，致使後人看法分歧。以下就目前所見分爲兩類：

其一，賈公彥提出牲體二十一的算法：前體肩、臂、臑，左右肢共六；後體膊、骼，左右肢共四；短脅、正脅、代脅，左右兩相爲六；加上脊之三體，則總數爲十九。此十九體，正祭可薦於神俎。若再加上不薦於神尸的二骰，則通爲二十一體。〔註67〕宋人陳祥道承之，〔註68〕而清人凌廷堪更據此括例爲「凡牲二十一體，謂之體解」。〔註69〕

〔註66〕 沈文倬：〈菿闇述禮〉，《菿闇文存——宗周禮樂文明與中國文化考論》，下冊，頁643～644。

〔註67〕 賈公彥：「案此經即折前體肩、臂、臑，兩相爲六。後體膊、骼，兩相爲四。短脅、正脅、代脅，兩相爲六。脊有三，揔爲十九體，唯不數骰二，通之爲二十一體。二骰，正祭不薦於神尸，故不言。是牲體之數，備於此。」見《儀禮·少牢饋食禮》，賈疏，卷47，頁563。

〔註68〕 宋·陳祥道：「二骰，正祭不薦於神尸、主人之俎。兩髀，不升於主人、主婦之俎。脼，不升於吉祭之俎。（自注：〈士虞〉祝俎髀、脼。）則祭之所用者，去髀、脼而二十有一，去二骰而爲十九矣。」見氏著：《禮書》，收入《景印文淵閣四庫全書》，第130冊，卷77，頁493。

〔註69〕 清·凌廷堪：《禮經釋例·飲食之例下》，卷5，頁273。

其二，根據〈少牢〉經文所載的俎體，朱子提出二十一體應去兩觳，加入兩髀。〔註70〕敖繼公承其說。〔註71〕褚寅亮〔註72〕、秦蕙田等人轉從正體的觀念著眼，認為觳附於骼，非牲體之正，應去之；而「兩髀雖以近竅之故，賤之而不升，然究屬正體」，因此髀應在二十一體之列。〔註73〕

綜合上述兩方面的說法，其差異在於應包含犧牲兩後蹄的觳，還是後大腿近臀處的髀。賈公彥等人因髀近竅賤，故不計，而將兩觳納入二十一體，但不置於俎。朱子等人則從「牲體之正」的觀點著眼，髀雖賤，但仍屬「軀幹」而非四肢末端；同時，經文亦不乏使用髀為俎者，故將髀計入二十一體。〔註74〕

今觀二說，若二後蹄的觳列為二十一體，則上述〈少牢饋食禮〉經文明言「髀」不符。敖繼公也指出：

> 觳非正體，折骼之下而取之，故云觳折。凡牲固皆折也。然經文之例，其先言體，乃言折或單言折者，必非正體若全體者也。〔註75〕

牲體皆肢解（折），但不意味折者皆為正體。因此，觳非牲之正體。再從「牲體」前貴後賤來看，骨體分成二十一體後，別為前貴後賤，即前肢的肩貴於後肢的髀；同一肢體中，又以近脊者為貴，如前肢可分為肩、臂、臑三部分，肩近脊，以肩為貴，臂次之，臑為下。那麼，觳為兩後蹄，屬軀幹之末，賤於後大腿近臀處的髀，亦不宜屬正體。〈鄉飲酒禮·記〉載不同身分者的俎實

〔註70〕宋·朱熹：《儀禮經傳通解》，收入《朱子全書》，第2冊，卷1，頁66～67。
〔註71〕元·敖繼公：《儀禮集說》，收入《經志堂通解》，第33冊，卷15，頁19316。
〔註72〕褚寅亮說：「蓋觳附於骼，可析可合，不得為體。經明言髀不升，則髀是體之一，安得去之而取觳乎？」見氏著：《儀禮管見·十六》，收入《續清經解三禮類彙編》，卷186，頁1211。
〔註73〕清·秦蕙田：「正脊之前，肩之上當頸處，謂之胝，亦謂之脄。骼之下，後足之末，近蹄者謂之觳。脄一而觳兩，皆不在正體之數。……兩髀雖以近竅之故，賤之而不升，然究屬正體。通數之得二十一體，則牲體之數備矣。」《五禮通考·吉禮》，卷111，頁9下～10上。
〔註74〕如胡培翬認為：「此經升鼎載俎，歷序牲體，皆不及觳。賈疏乃去兩髀，而通二觳為二十一體，與經不合。陳氏祥道沿其誤，朱子嘗辨之。後儒（筆者按：指淩廷堪）仍有取陳說者，以經言髀不升也。然髀雖不升於神俎，而〈士虞〉、〈特牲〉、〈少牢〉祝俎皆用。若觳，亦不升於神俎也。」見氏著：《儀禮正義·少牢饋食禮》，第3冊，卷37，頁2268。
〔註75〕元·敖繼公：《儀禮集說》，收入《經志堂通解》，第33冊，卷15，頁19316。

爲：〔註76〕

> 賓　　：脊、脅、肩、肺。
>
> 主人：脊、脅、臂、肺。
>
> 介　　：脊、脅、胉、胳、肺。

賓、主皆用前肢，然賓用肩，主人用臂，即有尊卑之分。介用後肢的胳，可見其序位在賓、主之後。〔註77〕俎實的貴賤相應於使用者身分，潛藏擬人化的思維，〔註78〕更進一步地說，是社會秩序具體而微的展現。〔註79〕因此，根據經、注的說法，及骨體前貴後賤的觀點，當以朱子去兩轂加入兩髀的說法爲是。

例二：凡當盛禮者，以充美爲敬；非盛禮者，以見美爲敬，禮尚相變也。

〈聘禮〉聘享「公側授宰玉，裼，降立。」鄭注：

> 裼者，免上衣，見裼衣。凡當盛禮者，以充美爲敬；非盛禮者，以見美爲敬，禮尚相變也。……凡禮裼者，左。（《儀禮》，鄭注，卷20，頁244）

古代男子穿著上衣下裳，鄭玄認爲「裼」，指去除上衣之外服，露出裼衣。以是，「裼」有二層意思：就衣物而言，指裼衣；就穿著狀態而言，指脫去外服，露出裼衣。唐代賈公彥、孔穎達，均賡續鄭說。〔註80〕清代學者則迭出新見，

〔註76〕 《儀禮·鄉飲酒禮·記》，卷10，頁103。

〔註77〕 介俎「胉、胳」的胉爲衍字，詳見第參章第一節「尊者俎尊骨，卑者俎卑骨」條。

〔註78〕 John O'nell 指出：「人類身體是怎樣作爲一種智慧和評判的源泉，導致了那些大大小小的擬人論秩序的形成——正是這些秩序支撐著我們的社會、政治和經濟結構體系。」可參。見氏著，張旭春譯：《五種身體》（臺北：弘智文化事業有限公司，2001年8月初版），頁3。

〔註79〕 睡虎地秦簡出土日書〈人字篇〉，以春夏、秋冬的出生季節，配合干支時辰，繪於人形圖象，以占人生子吉凶。其中，也表露出以人體軀幹之中爲貴的思維：「其日在首，富貴難勝。夾頸者貴，在奎者（筆者按：指人的髀部）富。在腋者愛。在手者巧盜，在足下者賤，在外者奔亡。」以首、頸、髀爲富貴，手足爲賤，可知以軀幹爲主的想法，在人體、牲體皆同。〈人字篇〉的釋讀參劉樂賢：〈秦漢睡虎地日書〈人字篇〉研究〉，《江漢考古》（1995年第1期），頁58～61。

〔註80〕 如賈公彥按照季節冷暖的不同，由裡到外說明古人禮服的穿著，冬季爲襯身禪衫、襦袴、裘、裼、上服；夏季爲絺綌、中衣、上服；春秋兩季爲袷褶、中衣、上服。冬季時若由衿前呈露出裼衣，亦謂之袒。易言之，賈氏認爲裼爲衣之名，袒爲衣著的狀態。孔穎達以爲夏月衣葛，其上有裼衣、襲衣、常

如金榜認爲掩合上衣謂之中衣，袒上衣而露見內層的錦衣、絞衣、素衣之類，謂之「裼衣」；中衣、裼衣異名同物。〔註81〕蔡德晉提出裼爲捲正服之袖，「襲」爲復衣也，故裼、襲皆爲衣著狀態，又指出「裼」爲裼衣。蔡氏綜合衣物之名與衣著狀態，同於鄭玄、孔穎達，然捲正服之袖之說則異。〔註82〕凌廷堪遵從鄭玄的說法，指出：「凡袒裼皆左，在衣謂之袒，在裘謂之裼」〔註83〕，並說：

> 〈大射〉言袒不言裼者，舉春秋以該冬夏也。〈聘禮〉言裼不言袒者，舉冬以該三時也。〈鄉射〉言袒不言裼者，《周禮》州長春秋以禮會民而射于州序，其時不用裘故也。〈覲禮〉言袒不言裼者，《周禮·大宗伯》：「秋見曰覲」，其時亦不用裘故也。〈覲禮〉並不言襲者，蓋其節文別見於三時禮中，故文不具也。〔註84〕

根據《儀禮》、《禮記·玉藻》、《周禮·春官·大宗伯》，按照季節服飾不同，凌氏認爲袒與裼爲一事，只因季節服飾不同而異名，相對於袒裼者，爲襲。若如凌氏所言，則主人行袒襲的士喪禮，只能在春、夏、秋三季？還是別有一「主人裼襲」的士喪禮？而且袒襲、裼襲若只是季節的不同，那麼裼爲「見美」的禮意，與喪禮大斂，主人「袒」爲「大斂變也」〔註85〕的禮意，是否還存在？

　　針對前人說法，清人朱大韶逐一分梳袒、裼、襲，大要如下：其一，除了貼身衣物以外，古人著衣次序，由裡到外：夏季爲葛 → 文飾之衣 → 禮服，冬季爲裘 → 文飾之衣 → 禮服。其次，裼、襲爲衣著的狀態，「非衣之名」。在（夏季）葛、（冬季）裘上加文飾之衣以爲表，古代禮服皆直領，開左右襟，若禮服開而見此文飾之衣，稱「裼」，表示處於裼的狀態。襲，掩也，以禮服掩蓋所裼之衣則曰襲，非別有一衣曰襲。因此裼、襲表示衣著的狀態。

著之服如皮弁之屬，以其爲衣著名稱。但孔氏同時指出「若開此皮弁及中衣，左袒出其裼衣，謂之爲裼」，則屬衣著狀態。見《儀禮·聘禮》，賈疏，卷20，頁244。《禮記·曲禮》，孔穎達正義，卷4，頁71。

〔註81〕清·金榜：《禮箋》，收入《續修四庫全書》，第109冊，卷3，頁75。

〔註82〕蔡德晉以「裼」爲捲袖之說，出自朱大韶之說，筆者未見於《禮經本義》，當是蔡氏其他著作。裼衣，爲衣物之名，見蔡德晉：《禮經本義》，《景印文淵閣四庫全書》，第109冊，卷9，頁623。

〔註83〕清·凌廷堪：《禮經釋例·器服之例下》，卷12，頁631。

〔註84〕清·凌廷堪：《禮經釋例·器服之例下》，卷12，頁632。

〔註85〕《儀禮·士喪禮》，鄭注，卷37，頁434。

其三，裼、襲的禮意。參照《禮記‧玉藻》，「弔則襲」，不盡飾也；「君在則裼」，盡飾也。朱氏認爲裼之義，主於盡飾。裼順裘色，於衣則見其美，可以想見其裘之美，故裼「與見美義同」。又，《禮記‧玉藻》云：「禮不盛，服不充」，禮之極重者，襲，故以襲爲充美。總之，一般以裼表示敬意，襲則爲大禮。其四，袒。左袒指脫左袖，露其肩臂（仍有衣物），並將左袖插於右腋下之帶。肉袒則無衣，直接呈露出左肩臂。如射禮左袒「袖寬恐礙弦」，故袒而加拾韝於襦上。射禮君在則肉袒，喪禮亦肉袒。其五，〈士虞禮〉之鉤袒，則爲卷袖。〔註86〕此說從各方面討論袒、裼、襲的禮文與禮意，相當完備，筆者以爲可從。

據朱氏之說，「凡當盛禮者，以充美爲敬；非盛禮者，以見美爲敬」意指盡飾、見美之裼，以彰顯君子風采，是爲「曲敬」；襲爲充美，服儀完備整齊，突顯氣象莊重、敬愼禮儀，此爲「禮盛者，服充，大事不崇曲敬」〔註87〕。服飾的變化相應於禮儀場合，更顯現出「禮以別異」的誠敬態度。

參朱大韶之說，可以發現「裼襲」、「袒襲」各爲一組服儀語彙。裼襲，以衣著之盡飾或整齊莊重，表示誠意。用襲的情形，除了上述的弔、聘禮外，《禮記‧玉藻》尚載尸襲、執玉龜襲，孔穎達認爲充美、見美涉及的是表達敬意的二種方式：以質爲敬，如子於父母，著重先天的親親之情，故不裼；以文爲敬，如臣之於君，主於後天的忠義、尊卑，故以裼爲敬。〔註88〕孫希旦總結說：「凡行禮以裼爲常，其襲者皆有爲爲之也。」〔註89〕相對於裼，襲是因應特定情形的服飾變化。

另一組「袒襲」的對照，爲脫左袖衣物或呈露左肩臂的「袒」，及衣著完整的「襲」，二者相對，表示執行某類儀節與否。射禮中，將射者袒，射畢者襲（詳見下條「凡事升堂乃袒」條）。且射禮中是否左肉袒，依身分高低而定，如：

> 大夫與士射，袒纁襦。（鄭注：「不肉袒，殊於耦。」）
>
> 君袒朱襦以射。（鄭注：「君尊。」）

〔註86〕 清‧朱大韶：《實事求是齋經義》，卷 1，頁 285～289，「駁蔡氏裼襲袒説」。
　　　　 按：以袒、襲爲服制儀節，而非衣名者，清人孫希旦之説同，見氏著：《禮記集解‧曲禮下》，卷 5，頁 107、109。
〔註87〕 《禮記‧玉藻》，鄭注，卷 30，頁 567。
〔註88〕 《禮記‧玉藻》，孔穎達正義，卷 30，頁 559。
〔註89〕 清‧孫希旦：《禮記集解‧玉藻》，中册，卷 29，頁 808。

君在，大夫射則肉袒。（鄭注：「不袒纁襦，厭於君也。」）
〔註90〕

射禮的肉袒是相對性的：若大夫與士射，三耦則肉袒；若君在，則大夫亦肉袒。〔註91〕

　　此外，據附表16「《儀禮》士喪禮所見主人袒襲情形」，士人喪禮亦以袒、襲象徵儀節起始點。賈公彥指出「括髮據正主人，齊衰已下皆以免代冠，以冠不居肉袒之禮故也。」〔註92〕朱大韶認爲喪禮肉袒蓋承賈氏之說。清人王士讓說：

　　　　蓋有勞事、敬事則袒，以致其不安，便其運動，而因以爲行禮
　　之節，故〈檀弓〉云：「有所袒，有所襲，哀之節也。」〔註93〕

當進行有關移動尸體、柩車等儀節，主人「袒」，不僅表示內心的不安，亦便於行禮。事畢，主人襲。

例三：凡事升堂乃袒。〔註94〕

　　〈鄉射禮〉取矢委楅，第一番射事畢，「司馬由司射之南，退，釋弓于堂西。襲，反位。弟子取矢，北面坐，委于楅，北括，乃退。司馬襲，進，當楅南，北面坐，左右撫矢而乘之。」鄭注：

　　　　上既言「襲」矣，復言之者，嫌有事即袒也。凡事升堂乃袒。
〔註95〕

鄭玄以爲經文兩言司馬「襲」，在於避免讀者認爲司馬有所從事即袒，因此重複「襲」字表示司馬一直處於襲的狀態。同時，發凡指出司馬因事升堂時，乃袒。賈公彥進一步說明司馬即使堂下有事，亦不袒，而「司射不問堂上、

〔註90〕《儀禮‧鄉射禮‧記》，卷13，頁150、152。
〔註91〕與大夫爲耦之士，經、注皆未載袒否，淩廷堪認爲士射亦當有衣，不肉袒，「但不必定以纁襦朱襦，故不言耳。……若肉袒及右袒，則經必特言之。」見淩廷堪著：《禮經釋例‧器服之例下》，卷12，頁632。
〔註92〕《儀禮‧喪服》，賈疏，卷34，頁397。
〔註93〕清‧王士讓：《儀禮紃解》，《續修四庫全書》，第88冊，卷12，頁260～261。按：華學泉也說：「凡動變皆袒，於事變也。」見胡培翬：《儀禮正義‧喪服》，第2冊，卷25，頁1588。
〔註94〕筆者在畢業後曾修改擴充上條、本條討論內容，以〈《儀禮》裼襲、袒襲考〉宣讀於清華大學中國禮學研究中心、嘉禮堂及中國美術學院合辦「第二屆禮學國際學術研討會」（2013年8月17～18日），後刊於《成大中文學報》第49期（2015年6月），今此爲新修訂的內容。
〔註95〕《儀禮‧鄉射禮》，鄭注，卷12，頁127。

堂下，有事即袒。司馬與司射遞行事，恐同，故明之也。」〔註96〕簡言之，賈氏區別了司馬與司射袒襲的時機。

鄭玄所謂「凡事，升堂乃袒」、賈公彥「有事即袒」，皆指明「事」與「袒」之間的關聯。清人凌廷堪接續鄭、賈之說，從「事」與「袒」的角度括例爲：

凡有事于射則袒，無事于射則襲。〔註97〕

一方面將「事」定義爲射事：所謂「有事于射」包括三耦與賓、主人等在射前準備時「袒」、司射請射、司馬命去侯取矢，以及罰爵時，勝者「袒」；「無事于射」則指卒射退各項射器、向獲者等人獻酒、請樂射，以及不勝者「襲」飲酒。同時，凌氏將袒、襲的行爲者，擴大爲司馬、司射、與射者、勝者及不勝者。〔註98〕

凌氏詮釋鄭玄、賈公彥等說的「事」爲射事，其定義有助於後人理解其涵義。然而，就敘述而言，凌氏僅列舉禮文，並未能清楚劃分「有事於射」與「無事於射」的界限，及其與袒、襲的關係。如〈鄉射禮〉司馬命去侯訖、〈大射〉司馬正命去侯訖，皆襲。事實上射者「去侯」之後，射禮即將開始，爲何將此視爲「無事於射」？又如第三番射爲「請以樂節射」，〈鄉射禮〉載司射「襲」，異於前二輪射事，凌氏解讀第三番射爲禮射，所講求者不在「能中」，「故袒襲不相因而相變也」。〔註99〕但是〈大射〉載司射獻釋獲者畢，「袒決遂」，接著向公請求開始第三番射事，其儀節「如初」。〔註100〕如此一來，同樣是以樂節射，〈鄉射禮〉之司射襲，而〈大射〉之司射袒，凌氏未解釋箇中原由，亦使袒襲與射事的關係模糊。

鄭玄、賈公彥所言的袒襲，與司馬、司射等行禮者有關，因此清人黃以周轉從行禮對象著眼，認爲「凡有事於射耦，不論堂上堂下，皆袒；有事於有司，堂上袒，堂下襲。」〔註101〕就黃氏所舉的例證，所謂「有事於射耦」的行爲者，指司射；「有事於有司」指司馬，而袒的意義在於「示武」。〔註102〕黃氏「示武」說提供解讀射禮的線索。然而，〈鄉射禮〉第一番射事畢，司馬

〔註96〕《儀禮·鄉射禮》，賈疏，卷12，頁127。
〔註97〕清·凌廷堪：《禮經釋例·射例》，卷7，頁365
〔註98〕清·凌廷堪：《禮經釋例·射例》，卷7，頁365～366。
〔註99〕清·凌廷堪：《禮經釋例·射例》，卷7，頁366。
〔註100〕《儀禮·大射》，卷18，頁216。
〔註101〕清·黃以周：《禮書通故·射禮通故第二十五》（北京：中華書局，2010年初版），第3冊，頁1134。
〔註102〕清·黃以周：《禮書通故·射禮通故第二十五》，第3冊，頁1134。

於「堂下」命「弟子」設楅，爲袒，而〈大射〉在第一番射司馬在堂下命小臣師設楅，亦袒。〔註103〕此爲司馬「有事於有司，堂下襲」的反證，與黃說不符。

那麼，當如何理解射禮中袒、襲的問題？如果暫時不論身分問題，轉而觀察「袒」同時並行的儀節來觀察所謂的「事」，可以發現射禮中除了飲不勝者外，凡執弓者皆袒。射箭是射禮最重要的活動，因此經文中對於執弓、釋弓的強調，甚至高過袒襲。如〈鄉射禮〉第二番、第三番射，經文載司馬升堂命去侯，不言袒襲，但降堂時，卻特別說明「釋弓反位」〔註104〕。射者袒，乃爲避免弦箭打到衣物，便於行射。〔註105〕因此袒是執弓、射箭前的必要行爲。以此觀之，執弓與否當可連繫袒襲的服飾變化。

就射者而言，射時袒，射事畢則襲。《儀禮·大射》三耦射畢，「適次，釋弓，說決、拾，襲反位。」鄭注：「襲者，凡射皆袒。」〔註106〕三耦〔註107〕、賓與主人、眾賓，乃至遵者或公，皆於執弓取矢與執弓射箭時，左袒。而射者袒的情形，據〈鄉射禮·記〉說：

> 大夫與士射，袒纁襦。（鄭注：「不肉袒，殊於耦。」）
>
> 君袒朱襦以射。（鄭注：「君尊。」）
>
> 君在，大夫射則肉袒。（鄭注：「不袒纁襦，厭於君也。」）
>
> 〔註108〕

射者的袒，因尊卑而具有相對性：若大夫與士射，三耦肉袒，大夫袒纁襦；若君在，則大夫肉袒，國君袒纁襦，如《儀禮·大射》：「小臣正贊袒，公袒朱襦，卒袒，小臣正退俟于東堂。」〔註109〕飲不勝者時，不勝者執弛弓而「襲」，弛弓不能用，喻示其人之不善射，則屬於特殊情形。總之，執弓與否是決定射者袒襲的關鍵。值得注意的是，上述「袒」字包含肉袒、袒而有衣物（纁襦、朱襦）二種情形。

〔註103〕《儀禮》〈鄉射禮〉，卷12，頁126；〈大射〉，卷17，頁204。

〔註104〕《儀禮·鄉射禮》，卷12，頁129、135。

〔註105〕葉國良師：《禮制與風俗·左袒與右袒》（上海：復旦大學出版社，2012年8月），頁48。

〔註106〕《儀禮·大射》，鄭注，卷17，頁203。

〔註107〕鄭注：「（三耦）必袒決遂者，明將有射事。」《儀禮·鄉射禮》，鄭注，卷12，頁128。

〔註108〕《儀禮·鄉射禮·記》，卷13，頁150、152。

〔註109〕《儀禮·大射》，卷18，頁211。

　　射禮的兩位重要執行官司射與司馬。司射之職：請射、命弟子納射器、比耦、命射者拾取弓矢、誘射、命射、告卒射、請釋獲、視算、飲不勝者、獻獲者、命退射器。命令的對象涵蓋了三耦、有司、弟子與眾賓。「司射既誘射，恆執弓，挾矢，以掌射事，備尚未知，當教之也。今三耦卒射，眾足以知之矣，猶挾之者，君子不必也。」〔註 110〕司射大部分的時間都是袒執弓，惟釋弓的時刻有三：視算、設豐、獻釋獲者，皆於堂下、皆在射事暫告一段落時，襲。

　　然而，〈鄉射禮〉第三番射，司射「去扑，襲，升，請以樂樂于賓。」〔註 111〕司射「襲」而請射，與前兩番射事異。敖繼公認爲「司射惟去扑耳，其決、遂、執弓、挾矢自若也，似不宜襲，此言『襲』蓋衍文。」〔註 112〕據〈大射〉第三番射事，司射亦袒而請射，則〈鄉射禮〉之「襲」爲衍文的可能性較高，而非凌廷堪所認定的因禮射而襲。

　　相對地，司馬大部分都處於襲的狀態。司馬之職：命張侯倚旌、命執旌負侯、命去侯、射事畢命取矢、命設楅、乘矢、獻獲者、命退射器，多與射事前後的設備、庶務相關，類似設備組。從職務與命令對象看來，司馬不主管射箭者及其禮儀，命令的對象爲主要是有司與弟子。司馬在三種情形下，袒執弓：其一，在「堂上」命去侯，是對有司正式宣告射禮即將開始。其二，在「堂上」命取矢，則爲射禮結束後命令三耦等收拾箭。其三，司馬在「堂下」命設楅亦袒，爲命取矢後延續的職務，所拾之矢當置於楅，故亦袒。對照〈鄉射禮·記〉說：「司馬無事不執弓」〔註 113〕，司馬在這三種情形下皆執弓、袒，亦可見執弓與袒的關連性。從堂上堂下的位置來看，司馬升堂時，皆袒，因此鄭玄說：「凡事升堂乃袒。」

〔註 110〕《儀禮·鄉射禮》，卷 12，頁 129。
〔註 111〕《儀禮·鄉射禮》，卷 12，頁 135。
〔註 112〕元·敖繼公：《儀禮集說·鄉射禮》，《通志堂經解》，第 33 冊，卷 5，頁 19012。
　　　　胡培翬亦從敖氏所言，見氏著：《儀禮正義·鄉射禮》，第 1 冊，卷 9，頁 594。
　　　　按：若就執弓皆袒的觀點來看，〈鄉射禮〉第三番射的「襲」字確實如敖繼公所說爲「衍文」，那麼盛世佐不以「襲」字爲衍，而從文武之別，指出「樂，文事也，故請樂則襲」，以及黃以周認爲樂爲文事，「爲尚文事，故變其例而襲升」便無法成立。見清·盛世佐《儀禮集編》，收入《景印文淵閣四庫全書》，第 111 冊，卷 9，頁 361。清·黃以周：《禮書通故·射禮通故第二十五》，第 3 冊，頁 637。
〔註 113〕《儀禮·鄉射禮·記》，卷 13，頁 149。

就鄭玄隨文注釋的立場來看，「凡事，升堂乃祖」自是司馬無疑。但因鄭玄此例用語籠統，不僅省略主詞，亦未詳述所謂「事」係爲何事，雖經賈公彥進一步比較司馬與司射之別，但仍招來後代學者議論紛紛，謹討論如上。

例四：凡下未拜，有二：或禮殺，或君親辭。君親辭則聞命即升，升，乃拜，
　　　是亦不言成拜。

此見於《儀禮・燕禮》鄭注。〔註114〕《禮經釋例》已詳舉經文說明臣子在堂下向國君行再拜稽首，〔註115〕此不重複。本文所欲探討的是貫串鄭玄《儀禮注》、賈公彥《儀禮疏》、淩廷堪《禮經釋例》的儀文證據與成拜的認定。

1、儀文證據不足

此說爲鄭玄所揭示，須同時對照數段〈燕禮〉「公酬賓，賓酬大夫，遂成旅酬」章的經文、鄭注，方能完整呈現鄭玄的意思。

（1）公坐取大夫所媵觶，興以酬賓。賓降，西階下，再拜稽首。公命小臣辭，賓升，成拜。公坐奠觶，答再拜。
　　　鄭注：「升，成拜，復再拜稽首也。先時君辭之，於禮若未成然。」（《儀禮》，鄭注，卷14，頁165）

（2）（筆者按：公）執觶興，立卒觶。賓下，拜。小臣辭，賓升，再拜稽首。公坐奠觶，答再拜。
　　　鄭注：「不言成拜者，爲拜故下，實未拜也。下不輒拜，禮殺也。此賓拜於君之左，不言之者，不敢敵偶于君。」（《儀禮》，鄭注，卷14，頁165）

（3）公有命，則不易不洗。（筆者按：賓）反升，酌膳觶，下，拜。小臣辭。賓升，再拜稽首。公答再拜。
　　　鄭注：「下拜，下亦未拜。凡下未拜有二：或禮殺，或君親辭。君親辭則聞命即升，升乃拜，是亦不言成拜。」（《儀禮》，鄭注，卷14，頁165）

就鄭注所說，可分爲兩組禮儀行爲，如下所示：

〔註114〕《儀禮・燕禮》，鄭注，卷14，頁165。
〔註115〕清・淩廷堪：《禮經釋例・通例上》，卷1，頁93～95。

組　別	降堂的行爲敘述	升堂的行爲敘述
第一組	下，再拜稽首	升，成拜
第二組	下，拜	升，再拜稽首

鄭玄有鑑於同一套禮儀使用兩組不同的辭彙，因而提出說明：針對第一組，賓降堂「再拜稽首」，公辭之，則賓升堂，復行再拜稽首禮，稱爲「成拜」。第二組，若賓降堂，「未拜或拜禮未卒」，公即辭之，則賓升堂完成此一儀節。相較於第一組賓降堂完成再拜稽首，第二組的賓拜禮未畢便升堂，因此經文稱爲「下，拜」，而升堂後的拜禮，直書爲「升，再拜稽首」。可知鄭玄以儀式的完成度作爲區分標準，辨別經文何以使用「下，再拜稽首」與「升成拜」、「下，拜」與「升，再拜稽首」等不同語彙。同時，鄭氏也解釋賓降堂而未拜的原因：禮殺，或君親辭。

　　賈公彥進一步融合「禮殺」、「君親辭」之說，將臣拜君之禮分爲三等：

　　　　凡臣拜於君有三等：初受獻拜於堂下，或親辭或遣小臣辭，成
　　與不成如上說（筆者按：賈氏上文中述鄭玄之意）。至於酬酒，雖下
　　堂拜未即拜，待君辭，即此下經云：「公坐奠觶，答再拜，執觶興，
　　立卒觶。賓下，拜。小臣辭。賓升，再拜稽首。」鄭注云：「不言成
　　拜者，爲拜故下，實未拜也。下不輒拜者，禮殺也。」此篇末無算
　　爵受公賜爵者，皆下席，堂上拜稽首，不堂下拜者，禮末又輕於酬
　　時。（《儀禮·燕禮》，賈疏，卷 14，頁 165）

第一等爲初受獻時，因君親辭之故，有成拜、不成拜的分別。此承鄭玄之說。第二等進入「酬酒」階段時，綜合君親辭和禮殺，出現降堂未拜的情形。第三等則爲無算爵時，由於禮殺，因而君雖未辭，亦於堂上拜稽首。據此可知，鄭玄所說的「禮殺」爲旅酬、無算爵。

　　凌廷堪則結合前人之說，括爲二例：

　　　　凡臣與君行禮，皆堂下再拜稽首，異國之君亦如之。

　　　　凡君待以客禮，下拜則辭之，然後升成拜。〔註116〕

二條禮例無「禮殺」一詞，然其內文則沿用鄭玄、賈公彥的說法，並區別爲本國君臣、異國君臣兩類討論，得出相同的答案。

　　然而，編寫者確實希望透過二組辭彙的差異，顯示賓降堂拜禮的完成度？

〔註116〕清·凌廷堪：《禮經釋例·通例上》，卷 1，頁 93～99。

對照〈燕禮〉、〈大射〉經文或可略知一二。二篇經文中，公爲卿、大夫舉行旅酬，多用「如初」二字減省儀節說明，無法引用討論。目前所見爲士旅酬的部分：

（3）賓降，洗，升，媵觚（筆者按：應爲觶）于公，酌散，下，拜。公降一等，小臣辭，賓升，再拜稽首。公答再拜。（《儀禮‧燕禮》，卷 15，頁 176）

（4）賓降，洗象觶，升，酌膳，坐奠于薦南，降，拜，小臣辭。賓升，成拜。公答再拜。（《儀禮‧燕禮》，卷 15，頁 176）

（5）（受者）降，更爵洗，升，酌膳，下，拜。小臣辭。升，成拜。公答拜。（《儀禮‧燕禮》，卷 15，頁 176）

（6）賓降，洗，升，媵觶于公，酌散，下，拜。公降一等。小臣正辭。賓升，再拜稽首。公答再拜。（《儀禮‧大射》，卷 18，頁 219）

（7）賓降，洗象觶，升，酌膳，坐奠于薦南，降，拜。小臣正辭。賓升，成拜。公答拜。（《儀禮‧大射》，卷 18，頁 219）

（8）（筆者按：受賜者）降，更爵，洗，升酌膳，下，再拜稽首。小臣正辭。升，成拜。公答拜。（《儀禮‧大射》，卷 18，頁 220）

第（3）條符合上述三位學者的說法，第（4）、（7）條，「降，拜」即「下，拜」。按照鄭玄的說法，「下，拜」是降堂而未拜或拜禮未卒，當公辭後，賓當「升，再拜稽首」。那麼第（4）、（5）、（7）條，用「升，成拜」顯然不符。而且，相較於獻禮，士行旅酬屬於禮殺的範圍，則升堂所行之禮應爲「再拜稽首」，但第（4）、（5）、（7）、（8）條卻名爲「成拜」，亦與鄭玄說法相悖。而第（5）與第（8）條，同樣敘述公賜爵於士，前者使用「下，拜」，後者使用「下，再拜稽首」，而升堂之後卻都是「成拜」，顯示經文與鄭注不符。禮文無法支持禮例「未下拜」之言，乃至影響其解經的可信度。不免令人思考究竟「成拜」的意思爲何？

2、成拜的界定

清人黃以周認爲「成拜」，在於「公答禮」的時機：

　　凡臣拜堂下，君答拜，謂之成拜，與「降再拜稽首，公答拜」

一例。若臣拜堂下，君客之，不答拜，使小臣辭，猶未成拜也，故

升又拜，君答拜，謂之升成拜，與「升再拜稽首，公答拜」一例。

若君辭時，即答拜，如〈燕禮〉、〈大射〉之徹冪，是已成拜矣，故

不復言升成拜。經之通例如此。〔註117〕

黃氏指出：若賓降堂拜畢，公答拜，則禮成，謂之「成拜」；若賓降堂，不論
再拜稽首禮是否結束，只要公辭或不答拜，則是「未成拜」，當賓升堂復行拜
禮，公再答拜，則謂之「升成拜」。之所以如此複雜，乃因臣拜於堂下、君於
堂上拜，是君臣正禮；若賓降階拜，而君不即答拜，待賓復升堂行拜，而後
答拜，則是客禮。〔註118〕黃說確有其洞見。

　　下文復參照其他記載，探討「成拜」的情形：

　　其一，《禮記·燕義》說：

　　　　君舉旅於賓，及君所賜爵，皆降，再拜稽首，升成拜，明臣禮

　　也。君答拜之，禮無不答，明君上之禮也。（《禮記》，卷62，頁1022）

賓受國君舉旅，群臣受君賜爵，皆降堂、再拜稽首；君辭之，乃升堂完成拜
禮。鄭玄所說的旅酬於「下未拜」，似未符合〈燕義〉所言。因此，應用「凡
下未拜」的說法解經，仍值得商榷。

　　其二，參考《左傳》文公三年載晉國念及二年時陽處父無禮於魯公，請
求改盟。魯文公以莊叔相禮，晉襄公以禮招待，賦〈菁菁者莪〉。莊叔相文公
降階下拜，表示謝意，晉襄公亦降而辭謝，然後雙方「登，成拜」。〔註119〕
此可佐證「成拜」的判定，在於答禮的時機。《左傳》僖公二十八年，周襄王
命晉文公爲「侯伯」，晉文公再拜稽首，爲諸侯向天子行再拜稽首的一般情形。
若天子待之以客禮，則如僖公九年，周襄王命宰孔致胙於齊桓公，命「無下
拜」。

　　其三，《儀禮》其他篇章記載「成拜」的情形：

　　　　〈聘禮〉「歸饔餼」章，「大夫東面致命。賓降，階西，再拜稽

　　首，拜饔亦如之。大夫辭。升，成拜。受幣堂中西，北面。」（《儀

　　禮》，卷22，頁262）

〔註117〕清·黃以周：《禮書通故·相見禮通故第二十一》，第3冊，頁969。

〔註118〕清·黃以周：《禮書通故·相見禮通故第二十一》，第3冊，頁970。

〔註119〕《左傳》文公三年，卷18，頁305。按：若晉侯未下堂辭謝，而於堂上，則
　　　　類於君臣禮。

　　〈聘禮〉「賓問卿」章，「賓東面致命，大夫降階西，再拜稽首。賓辭，升，成拜。受幣堂中西，北面。」（《儀禮》，卷 22，頁 264）

　　〈覲禮〉「王賜侯氏車服」章，「大史述命，侯氏降兩階之間，北面，再拜稽首，升，成拜。大史加書于服上，侯氏受。」（《儀禮》，卷 27，頁 327）

上述三條，皆為國君或天子派使者致命。受者降階再拜稽首，使者傳達君命辭其下拜，故受者升「成拜」。由於「凡人為使，不當其禮」，使者不答拜，因此當受者升堂行拜後，此禮已成，得直接稱為「成拜」。

　　綜上所述，由於禮文的記載不足，產生相當大詮釋空間。鄭玄說：「不言成拜者，為拜故下，實未拜也，下不輒拜，禮殺也」〔註120〕。〈燕禮〉、〈大射〉二篇，經文所言賓「升，成拜」、「升，再拜稽首」的差別，在於前者特別強調儀式的完成，而後者則側重於敘述賓的行動。二者偏重的角度不同，與賓下堂時是否完成拜禮或未拜無關。而且「成拜」的時間點，不在於賓或臣子單方面的行禮，乃在受禮者答拜的時機。因此從文字敘述的形式判斷賓降堂是否行拜，是有問題的。

例五：禮，敵者並授。

　　關於授受的說法，歷來多有爭議，為完整呈現學者的不同見解，雖以鄭玄的「禮，敵者並授」為題，亦同時探討相對受、訝受。下文首先說明鄭玄的觀點，其次，以淩廷堪為中心，列舉影響淩氏的敖繼公、繼承淩氏的胡培翬、反對淩氏的夏炘、黃以周等學者。最後，根據《儀禮》經文，嘗試討論授受禮。

（一）鄭玄對授受的論述

根據鄭玄《儀禮注》、《禮記注》，授受可分為兩類：

1、並授受

並授受，指行禮者雙方面向相同的方向，行授受禮。鄭玄認為施行並授受的情形有二：

其一，是敵體之禮。《禮記·曲禮上》載：

　　凡遺人弓者，張弓尚筋，弛弓尚角，右手執簫，左手承弣，尊

〔註120〕《儀禮·燕禮》，鄭注，卷 14，頁 165。

> 卑垂悅。若主人拜，則客還辟，辟拜。主人自受，由客之左，接下
> 承弣，鄉與客並，然後受。（《禮記》，卷2，頁44）

鄭玄指出：

> 於堂上則俱南面。禮，敵者並授。（《禮記》，鄭注，卷 2，頁
> 44）

敵者在堂上行授受禮，同面。《儀禮·士昏禮》納采「（使者）授于楹間，南
面。」鄭注：「南面，並授也」〔註121〕，言其同面向。

其二，是臣子在國君前，以同面向授受物。如〈聘禮〉授幣：「宰執書，
告備具于君，授使者。使者受書，授上介。」鄭注：

> 其受、授，皆北面。（《儀禮》，鄭注，卷 19，頁 227）

國君南面，宰與使者的面向皆爲北面，以示非私相授受之意。〈聘禮〉受命
遂行，「使者受圭，同面，垂繅以受命」，亦同面。至於同面向時，該如何交
接物品？鄭玄以爲：

> 凡授受者，授由其右，受由其左。（《儀禮·聘禮》，鄭注，卷
> 19，頁 229）

當雙方均同面向時，授者立於右，受者居左，使後者以右手接物，避免物品
掉落。

2、相鄉受與訝受

相對於並授受，行禮者面向相對或側面授受物者，稱爲相鄉受、訝受。
以飲酒禮而言，〈大射〉賓「以酢主人于西階上。主人北面拜受爵。賓，主
人之左拜送爵。」鄭注：

> 賓南面授爵，乃於左拜。凡授爵，鄉所受者。（《儀禮》，鄭注，
> 卷 17，頁 196）

〈大射〉因國君在阼階，故身爲臣子的獻主、賓在西階上行禮。經文言「主
人北面拜受爵。賓，主人之左拜送爵」，就字面看來，二者之拜皆北面，但
鄭玄卻補充說明：「賓南面授爵，乃於左拜」〔註122〕，表示授爵、拜的面向
不同。再參考〈鄉飲酒禮〉的記載，主人獻賓時：

〔註121〕《儀禮·士昏禮》，鄭注，卷4，頁40。
〔註122〕漢朝時，郡國行鄉射禮，天子行大射，雖然鄭玄的話可能反映的是漢朝的飲
　　　　酒禮，但從禮儀重沿襲的特質而言，鄭玄的話仍具有相當的可信度。漢代郡
　　　　國行鄉射禮、天子行大射，見《儀禮·鄉射禮》，鄭注，卷 11，頁 109、110、
　　　　111。《禮記·月令》，鄭注，卷 15，頁 305。

　　　　　主人坐取爵，實之，賓之席前，西北面獻賓。賓西階上，拜。
　　　主人少退。賓進受爵以復位。主人阼階上拜送爵。(《儀禮》，卷8，
　　　頁83～84)

主人獻介時：

　　　　　主人實爵，介之席前，西南面獻介，介西階上北面拜。主人少
　　　退。介進北面受爵，復位。主人介右，北面拜送爵。(《儀禮》，卷9，
　　　頁89)

可知飲酒禮授受爵的過程當爲：

　　　　　賓(介)在西階上，北面「拜」受爵 → 主人西北面獻賓，賓受
　　　爵。主人西南獻爵，介北面受爵 → 賓(介)復位 → 主人北面拜送
　　　爵。

比對鄭注、經文，可知拜受或拜送、授受爵的面向，不一定相同。[註123]

　　授受爵時，雖「鄉所受者」，但各類禮儀的賓主面向不同：〈大射〉爲賓
南面、主人北面；〈鄉飲酒禮〉賓面向不明、主人西北面；介北面、主人西南
面。〈鄉飲酒禮〉中，主人的面向，稍側於受爵者，而非正相對的原因，清人
張爾岐認爲主人獻賓時：

　　　　　賓在西階，欲其就席受爵，故西北向之也。[註124]

主人獻酒時，賓在西階上北面，主人西北向之，實欲待賓就席受爵，以爲大
禮。然而賓謙讓，不在席前行禮，而是先在西階上行拜受之禮，才進至席前
受爵。可知賓東南面酢主人也是同樣的道理。再對照〈大射〉賓南面、主人
北面的尊卑之別，〈鄉飲酒禮〉、〈鄉射禮〉之斜向受爵，實爲謙虛的表現。準
此，飲酒禮授受爵時，行禮者面相對，或稍微側面、從旁受爵，而不行並受。
此或出於避免酒爵脫滑、潑灑酒液之故。

〔註123〕拜、授受爵的面向不一定相同，因此淩廷堪結合酒爵、物品的授受，並根據
　　　　賈公彥疏，認爲「詳疏意，蓋以獻酢酬之授受者，並受也」，仍可商榷。見氏
　　　　著：《禮經釋例・通例下》，卷2，頁123～124。

〔註124〕清・張爾岐：《儀禮鄭注句讀・鄉飲酒禮第四》，頁129。按：康金村亦提出
　　　　解釋：「主人獻賓於堂上，本當賓席前北面向賓授爵。此時賓立於西階上北面
　　　　拜受爵，主人又得受賓之拜受禮，故西北面以兼顧北面獻爵與西面受拜也。
　　　　是以賓酢主人，本當東面授爵主人席，主人於阼階北面拜受，故撍東南面也，
　　　　兼顧也。」然而，飲酒之拜受，多爲北面，較少朝向主人行拜，故以主人爲
　　　　受賓之拜受禮而西北面，仍可商榷。見氏著：《鄭玄《儀禮注》凡言例句之研
　　　　究》，頁27。

訝受，如〈聘禮〉主國之君禮賓，用束帛，賓「受幣，當東楹，北面。」
鄭注：

> 亦訝受，而北面者，禮主於己。己，臣也。（《儀禮》，鄭注，
> 卷 21，頁 251）

賓北面爲臣，則君此時當爲南面。又如〈聘禮〉聘賓償使者畢，「大夫降，執
左馬以出。」鄭注：「出廟門，從者亦訝受之。」〔註125〕大夫降堂，以右手執
庭中西邊的馬時，〔註126〕從者迎而受之，亦爲相向授受之意。此類訝受，多
見於尊卑或君臣關係者。

綜言之，鄭玄認爲飲酒禮的授受爵，當以面相向的授受爲主；其他授物
禮則視身分尊卑而分爲並授受、訝授受。可知鄭玄區分授受面向時，至少具
有二種標準：物品（爵與他物）、身分尊卑。

（二）授受新說

1、敖繼公

敖繼公以並受、訝受的二分法，注解《儀禮》經文。並受的部分，至少
有三種情形：其一，敖氏以「凡庭實，並受」〔註127〕爲原則，解釋〈公食
大夫禮〉賓執庭實時，北面揖「象親受之也」。其次，敖氏指出並受爲「贊
者授觶之正禮也」，如〈士冠禮〉贊者授醴、〈聘禮〉主君禮賓時，宰夫授醴。
〔註128〕其三，正禮畢，隨從受主人之幣於庭亦並受，如〈聘禮〉主君禮賓
畢，「上介受賓幣，從者訝受馬」，敖氏說：

> 受馬云「訝」，則幣並受矣。並受幣、訝受馬，皆變於賓主授
> 受之禮也。〔註129〕

〈覲禮〉侯氏償郊勞之使者畢，使者降出，敖氏指出：

> 其從者並受幣，而皆訝受馬也。〔註130〕

〔註125〕《儀禮・聘禮》，鄭注，卷 22，頁 263。

〔註126〕《儀禮・聘禮》：「牽（庭實之）馬，右之。」（卷 21，頁 252）《禮記》〈曲禮
上〉：「效馬、效羊者，右牽之。」（卷 2，頁 45）〈少儀〉：「牛則執紖、馬則
執靮，皆右之。」（卷 35，頁 633）

〔註127〕元・敖繼公：《儀禮集說・公食大夫禮》，《通志堂經解》，第 33 冊，卷 9，頁
19251。

〔註128〕敖繼公說：「言面枋，見其訝受也。」見氏著：《儀禮集說》，《通志堂經解》，
第 33 冊，〈士冠禮〉，卷 1，頁 19019；〈聘禮〉，卷 8，頁 19100。

〔註129〕元・敖繼公：《儀禮集說・聘禮》，《通志堂經解》，第 33 冊，卷 8，頁 19201。

〔註130〕元・敖繼公：《儀禮集說・覲禮》，《通志堂經解》，第 33 冊，卷 10，頁 19260。

敖氏似據「禮以相變爲敬」，認爲正禮畢，從者於庭受幣時，採並受法，以「變於賓主授受之禮」。與此相對的是，〈聘禮〉介私覿，主君使擯者辭，「介禮辭，聽命，皆進、訝受其幣」，敖氏認爲士介訝受，乃因「此時統於尊者，而不敢異之也」，士介隨上介進、訝受幣，而不行並受幣。〔註131〕

　　訝受，爲面相對之授受，包含正式禮儀的授受、〈聘禮〉與〈覲禮〉的從者訝受馬、〈士冠禮〉與〈士昏禮〉的贊者授醴或授肺脊、〈聘禮〉與〈少牢饋食禮〉的主人（君）授几。值得注意的，是〈士昏禮・記〉不親迎者見婦父母時，壻持摯見主人，「主人再拜受，壻再拜送，出」，敖氏說：

　　　　　主人拜于位，進訝受于門中，皆西面。壻復位，東面拜送。

〔註132〕

經文未言主人、壻的面向，而敖氏認爲授受庭實「並受」，故壻當從主人之面向「皆西面」，在門中行授受。敖氏的「進訝受于門中」表示前迎欲授受的行爲，「皆西面」方爲實際授受的的面向。綜言之，敖氏的「訝受」可指二種意思：其一，授受時「面向相對」，如〈士相見禮〉士人之賓、主相見，敖氏說：「其拜則相鄉，其摯則東西訝授于門中」〔註133〕，東西相對授受，用「訝」字。《儀禮集說》的訝受，以面向相對授受占多數。其二，授受時前迎的行爲，取「訝」爲迎的意思，甲迎乙方，甲、乙面相對，迎而後「同面」行禮，如〈士昏禮〉不親迎之壻持摯見主人。

　　敖氏以並受爲「贊者授觶之正禮」之說，異於鄭玄授受酒爵相對或側面授受。據《儀禮》經文，〈士冠禮〉賓醴冠者時，

　　　　　贊者持爵「面葉」以授賓 → 賓受而「面枋」 → 冠者「面葉」。

〔註134〕

贊者面柶葉，與賓相對受，故賓受而面對柶柄。賓與冠者亦相對行禮，故冠者面葉。在此情形下，冠者得直接持柶柄，以柶葉朝己的方向扱醴，行祭酒禮。因此，〈士昏禮〉贊者醴婦：

　　　　　贊者執爵「面枋」以授婦 → 婦「面葉」受。〔註135〕

〔註131〕元・敖繼公：《儀禮集說・聘禮》，《通志堂經解》，第33冊，卷8，頁19204。
〔註132〕元・敖繼公：《儀禮集說・士昏禮》，《通志堂經解》，第33冊，卷2，頁19052。
　　　　按：清人如褚寅亮、盛世佐等則以爲當如〈士相見禮〉在「中庭」，此地點與授受面向的關係較小，暫時弗論。
〔註133〕元・敖繼公：《儀禮集說・士相見禮》，《通志堂經解》，第33冊，卷3，頁19056。
〔註134〕《儀禮・士冠禮》，卷2，頁20～21。
〔註135〕《儀禮・士昏禮》，卷5，頁54。

贊者直接授醴於婦，不假他人之手，故「面枋」，而婦受得「面葉」行祭酒禮。至於〈聘禮〉主君醴賓時：

> 宰夫持爵「面枋」以授公→公→賓。〔註136〕

三人授受酒爵、柶，經文明載宰夫「面枋」，與上述〈士冠禮〉的傳遞方式不符。宋人李如圭指出：

> 凡主人授賓醴者，皆面枋，賓迎受之，皆面葉。〈冠禮〉贊者
> 酌醴以授主人，主人迎受，故贊者面葉，主人受之得面枋。此宰夫
> 實醴，公不迎受，故宰夫面枋，公受之，亦得面枋也。〔註137〕

〈士冠禮〉主人與贊爲相對授受，因此贊者面葉，主人受得面枋；〈公食大夫禮〉國君不與宰夫相對迎受，宰夫面枋，「公側受醴」爲旁側受醴，故公「面枋」以授賓，而賓得「面葉」行祭酒禮。若上述不誤，敖繼公以並受爲「贊者授觶之正禮也」，仍可商榷。而敖氏「訝受」兼有面向、前迎行爲之意，則有助於思考「訝受」的涵義。

2、凌廷堪

清人凌廷堪歸納出授受之禮的通例：

> 凡授受之禮，同面者謂之並授受。
> 凡授受之禮，相鄉者謂之訝授受。
> 凡授受之禮，敵者于楹間，不敵者不于楹間。
> 凡相禮者之授受，皆訝授受。〔註138〕

前二條，以面向爲基準，而非鄭玄的敵體、尊卑「身分」說，可知受敖繼公影響。然凌氏對於經文與鄭注的差異，有所疑惑：

> 又〈士昏禮〉納采授鴈，〈聘禮〉儐歸饔餼使者，又賓面卿，受
> 束帛，經皆云于楹間南面，而注納采爲並受，儐歸饔餼使者，面卿
> 爲訝受，疑不能明，豈以士卑，故與使者不嫌歟？〔註139〕

> 又〈士相見禮〉雖受贄於庭，亦是相敵者之授受；依〈士昏禮〉
> 納采之注，則是並授受，依〈聘禮〉歸饔餼使者，及賓面卿之注，
> 則是訝授受。〔註140〕

〔註136〕《儀禮・聘禮》，卷21，頁250。
〔註137〕宋・李如圭：《儀禮集釋》，《經苑（五）》，卷12，頁2086。
〔註138〕清・凌廷堪：《禮經釋例・通例下》，卷2，頁117～131。
〔註139〕清・凌廷堪：《禮經釋例・通例下》，卷2，頁122。
〔註140〕清・凌廷堪：《禮經釋例・通例下》，卷2，頁123。

〈士昏禮〉納采、〈聘禮〉賓償歸饋使者、賓面卿，經文皆載「于楹間，南面」，但鄭玄卻認爲〈士昏禮〉行並授受、〈聘禮〉行訝授受，在解釋上產生不一致的情形。同時，淩氏指出鄭《注》的不一致，將使類推產生困難，尤其是在〈士相見禮〉的敵體授受，無法判斷是並授受，還是訝授受。爲了解決疑難，淩廷堪重新爬梳經文，提出《儀禮》中無「並受」二字，鄭玄「並受」之說受〈曲禮〉影響。淩氏以《儀禮》爲範圍，重新提出《儀禮》的授受之例當爲：

> 行禮於尊者之前，則同面受，不於尊者之前，則訝相受。

〔註 141〕

以尊者是否在場，作爲區別面向的標準，並指出：「竊疑〈士昏禮〉之注非也。蓋鄭、賈之說，以訝受爲尊卑相受法，並受爲敵者相受法。……皆與經不合。」〔註 142〕易言之，淩氏認爲〈士昏禮〉納采，當行訝授受。職是，《釋例》雖在條目上繼承前人說法，但就內文看來，實以「行禮於尊者之前，則同面受，不於尊者之前，則訝相受」爲條例。

「凡授受之禮，敵者于楹間，不敵者不于楹間」條，淩氏進一步根據行禮者的身分，區別堂上行禮的三種情形：其一，主尊賓卑，授受於中堂之東。其二，賓尊主卑，授受於堂中西。其三，相敵者，授受於楹間。

至於「凡相禮者之授受，皆訝授受」，淩氏列舉相禮者訝授受的記載，並據此推論〈特牲饋食禮〉、〈少牢饋食禮〉、〈有司徹〉等經文未載之儀節。

3、胡培翬

在淩廷堪的基礎上，胡培翬進一步釐清行禮的地點、面向、訝受等問題。

第一，關於行禮的地點。胡氏指出堂上授受在楹間者，共有四法：

> 一爲賓主敵體，在兩楹間。賓面卿，受幣於楹間是也。

> 一爲賓主雖敵體，而所趨者君命，則在堂中西鄉。歸饗饋于聘賓，受幣堂中西，賓問卿堂中西，是也。

> 一爲賓臣主君，則直趨君位，當東楹。賓覿，進授幣，當東楹……。

> 一爲賓主雖君臣，而所執者君之器，則在中堂與東楹之間。聘

〔註 141〕清・淩廷堪：《禮經釋例・通例下》，卷 2，頁 126。
〔註 142〕清・淩廷堪：《禮經釋例・通例下》，卷 2，頁 126～127。

賓致命，公側襲受玉于中堂與東之間，是也。〔註143〕

其一，賓主敵體時，在兩楹之間行禮。其二，賓主雖敵體，然賓銜君命而來，則在堂中西行禮。其三，賓爲臣，主爲君，則當東楹。其四，主賓雖爲君臣，但賓受君命而至，則在中堂與東楹之間。胡氏不僅整合堂上授受的地點，也說明賓主所在之處，便是身分尊卑的象徵。

第二，授受面向與尊卑的關係，胡氏細分爲三種情形：其一，君臣關係，則君南面，臣北面，如〈公食大夫禮〉公贈賓侑幣、〈聘禮〉賓私覿時，賓北面受，則公南面。其次，敵體關係而其中一方身負君命，則銜君命者南面，受者北面，如〈聘禮〉歸饔餼與問卿，受於堂中之西、北面，表示同於親受國君。其三，一般敵體的情形，則受者於兩楹之間而南面，如〈聘禮〉儐使者與面卿。〔註144〕胡氏指出《儀禮》仍有同面的記載：

> 蓋於君前皆北面，故授由其右，受由其左，其餘無同面者。
> 〔註145〕

〈聘禮〉歸饔餼與問卿，爲奉君命而行，行禮者皆北面，「與受於公所同」。〔註146〕然而，〈士昏禮〉經文明載「授于楹間，南面」，表明授者南面。那麼，受者縱然非鄭玄所言的南面並受，也當是受者北面相對受。若是北面，則悖於胡氏敵體之禮「受者南面、授者北面」之說。胡培翬似意識到己說與經文不符的嚴重性，於是提出：

> 「授」當爲「受」字之誤也。文承主人再拜下，自然言主人受，不當言使者授。〈聘禮〉諸條皆主受者言，其例自明。鄭不審「授」爲「受」之譌，故以南面屬之使者，解爲並授，與〈聘禮〉注異耳。
> 〔註147〕

〔註143〕清・胡培翬：《儀禮正義・士昏禮》，第1冊，卷3，頁155。

〔註144〕清・胡培翬：《儀禮正義・士昏禮》，第1冊，卷3，頁156。

〔註145〕清・胡培翬：《儀禮正義・士昏禮》，第1冊，卷3，頁156。

〔註146〕清・胡培翬：《儀禮正義・士昏禮》，第1冊，卷3，頁156。

〔註147〕清・胡培翬：《儀禮正義・士昏禮》，第1冊，卷3，頁156。按：胡氏的改字說，仍有相當的可信度。〈士虞禮〉「主人獻尸」章，主人獻佐食，「祝坐受主人。主人酳，獻佐食。」（卷42，頁498）此「受」字當爲「授」之誤。又，〈少牢饋食禮〉「主人獻尸」章，尸酢主人，「祝酳受尸，尸酢主人。」（卷48，頁571）此「受」亦當爲「授」字之誤。可知胡氏以爲「授」爲「受」之誤，並非絕無可能性。又，楊樹達曾指出古書有「施受同辭」例，「受義之反爲『授』，字從受聲，則二字古本同音，與今相同。據此知初民語言，受、授本無區別，加手作『授』，乃造字者恐其淆惑而爲之別白耳。然則施、受同

考察經文文例，認爲「授」當爲「受」字，運用誤字的觀點，解決己說與經文不符的問題。

　　第三，訝受的問題。胡氏列舉四條《儀禮》經文記載，認爲「訝受與對面相授受者，義亦別，但相傳以爲訝受耳」，〔註148〕並未作進一步說明。綜上所述，胡氏基本上認爲行禮時雙方在兩楹之間所站的定點顯示其尊卑關係，面向則以南北向爲主：尊卑不敵時，尊者南面，卑者北面；敵體時，受者南面，授者北面。

　　4、夏炘

　　由於淩廷堪、胡培翬俱以《儀禮》爲討論範圍，尙未解決〈曲禮〉的問題，致使其說仍存罅漏，並未就此成爲定論。夏炘即指責敖繼公、淩氏讀鄭注不確，重新提出：

　　　　凡授弓、授圭、授雁等，敵者皆竝受，卑者皆訝受。凡授爵、
　　授觶等，尊卑俱訝授受。〔註149〕

夏氏以授受之物、行禮者尊卑爲分類基準，分爲並受、訝受兩類。

　　5、黃以周

　　黃以周認爲淩廷堪之說無當，又指謫「夏氏于訝受之義尙未明，不足深辨」，〔註150〕並重新分類授受法：

　　　　一曰受，相鄉而受也。

　　　　一曰同面受，故亦謂之並受。

　　　　一曰訝受，位不相鄉，亦不相並，因前迎受之也。〔註151〕

「受」與「同面受」的區別，在於面向。而「訝受」與前二者的不同，在於面向、「前迎」的行動。然黃氏以訝受禮爲不相鄉、不相並，其詮釋空間仍然很大。如〈聘禮〉主國之君禮賓時，公持几由東南進向西，而賓「進，訝受几于筵前，東面俟。」〔註152〕黃以周解爲「時公自東南進鄉西，賓東面，兩

　　　　辭，蓋猶初民之遺習歟？」是則，毋須改字，而胡氏所言亦可成立。楊樹達：
　　　　《古書疑義舉例續補》，收入《古書疑義舉例五種》（北京：中華書局，2006
　　　　年6月再版），卷1，頁191。

〔註148〕清・胡培翬：《儀禮正義・士昏禮》，第1冊，卷3，頁156。

〔註149〕清・夏炘：《學禮管釋》，《續經解三禮類彙編（一）》，卷1，頁227。

〔註150〕清・黃以周：《禮書通故・相見禮第二十一》，第3冊，頁980。

〔註151〕清・黃以周：《禮書通故・相見禮第二十一》，第3冊，頁978～979。

〔註152〕《儀禮・聘禮》，卷21，頁250。

前送迎，相敬也。」〔註153〕然而，經文指出公「鄉西」、賓「東面」，黃以周如何確認正式授受時，雙方的面向非東、西相對，而是「不相鄉」？參考賈公彥疏〈士昏禮〉說：

> 凡授几之法，卑者以兩手執几兩端，尊者則以兩手於几閒執之，授皆然。……又案〈聘禮〉云「公東南鄉外拂几三，卒，振袂中攝之，進西鄉，賓進訝受几于筵前，以此言之，公尊中執几以一手，則賓以兩手於几兩端執之也。(《儀禮》，賈疏，卷4，頁41)

如賈氏所言，賓受几以兩手持几兩端，則公與賓相對授受的可能性較高。

（三）授受諸說的省思

綜上所述，對於授受的分類，現存的經文並無法提供有效的辨別原則。《儀禮》的簡略，加之以時空睽隔，後代學者需要更爲縝密的古禮儀節而不得時，這些字裡行間所留下的空隙，適足以容納不同說法。當眾說紛紜時，欲以例解經或觸類旁通，形成相對困難。本文僅據前人說法，提供下面的討論。

1、授受地點

總結上述，授受地點如凌廷堪、胡培翬所言，按身分可別爲四類：其一，當東楹，爲君臣關係，如〈聘禮〉私覿。其二，堂中東，兼具賓主、君臣雙重關係者，主人爲國君，賓爲代表國君的使者（實質身分爲臣子），如〈聘禮〉聘享。其三，堂中西，兼具賓主、君臣雙重關係，主人爲臣子，賓爲代表國君前來的使者（實際身分爲臣子），如〈聘禮〉的歸饔餼、賓問卿。其四，兩楹之間，爲敵體禮，如〈聘禮〉歸饔餼畢，儐使者。事實上，授受地點除了楹間與否，還有是否當阿、堂下庭實之位，及贊禮者與主人之禮或異於賓主等諸多考量，因而下文以鄭玄、凌廷堪較爲關注的面向進行討論。

2、授受面向——並授受

《儀禮》中並授受如下：

第一，君前，臣子之間行禮，如〈聘禮〉授幣、受圭、使者反命。還玉報享時，行並受，亦「若鄉君前耳」〔註154〕。

第二，正式禮儀中，庭實的授受是在尊者面前，因此以同面授爲主。若

〔註153〕清‧黃以周：《禮書通故‧相見禮第二十一》，第3冊，頁979。
〔註154〕《儀禮‧聘禮》，鄭注，卷23，頁271。

禮畢，牽馬以右手爲便，因此以同面授受。〔註155〕如〈聘禮〉私覿，士受馬者適牽者之右，以受馬，此乃取己以右手持繩「已授而去」〔註156〕的方便性。

　　第三，〈昏禮〉納采，鄭玄僅言「並授」，後人多據〈曲禮〉授受弓「禮，敵者並授」，認爲鄭玄三《禮》互注，故〈士昏禮〉納采亦行敵者並授禮。參照鄭玄原文：

　　　　授於楹間，明爲合好，其節同也。南面，並授也。(《儀禮》，
　　鄭注，卷4，頁40)

就行禮地點，男方派遣使者（吏），至女方家行禮，本當如同〈聘禮〉聘享般，行禮於「中堂與東楹之間」。然此爲「合兩姓之好」的昏禮，不宜別尊卑，故授受於「楹間」，提高使者禮儀的規格，可說是某種程度的「攝盛」。以面向來說，敵體當如〈聘禮〉賓面卿的敵體禮，爲受者「南面」，而〈士昏禮〉經文卻云：「授於楹間，南面」，在不改變經文的原則下，鄭玄解爲並授。據《禮記》「執禽者，左首」〔註157〕，所謂「左首」，指橫捧鴈鳥，其首在人左手，「若並授，則主人在左，故客以鳥首授之也」。〔註158〕那麼，〈士昏禮〉主人與使者並授鴈，可從二方面解讀：其一，爲表示合兩姓之好，故行敵體禮，具有界定身分的意義。其二，按照古人持物的規則，授受時，爲免倒持鴈鳥，故行並授法。因此賓主已在「楹間」界定出敵體關係，而並授乃出於器物之故，與身分無涉。復以禮意觀之，昏禮爲「合二姓之好」、「辭不稱主人」，不宜區別賓主尊卑，故其授受當屬特殊情形。

　　古人因物而決定授受法，如《禮記·曲禮》授弓：

　　　　凡遺人弓者，張弓尚筋，弛弓尚角，右手執簫，左手承弣，尊
　　卑垂悦。若主人拜，則客還辟，辟拜。主人自受，由客之左，接下

　　　　　　　　　　　　　　　　　　　　　　　　　　　　　　　　　　

〔註155〕〈士昏禮〉執皮「左首」、〈聘禮〉受皮「右首」，鄭玄認爲前者「象生」，後者「變于生」（卷6，頁60～61；卷21，頁249）。凌廷堪重視禮儀的一致性，並主張授受以「相對」爲主，因此認爲堂下庭實亦相對授受，故而認爲鄭注有誤。見凌廷堪：《禮經釋例·賓客之例》，卷6，頁318。然而，〈士昏禮〉之摯的獨特性，不只在執皮「左首」，「摯不用死」亦異於常禮。從〈士昏禮〉合二姓之好，以延續家族生命而言，摯、皮「象生」實有其理。〈聘禮〉所行乃男子執摯相見，性質不同。再者，庭實在尊者前行並授受，亦非相對受。因此本文從鄭玄之說，凌氏重視禮儀的一致性，可參第五章第二節討論「過度同化的禮文與解釋」部分。

〔註156〕《儀禮·聘禮》，鄭注，卷21，頁252。

〔註157〕《禮記·曲禮上》，卷2，頁45。

〔註158〕《禮記·曲禮上》，孔穎達正義，卷2，頁45。

承弣，鄉與客並，然後受。(《禮記》，卷2，頁44)

鄭玄注：「鄉與客並，於堂上則俱南面。禮，敵者並授。」可知鄭玄因並授的行爲，認爲行禮雙方爲敵體。但據〈曲禮〉經文，實無法確認賓主雙方的階級，清人孫希旦轉而指出：

客不拜送者，客乃使人，弓非己物故也。〔註159〕

孫氏認爲客「不拜送」弓，當爲使者。承孫說的啓發，進一步探討使者的身分。首先，據「爲人使者，不當其禮」，〈曲禮〉說：「主人拜，則客還辟，辟拜」的客，不當主人之禮，應爲使者。其次，使者與主人的尊卑關係。〈聘禮〉聘享，賓致命，公再拜，「賓三退，負序」〔註160〕。聘享的受禮者爲國君，使者（賓）爲卿，使者受君命而至，當國君再拜表示感謝時，使者由於身分爲卿（臣）的緣故，故需「三退，負序」，有所迴避，此屬於使者卑於主人的情形。〈聘禮〉歸饔餼，大夫使者致命，賓降堂再拜稽首，大夫「辭，升成拜」〔註161〕，爲使者受君命而至聘賓處所之禮。歸饔餼的受禮者（賓）爲卿，使者亦卿。使者受君命而來，故賓降再拜稽首，行臣禮，使者辭，使之升堂成拜，而使者不答禮，此爲使者尊於主人的情形。比較〈聘禮〉聘享、歸饔餼的拜法，〈曲禮〉的客「辟拜」，很可能表示客的身分低於主人，且據主人「拜」而非如〈聘禮〉賓拜君使、〈覲禮〉侯氏對天子使者「再拜稽首」，可知使者的主人與受禮的主人雙方，非君臣關係。

若〈曲禮〉之「客」身分不明，可能低於主人，則其並受將作何解釋？孔穎達說：

主人既還在客左與客並，以卻左手接客左手之下而承弣，又覆右手捉弓下頭。……必知客主俱卻左手承弣，右手覆簫者，若主人用右手承弣，便是主人倒執弓，故知然也。(《禮記》，孔穎達正義，卷2，頁44～45)

弓有固定的上下，所謂「倒執弓」，即相對面授受弓的結果。《禮記·少儀》：

弓則以左手屈韣執拊。(《禮記》，卷35，頁633)

鄭注：「左手屈衣并於拊執之，而右手執簫。」

笏、書、脩、苞苴、弓、茵、席、枕、几、頴、杖、琴、瑟、

〔註159〕清·孫希旦：《禮記集解·曲禮》，上冊，卷3，頁67。
〔註160〕《儀禮·聘禮》，卷20，頁244。
〔註161〕《儀禮·聘禮》，卷22，頁262。

戈有刃者櫝、笏、籥，其執之，皆尚左手。(《禮記》，卷 35，頁 633)

　　鄭注：「左手執上，上陽也。右手執下，下陰也。」

可知某些物品具有特定的持拿方式。孫希旦指出此十六物，「蓋授受之法，主人在左，必如是，乃得以尊處授主人也。」〔註 162〕〈曲禮〉授受之客，本以左手持上端，右手持下端，〔註 163〕主人不和客人相對授受，乃因相對授受後，主人將變成左手持下端、右手持上端的「倒執弓」，故行並授受，主人以平移的方式，「接下承弣」，從客的手中接過弓。

　　據上所述，〈士昏禮〉的鴈、〈曲禮〉的弓，除了階級之外，也可能因其物本身有固定的持法，行並受禮。

3、授受的面向──相對授受、訝授受

　　以並受的「同面向」為界限，則「正面」相對、稍微「側面」，皆可歸為相對授受一類。此類行禮於堂上的情形，包含：一，飲酒禮。酒爵相對授受，避免酒液潑灑，失去禮儀的莊重。二，君臣行禮，君南面、臣北面，皆為相對授受。三，相禮者。〔註 164〕四，敵體之間，如〈聘禮〉歸饔餼畢，賓儐使者；賓面卿、介問下大夫的私人訪問。

　　關於訝受的界定。敖繼公、凌廷堪認為相對授受等於訝受，胡培翬、黃以周指出相對受、訝受存在差異性。根據《儀禮》經文，〈聘禮〉載主君禮賓畢：

　　　　賓執左馬以出。上介受賓幣，從者訝受馬。(《儀禮》，卷 21，
　　頁 251)

〈公食大夫禮〉賓執庭實以出，

　　　　上介受賓幣，從者訝受皮。(《儀禮》，卷 25，頁 306)

二篇皆同時使用受、訝受二詞，可知有別。據附表 19，行訝受的場合與行禮者如下：首先，外臣向國君行訝受，如〈聘禮〉主君禮賓時，賓訝受國君之

〔註 162〕清・孫希旦：《禮記集解・少儀》，下冊，卷 35，頁 941。

〔註 163〕清・孫希旦：《禮記集解・少儀》，下冊，卷 35，頁 941。彭美玲師：《古代禮俗左右之辨研究──以三《禮》為中心》，頁 94～95。

〔註 164〕〈大射〉載大射正執弓：「左執弣，右執簫，以授公。」(《儀禮》，卷 18，頁 212)「左執弣，右執簫」，與〈曲禮〉所說「右手執簫，左手承弣」相同。易言之，持弓有固定的方式，以左手執弣在上，右手執簫在下。若據〈曲禮〉，則當非相對授受；然〈大射〉大射正授公，屬於相禮者，似不宜與公在堂上行正式的授受禮。如〈公食大夫〉宰夫酌醴授公，「公側受」，酒爵之授受當為相對，然此為相禮者，故從旁授公。

幣與几；私覿時，介訝受國君命辭之幣。其次，聘賓受庭實、皮幣而出時，士介「訝受」，如〈聘禮〉、〈公食大夫禮〉。賓的身分，在〈聘禮〉爲卿，〈公食大夫禮〉爲下大夫。士介的身分，孔穎達認爲「正聘之時，則用公家之士爲擯，不用私人也」〔註165〕，則賓與士介具階級上的尊卑關係。其三，〈既夕禮〉主人受賓賵時，將物奠於地而致贈，表示遭喪異於常禮，若禮物無器以裝盛，由宰代勞「捂受之」。準此，行訝受者，皆具有尊卑關係，而且以君臣居多。

所謂的「訝受」是什麼樣的禮儀行爲？鄭玄釋「訝」，爲「迎也」〔註166〕，許愼《說文解字》亦說：

> 訝，相迎也。〔註167〕

據《儀禮》經文所見，皆爲卑者「訝受」。可知訝受的特點在於：行禮時，雙方相向，卑者以迎向尊者方向的姿態，從尊者手中接物，表達恭敬、不敢勞駕尊者之意。如〈聘禮〉「賓問卿」章，「賓東面致命，大夫降階西，再拜稽首。賓辭，升，成拜。受幣堂中西，北面。賓降，出。」鄭注：

> 於堂中央之西受幣，趨聘君之命。（《儀禮》，鄭注，卷22，頁264）

主國之卿欲從聘賓手中接受聘君贈予的幣，「趨」至「堂中西」。可知身分尊卑決定堂上授受的地點，一旦地點決定，行進速度也隨之受到影響。《禮記·玉藻》載：

> 君與尸行接武，大夫繼武，士中武，徐趨皆用是。……執龜玉，舉前曳踵，蹜蹜如也。（《禮記》，卷30，頁568）

君、尸行進時，前後二足平行重疊一半，大夫二足足踵相繼，士則二足踵之間還有一足的間隔，執龜玉時，亦用此法。聘賓（大夫）執龜玉行禮時，足踵相繼而行，速度較國君快。再加上行禮地點因尊卑之別而接近東楹，

〔註165〕《禮記·玉藻》，孔穎達正義，卷30，頁571。按：元人敖繼公則以爲「蓋賓之私臣也」，據《禮記》載季札長子於出使途中亡故，則賓亦可能攜其家臣出行。然而，卿大夫的家臣，是否能在正式禮儀擔任重要職務，仍可進一步考察。見元·敖繼公：《儀禮集說》，《通志堂經解》，第33冊，卷8，頁19201。

〔註166〕《儀禮》〈士昏禮〉，鄭注，卷5，頁50；〈聘禮〉，鄭注，卷20，頁240；〈公食大夫禮〉，鄭注，卷25，頁306。按：阮元〈校勘記〉說：「『迎』，閩本作迓，陳本、通解俱作訝。」卷24，頁285、294。

〔註167〕漢·許愼著：《說文解字》，3篇上，頁96。

亦將導致君臣行走速度有所不同，「君行一，臣行二」〔註168〕，「尊者舒遲」〔註169〕而卑者速，是爲「前迎」的姿態，故以「訝」言之。如《左傳》成公六年載鄭悼公前往晉國拜謝去年垂棘與蟲牢的兩次結盟，「子游相，授玉于東楹之東。士貞伯曰：『鄭伯其死乎！自棄也已。視流而行速，不安其位，宜不能久。』」二君本當行進速度一致，在堂中兩楹之間行禮。而鄭悼公快步進授玉，到達東楹之東，「行速」爲臣禮，過於卑下，故云「自棄」。

值得注意的是，《儀禮》經文有「進授」物的情形，〔註170〕如：

〈聘禮〉「聘享」章，「公北面再拜。賓三退，反還，負序，振幣進授，當東楹北面。」（《儀禮》，卷21，頁252）

〈有司徹〉「主人獻尸」章，「主人西面，左手執几，縮之，以右袂推拂几三，二手橫執几，進授尸于筵前。尸進，二手受于手閒。」（《儀禮》，卷49，頁582）

此爲卑者持物，進授尊者。就實際禮儀考量，既有卑者迎受尊者物，亦當有卑者迎授尊者禮，如上述兩條。而注釋者多論及訝受，罕言「訝授」，或許是經文僅指明「訝」受，迎授則使用「進授」一詞，故未受重視。以是，訝受、進授出現於尊卑不敵的情形，卑者以較快的行進速度，表示殷勤之意。〔註171〕

三、禮文、禮意無法證成的禮例不足以解經

例一：吉祭，尊在房戶之閒。至於虞祭，尊在室，是凶。今卒哭餞尸，尊在門西，不在門東，是尚凶，故變於吉也。

〔註168〕《晏子春秋》載：「晏子曰：『嬰聞兩楹之間，君臣有位焉。君行其一，臣其二。君之來速，是以登階歷、堂上趨以及位也。』」晏嬰指出當國君行進速度過快時，爲符合「君行一，臣行二」的規則，臣子當歷階升堂、疾趨以到達行禮地點。周·晏嬰：《晏子春秋·內篇·諫上》，《中國子學名著集成　珍本初編》（臺北：中國子學名著集成編印基金會，1978年，據明覆宋本印，缺從汲古閣本補入），第81冊，卷5，頁230。相似的記載，亦見於《韓詩外傳》，卷4，頁142～143。

〔註169〕《禮記·玉藻》，孔穎達正義，卷30，頁568。

〔註170〕此據清人黃以周所言：「位不相鄉，亦不相並，因前迎受之也，……其禮有賓、主人兩前相迎者，爲禮之盛。亦有受者自前迎取，爲禮之殺」啟發而得。見氏著：《禮書通故·相見禮通故第二十一》，第3冊，頁979。

〔註171〕若訝受爲向前迎取之意，那麼〈鄉飲酒禮〉主人獻賓，賓進受爵，是否也屬於訝授受？筆者以爲非是，因爲主人已先抵達筵前等待，而賓才前行，與行禮時雙方同時動作不同。

　　賈公彥根據設酒的處所，同樣從吉凶相變的觀點，提出此例。賈氏並指出〈特牲饋食禮〉吉祭尊在房戶之間，而卒哭饋尸禮，尊設在門西，爲尙凶。

　　然而，〈士虞禮・記〉「卒哭祭畢饋尸」章，「尊兩甒于廟門外之右，少南。水尊在酒西，勺北枋。」鄭玄注說：

> 有玄酒，即吉也。此在西，尙凶也。言「水」者，喪質。（《儀禮》，卷43，頁509）

「記」文、鄭玄所言的「此在西」，乃玄酒相對於酒的位置：卒哭饋尸「即吉」，漸轉爲吉禮的性質，故設玄酒；吉禮玄酒在酒之東，而卒哭尙屬凶禮，故設玄酒於酒之西。因此「此在西，尙凶也」，指玄酒和酒的相對位置，而非設酒的處所「門西」。賈氏似誤解經文與鄭注。再從設酒的處所來看，吉祭的房戶、虞祭的室、卒哭饋尸的門西，適反映因應行禮地點而設酒。由於《儀禮》中的吉禮，並無設酒於門東的情形，賈氏亦不宜以吉凶相對的概念，認爲卒哭饋尸在「門西」爲「變於吉」。

例二：禮之大例，薦羞者尊於設俎者。

　　〈燕禮〉「請命執冪者」章，賈公彥指出：

> 禮之大例，薦羞者尊於設俎者。公士爲薦羞，膳宰設俎，故知膳宰卑也。……〈大射〉主於射，略於飮酒，故公及賓，同使宰胥薦脯醢，庶子設折俎。此〈燕禮〉燕私，主於羞，故賓之薦俎、庶羞，同使膳宰；君之脯醢庶羞，同使士尊官爲之。〈大射〉必使庶子設折俎者，案《周禮》庶子下大夫，〈大射〉序尊卑，變於〈燕禮〉，故尊官爲之。（《儀禮》，賈疏，卷14，頁161～163）

賈氏在「薦羞者尊於設俎者」的前提下，指出〈燕禮〉公受主人獻酒時，公士薦脯醢、膳宰設俎，故膳宰卑。〈大射〉公與賓受獻酒時，皆是宰胥設脯醢、庶子設折俎。庶子的身分是下大夫，尊於宰胥，「〈大射〉序尊卑」，因此不適用於「薦羞者尊於設俎者」的條例。

　　〈燕禮〉中，賓之羞、折俎，皆爲膳宰一人設置，故不須討論。設公之羞爲士，折俎爲膳宰。膳宰或與「宰夫」通稱，如《左傳》宣公二年「宰夫胹熊蹯不熟」，《公羊傳》宣公六年敘同一事件而言：「膳宰也，熊蹯不熟。」《左傳》昭公九年「膳宰屠蒯」，《禮記・檀弓下》作「杜蕢」，說：「蕢也，宰夫也。」可知春秋時，膳宰、宰夫通稱，而賓客飮食爲其職掌之一。〔註172〕

〔註172〕清・胡匡衷：《儀禮釋官》，《皇清經解三禮類彙編（二）》，卷776，頁1482。

至於膳宰的爵位，據《周禮・天官・序官》：「宰夫，下大夫四人」，諸侯之制較天子下一等，則膳宰當爲上士，是以賈疏云：「諸侯宰夫是士」。若膳宰爲上士，而設公羞者亦爲士，那麼二者至少地位相等（皆爲上士），甚至身爲「上士」的膳宰可能高於設羞之士（中士，或下士）。

〈大射〉賓與公之羞、折俎者，皆是宰胥薦脯醢、庶子設折俎。宰胥，爲膳宰之胥，其爵級，《周禮》載：

> 膳夫，上士二人，中士四人，下士八人，府二人，史四人，胥十有二人，徒百有二十人。（《周禮・天官・冢宰》，卷1，頁13）

據此，宰胥的階級低於下士，當爲吏之類者，如鄭玄〈大射〉注：「胥，膳宰之吏也。」〔註173〕庶子的爵級，《周禮》載：

> 諸子，下大夫二人，中士四人，府二人，史二人，胥二人，徒二十人。（《周禮・夏官・司馬》，卷28，頁432）

鄭注：

> 諸子，主公、卿、大夫、士之子者，或曰庶子。（《周禮・夏官・司馬》，鄭注，卷28，頁432）

可知諸子、庶子通稱，爲世子之官。以諸侯制降天子一等來看，諸侯之庶子，當爲上士。設醢脯的宰胥，爲低於下士的「吏」；設折俎者的庶子，爲上士，不符合「禮之大例，薦羞者尊於設俎者」。

賈公彥雖言〈大射〉序尊卑，認爲「禮之大例，薦羞者尊於設俎者」不適用於〈大射〉。然而，就〈燕禮〉設折俎者與羞者身分可能相等，甚至尊於設羞者，此語恐未能成立。〔註174〕而且薦羞者尊於設俎者的禮意，賈氏亦未說明。

例三：禮，婦人見舅以棗、栗爲贄，見姑以腶脩爲贄，見夫人至尊，兼而用之。

〈士昏禮〉婦見舅姑「婦執笲棗、栗，自門入，升自西階，進拜，奠于席。」鄭玄無說，賈公彥根據何休《公羊傳解詁》，特別申明此例。〔註175〕比對〈士昏禮〉婦人執棗栗見舅、執腶脩見姑，與《公羊傳》莊公二十四年，

張中惠：《《儀禮・大射儀》職官研究》（臺北：國立臺灣師範大學國文研究所碩士論文，1993年5月修訂，周何教授指導）。
〔註173〕《儀禮・大射》，鄭注，卷15，頁171。
〔註174〕參清・胡匡衷：《儀禮釋官》，《皇清經解三禮類彙編（二）》，卷776，頁1482。
〔註175〕《儀禮・士昏禮》，賈疏，卷5，頁53。

使宗婦用幣覿哀姜事，何休歸納出婦人見舅、姑、夫人的不同禮物種類及其等級。該說或源自男子之摯各有其等，婦人亦當如之。然而，《公羊傳》莊公二十四年說：

> 戊寅，大夫宗婦覿用幣。宗婦者何？大夫之妻也。覿者何見也？用者何？用者，不宜用也。見用幣，非禮也。然則曷用？棗栗云乎？腶脩云乎？（《公羊傳》，莊公二十四年，卷8，頁101）。

經文旨在說明大夫宗婦覿夫人用幣，「非禮也」，並指出棗栗、腶脩爲婦人所用之摯。《左傳》、《穀梁傳》及《國語》敘述同一事件時，均著重於男女之摯有別，而非婦人的用摯「等級」。〔註176〕復參照《儀禮・聘禮》夫人使下大夫郊勞，「其實棗烝栗擇」〔註177〕，可見婦人普遍以此類物品爲禮，並非特定於舅姑、夫人等對象。因此，排比婦人見舅、姑、夫人之贄，在禮意與禮文上無法得到有力的證明。〔註178〕

例四：吉禮嚌肝加菹豆，喪禮嚌肝加于俎。

〈士虞禮〉「主人獻尸並獻祝及佐食」章，賈公彥疏：

> 云「以喪不志於味」者，決〈特牲〉、〈少牢〉尸嚌肝訖，加菹豆以近身，此虞禮尸嚌肝訖，不加于菹豆，而遠加於俎以同牲體者，以喪志不在於味，故遠身加俎也。若然，〈特牲〉、〈少牢〉祝不敢與尸同加於菹豆，嚌肝訖加于俎，與此尸同者，祝無不在位之嫌，禮窮則同故也。（《儀禮》，賈疏，卷42，頁498）

〔註176〕《左傳》莊公二十四年：「男贄，大者玉帛，小者禽鳥，以章物也。女贄，不過榛、栗、棗、脩，以告虔也。今男女同贄，是無別也。男女之別，國之大節也。而由夫人亂之，無乃不可乎！」（卷10，頁172～173）《穀梁傳》莊公二十四年：「戊寅，大夫宗婦覿用幣。覿，見也。禮，大夫不見夫人。不言及不正其行婦道，故列數之也。男子之贄，羔、鴈、雉、腒。婦人之贄，棗、栗、鍛脩。用幣，非禮也。用者，不宜用者也。大夫，國體也，而行婦道，惡之，故謹而日之也。」（卷6，頁60）《國語・魯語上》：「夫婦贄不過棗、栗，以告虔也。男則玉、帛、禽、鳥，以章物也。今婦執幣，是男女無別也。男女之別，國之大節也，不可無也。」（卷4，頁156）。按：其細節或有出入，然多以男女之摯有別爲論述主旨。

〔註177〕《儀禮・聘禮》，卷20，頁238。

〔註178〕宋人陳祥道另從禮儀場合與用物的觀點，指出〈士昏禮〉婦人執棗栗見舅姑，〈特牲饋食禮〉與〈少牢饋食禮〉婦人設棗栗，指出「婦人之用棗栗，豈特爲摯而已哉！」以駁何休之說。見氏著：《禮書》，《景印文淵閣四庫全書》，第130冊，卷61，頁384。

主人獻尸，賓長進肝俎，尸嚌訖，加於俎。賈公彥因鄭注云：「喪不志於味」，進而比較〈特牲饋食禮〉、〈少牢饋食禮〉尸皆加於菹豆，以爲菹豆近於身體，而俎相對地離身體較遠，喪祭肝置於俎上，表示喪祭「不志於味」。這種藉由比較吉、凶禮異，進而推闡箇中禮意的作法，確實可行，而且往往能從中得知古人的思惟。但就此條而言，堂上尸可置肝之處，共有三個：一，神俎。二，羞俎。三，菹豆。若以喪祭不備禮來說，〈特牲饋食禮〉、〈少牢饋食禮〉主人獻祝，祝嚌肝訖，皆加于俎，則尸誠可加於神俎。但改饌陽厭時，將用神俎祭祀鬼神，實不宜以食餘之物加之，以免不敬。〔註179〕就羞俎來說，根據〈有司徹〉羞俎皆是虛降，〔註180〕而且賓以羞俎進獻肝，若尸食訖又返回羞俎，不免顯得傲慢或嫌棄不甘旨之意。因此仍以菹豆的可能性較高。淩廷堪考察〈特牲饋食禮〉、〈少牢饋食禮〉二篇經文，認爲〈士虞禮〉「俎」字恐是「菹」字之誤，「蓋加于菹，即菹豆也。」〔註181〕因此，不論是從具體的禮儀活動，還是禮意，已嚌肝，皆不宜復設於俎。

第二節　從用例的過程論《禮經釋例》分類的不足

　　《禮記・學記》：「古之學者，比物醜類」，比較事物異同，進而分門別類，形成體系。學者運用習得知識，又比方時事，透過不斷地辨別異同，界定新知，培養觸類旁通的能力。〔註182〕這種學習的過程表現在條例應用上，即爲互見異同、分類、推次等步驟。在此過程中，「比較異同」屬於現象分析，並不會影響禮例應用。而「分類」則是判讀禮文與禮意、進而影響推次得當與否的關鍵。因此，本文著眼於用例過程的「分類」，探討禮例解經的不足。

　　漢唐注疏雖運用禮例解經，然其著作類型皆屬隨文注釋，應用形式與說法較爲分散。而清人淩廷堪承襲前人之法，以專書的形式著作《禮經釋例》，較爲明確而完整地呈現以例解經的方式，當可作爲討論此法的主要對象。

〔註179〕褚寅亮：「尸於從獻之肝燔不加於俎者，以俎徹後，猶設於西北隅，不可以食餘之物加之也。」見氏著：《儀禮管見》，《續經解三禮類彙編（二）》，頁1206。

〔註180〕胡培翬說：「鄭注以加于俎爲牲俎，敖氏、張氏從之。方氏則以爲仍加于羞肝之俎。然據〈有司徹〉凡以羞俎降者，皆是虛俎，肝不應仍加其上。至牲俎是正俎，祭畢將以改饌，似不可以食餘之物加之。《釋例》疑俎爲菹之誤，殆以是歟！」見氏著：《儀禮正義・士虞禮》，第3冊，卷32，頁2007。

〔註181〕清・淩廷堪：《禮經釋例・祭例上》，卷9，頁485。

〔註182〕《禮記・學記》，孔穎達正義，卷36，頁656。

　　凌廷堪以《儀禮》一經爲對象，由於使用歸納法，以致在應用禮例過程的「分類」上產生缺失。歸納法的使用概念，不僅認爲「一切現象的發生，必有其充足理由」，而且以爲同類事物必有相同性質、相同性質必能產生同類現象。〔註183〕以此視之，《禮經釋例》的分類，有三項較爲明顯的不足：首先，界定異同的標準不明確，以致類與類的界限模糊。其次，過度重視禮文的共相，導致將不同階級、不同性質的禮儀一概而論。第三，凌氏區別禮書時，專主於《儀禮》，忽略其他典籍記載的禮儀實踐，致使禮例不易應用於其他經典，甚至產生以偏概全之失。

一、游移不明的分類標準

　　凌廷堪曾說明撰著《禮經釋例》的方法之一，爲「比較」異中之同、同中之異。根據歸納的結果，該書分爲通例、別例、雜例三種層級。不同層級的條例，應用範圍有所不同。然而，凌氏辨別異同的標準並不一致，而且敘述條例的包含關係時或有矛盾處，不僅容易混淆規則的本質，也使禮例應用產生疑義。下文將以〈通例〉的判斷標準、分類層級爲討論對象。

（一）混淆多重概念的〈通例〉界定標準

　　禮注重分別，但《禮記》也記載某些禮文適用於一個以上的身分或階級，如〈玉藻〉云：

　　　　居冠屬武，自天子下達，有事然後綏。(《禮記》，卷29，頁551)

自天子至於士，平日燕居時，將冠纓之垂者，固定在冠卷的兩旁，若有禮事，則將冠纓垂下。〈雜記下〉說：

　　　　自諸侯達諸士，小祥之祭，主人之酢也，嚌之；眾賓兄弟，則皆啐之。大祥，主人啐之，眾賓兄弟皆飲之，可也。(《禮記》，卷42，頁737)

自諸侯至士階層，服三年喪時，小祥之祭，主人受賓酢，可沾唇，眾賓兄弟可淺嘗一小口；大祥，主人喝一小口酒，眾賓兄弟則可飲之。這些行禮者，或特定諸侯以下，或是普遍適用。〔註184〕除了行禮者之外，亦有從禮儀性質

〔註183〕孫振青：《知識論》，頁246～247。

〔註184〕《禮記·喪大記》：「始死，遷尸于牀。幠用斂衾，去死衣。小臣楔齒用角柶，綴足用燕几。君、大夫、士一也。」(卷44，頁769)《禮記·喪大記》：「含一牀，襲一牀，遷尸于堂又一牀，皆有枕席，君、大夫、士一也。」(卷44，

著眼說明禮文適用範圍的情形，如〈玉藻〉：

> 見於天子與射，無說笏。(《禮記》，卷 30，頁 559)

鄭注：

> 言凡吉事，無所說笏也。(《禮記》，鄭注，卷 30，頁 559)

臣子在「吉事」的場合，不脫笏。又，〈玉藻〉載：

> 小功不說笏，當事免則說之。(《禮記》，卷 30，頁 559)

鄭注：

> 免，悲哀哭踊之時，不在於記事也。小功輕，不當事，可以搢
> 笏也。(《禮記》，鄭注，卷 30，頁 559)

服斬衰、齊衰、大功喪，皆脫笏。小功服輕，故不脫笏，惟「當事免」則脫笏。這些涉及禮例應用範圍的條件限定，一旦遠離行禮的環境，就只能根據文獻探討。

「凡」，爲「非一」〔註 185〕之辭，以歸納法確認規則應用的範圍，應是可行的途徑之一。賈公彥《儀禮疏》屢見「通例」一詞，如：

> 禮之通例，衣與冠同色。(《儀禮·士冠禮》，賈疏，卷 1，頁 3)

> 凡禮之通例，稱「側」有二：一者，無偶特一爲側，……一者，
> 〈聘禮〉云：「側受几」者，側是旁側之義也。(《儀禮·士冠禮》，
> 賈疏，卷 2，頁 17)

> 禮之通例，大夫得稱君子，亦得稱貴人，而士賤不得也。(《儀
> 禮·士相見禮》，賈疏，卷 7，頁 75)

> 禮之通例，云「君子」與「貴人」，皆據大夫已上。(《儀禮·
> 喪服》，賈疏，卷 33，頁 387)

賈氏所謂「通例」，係指一般情形下普遍適用的規則，應用範圍不盡如《禮記》明確。

以「通例」一詞具體說明應用範圍者，如宋代朱子編《儀禮經傳通解》。該書先根據《儀禮》分辨「禮儀種類」，復於各類禮儀下，以「行禮者身分」別類。以喪禮而言，朱子說：

> 自天子達於庶人者，居喪之禮也。若其送死之節，禮文制數，

頁 769)此爲另一種說明行禮者普遍性的方式。

〔註 185〕《儀禮·公食大夫禮》，鄭注，卷 25，頁 300。《禮記·雜記》，孔穎達正義，
卷 41，頁 721。

　　　　　則貴賤之等，固不同矣。〔註186〕

從天子到庶人，皆行喪禮。然其禮文度數，則因士、大夫、諸侯、天子貴賤而有別。朱子並說：

　　　　　若是上下通用，即入喪服通例。〔註187〕

各階級禮儀本不得相雜，若「上下通用」者，屬於通例。可知朱子以禮儀種類、行禮者身分作爲雙重標準，界定通例的應用範圍。

　　清人凌廷堪在《儀禮》一書皆是例的前提下，以應用範圍廣狹作爲辨別禮例層次的標準，形成全書體例的通例、別例、雜例。但凌氏卻未具體說明〈通例〉的標準，致使應用範圍與禮文出現次數、論述形式相混淆。

　　1、「應用範圍」與「禮文次數」相混淆

　　就先秦的禮儀實踐，「例」之所以爲「例」，是出於必然性，如進食時，醬放在近身處，是因爲「由便」，避免醬汁因太遠而在途中滴落，久之成爲規律、規則。又，以右手進食，是因爲人類多數爲右利者，爲免並坐飲食過程中相互干擾，故教導孩童以右手進食。禮儀行之既久，成爲一般人的認知，而記載在古書上。後人因爲脫離古代的生活習慣，故採用歸納法收集古書中禮儀實踐的資料，證明「醬在近身處」、「以右手進食」等條例的「存在」，因此歸納法只是表現禮儀規則的「結果」，而不是「成因」，而且也不能決定例「爲何是」例。規則的必然性不完全和普遍性相對應。如臺灣民俗過年作年糕、吃年糕，若在喪期中，喪家不製作年糕。〔註188〕人們遵循、實踐這項民俗，是源於自家的生活習慣，代代相傳，祖父母、父母、家族都如此作，自己也遵循作爲年節活動之一，而非搜集一百家過年的活動後，決定過年當如此作，或發現過年應如此作。遵循前人作法的性質是慣例、實踐之例，搜集一百家過年活動所得者是科學歸納之例，而且搜集所得也只能證明活動的「存在」及其普遍性。即使應用範圍十分狹小，只要遇到這種情形，就得如

〔註186〕清・江永：《禮書綱目》（臺北：臺聯國風出版社，1974 年 10 月出版），卷首，頁 58。

〔註187〕清・江永：《禮書綱目》，卷首，頁 58。

〔註188〕徐福全師指出臺灣民間居喪飲食之制：「做三年之前，不做年糕鹼粽等。」詳參氏著：《臺灣民間傳統喪葬儀節研究》，頁 480～481。吳念眞：「台灣習俗，服喪之家過年不做年糕，但至親好友通常都會記得幫他們多做一份。」見氏著：《這些人，那些事》（臺北：圓神出版社有限公司，2011 年初版），頁 74～75。

此作，此之謂例。如爲父母服三年之喪，一個人一生中，至多也只能爲父母各行一次三年之喪，應用的對象如此具有針對性，而次數至多二次，但三年之喪仍是一條服喪的規則。以歸納法證明規則的存在，爲後人學習古禮不得不然的作法，但行爲規則並非出自科學公式的歸納或證明，「意義」的範疇不能和「存在」的範疇等同視之〔註189〕。因此例的成立與否，在於本質上的必然性，而歸納法只是證明它的存在。

歸納涉及經驗事實的次數，結論的可靠性與經驗事實的次數成正比。而這種要求前提與結論之間具有必然的可推關係、由普遍法則推論特殊事物的態度，是一種演繹的性質，意即按照禮例可推論出典籍所未載的禮儀細節，具有相當程度的可信度。〔註190〕因此，「次數」是非常重要的依據。然而，如何界定次數的標準？在《禮經釋例》中，以歸納所得的禮文次數爲主要根據，界定通例、別例、雜例。雖然如此，應用範圍卻因爲與禮文次數相混淆，產生下列問題：

第一，歸納禮文，產生齊頭式平等的計算問題。在〈通例〉中，不強調該例的行禮者「階級」或劃分禮儀「種類」，淩氏一一臚列篇名與儀節，顯示著重的是《儀禮》記載次數的多寡，也就是禮文的出現次數，故將次數多者視爲通例。然而，這些儀節多是禮儀的開端、過程和結束時，固定出現的行爲，如主人「迎」賓、入門、三揖三讓、升堂、戒宿、拜禮、陳具、授受、「送」賓等。若以規則的必然性而言，這些條例當與其他條例等同視之。若因其記載次數多於其他禮儀，而視爲通例，則不無齊頭式平等之嫌。

第二，〈通例〉的取捨不一。遍見於各套禮儀中的禮儀，得列爲〈通例〉，卻也出現僅見於部分篇章或階級的條例歸爲〈通例〉。如「凡婦人重拜則扱地」條，僅以〈士昏禮〉證成禮例；「凡升階皆連步，唯公所辭則栗階」條，以〈燕禮〉爲證；「凡醴尊皆設于房中，側尊，無玄酒」條，以〈士冠禮〉、〈士昏禮〉爲證；「凡堂上之篚，在尊南，東肆」條，以〈鄉飲酒禮〉、〈鄉射禮〉爲證。這類當是著重於規則的必然性，並以此判斷經文未載之處亦當如此。暫且不論這些條例是否能廣泛地應用於其他禮儀，以分類標準而言，這些條例卻不符〈通例〉以出現次數多寡的標準。

〔註189〕卡西勒：《論人》，第十章「歷史」，頁273～274。劉述先：〈論所謂中國文化的超穩定結構〉，杜維明主編：《儒學發展的宏觀透視》，頁111～112。

〔註190〕上述歸納法的概念，參考自孫振青：《知識論》，頁230～249。

此外，亦有當列入〈通例〉而歸於他卷者，如「凡衣與冠同色，裳與韠同色，屨與裳同色」，如〈士冠禮〉三加服，〈鄉飲酒禮〉與〈燕禮〉的朝服亦如此例，《釋例》指出：「注、疏蓋舉其多者言之耳，故疏亦云：『其衣冠異色，經即別言之』。」〔註191〕又說：

> 考禮之通例，屨與裳同色，故其屨色亦不同，此玄端、朝服之
> 分也。〔註192〕

那麼，根據「舉其多者」、「禮之通例」等說法，則此條亦當列入通例，而凌氏卻置於〈器服之例〉中。

第三，凌廷堪以儀節出現次數多寡作爲標準，除了上述問題外，另一個更重要的問題是：如何界定「例外」？〈通例〉各條之內，又分爲細則和例外（不符合〈通例〉的條目）。如「凡迎賓，主人敵者迎于大門外，卑者迎于大門內」，以〈士冠禮〉、〈士相見禮〉、〈公食大夫禮〉、〈覲禮〉、〈燕禮·記〉等爲證。不符合該條例的情形包含：其一，〈士昏禮〉主人爲士（女父），卻迎夫家屬吏的使者，或迎有子道之壻於大門外，凌氏說：

> 此主人尊者，而迎于大門外，以賓客接之，故盛其禮也。
> 〔註193〕

故〈士昏禮〉主人迎使者、壻於大門，爲「禮盛」。其二，〈鄉飲酒禮〉、〈鄉射禮〉主人爲諸侯的鄉大夫或州長（士），賓皆爲處士，凌氏說：

> 賓主不敵，而迎于大門外者，尊賢，故具賓、主正禮也。
> 〔註194〕

因尊賢而提高待遇，迎於大門外。其三，〈特牲饋食禮〉、〈少牢饋食禮〉正祭，祝迎尸於大門外；〈有司徹〉儐尸之禮，主人迎尸於廟門外（參附表 10「《儀禮》所見祭禮迎送尸」）。凌氏說：

> 蓋以鬼神事尸則祝迎，以賓客事尸則主人迎。正祭之尸，鬼神
> 也；儐尸之尸，賓客也；故禮有不同焉。〔註195〕

正祭，祝代主人迎尸於大門外，因非主人迎，故不符合此條例。上大夫的儐尸之禮，接於正祭之後，故主人不須出大門，而於廟門外迎尸。此因禮儀性

〔註191〕清・凌廷堪：《禮經釋例・器服之例下》，卷12，頁601。
〔註192〕清・凌廷堪：《禮經釋例・器服之例下》，卷12，頁610。
〔註193〕清・凌廷堪：《禮經釋例・通例上》，卷1，頁72～73。
〔註194〕清・凌廷堪：《禮經釋例・通例上》，卷1，頁73。
〔註195〕清・凌廷堪：《禮經釋例・通例上》，卷1，頁74。

質不同，而異於條例。其四，喪禮。淩氏說：

> 又，上篇（筆者按：〈士喪禮〉）君使人弔，主人迎于寢門外，賓出，主人拜送于外門外。下篇（筆者按：〈既夕禮〉），公賵，主人釋杖，迎于廟門外；賓出，主人送于外門外，尊君之使，故迎于寢門外。又云：「貳車畢乘，主人哭，拜送」，亦當送于外門外也。君親至，益尊，故迎送皆于大門外也。……此皆異于賓客正禮者也。〔註196〕

喪禮的迎送，與日常賓客正禮不同。相對於「凡迎賓，主人敵者迎于大門外，卑者迎于大門內」的各種儀文，上述四種情形確實都不符合條例所言。然而，在原有的禮儀中，這四種情形亦屬於規則，如祭祀事尸於廟中，鄭玄說：「事神之禮，廟中而已，出迎則爲厭。」「事尸之禮，訖於廟門。」〔註197〕而士喪禮小斂前，迎送以「唯君命出」爲準則之一。當放在「通例」／〈通例〉的觀點中，尤其是「賓客正禮」的條件限定下，該如何界定這四種情形？是別例，還是例外？若爲例外，那麼，例外的性質是合於禮還是違背禮？

又，「凡臣與君行禮，皆堂下再拜稽首，異國之君亦如之」條，以〈燕禮〉、〈大射〉、〈覲禮〉、〈士相見禮〉、〈聘禮〉、〈公食大夫禮〉等篇的儀節爲證。同時，淩氏指出：

> 又案：亦有非君臣而再拜稽首者，如〈士昏禮〉親迎，賓升，北面奠鴈，再拜稽首。此壻之于女父也。〈聘禮〉聘賓儐郊勞及歸饔餼使者，受幣、送幣皆再拜稽首。主國之卿饔賓，賓再拜稽首，受。〈公食大夫禮〉大夫相食，受侑幣，再拜稽首。主人送幣，亦然。此皆相敵者之禮也。〈特牲〉、〈少牢〉宿尸，主人皆再拜稽首。〈士虞〉、〈特牲〉、〈少牢〉陰厭，主人亦再拜稽首。此主人之事尸與神也。〈特牲〉嗣舉奠，亦再拜稽首。此主人嗣子之事尸也。皆尊之，故盛其威儀，又不可以常禮論也。〔註198〕

非君臣而行再拜稽首禮者，共分爲壻之於女父、異國受君命的敵體之臣、士與大夫事尸與神、士嗣子事尸等四種情形，包含〈士昏禮〉、〈聘禮〉、〈公食大夫禮〉、〈士虞禮〉、〈特牲饋食禮〉、〈少牢饋食禮〉等六篇。由於淩氏以「臣

〔註196〕清‧淩廷堪：《禮經釋例‧通例上》，卷1，頁109。
〔註197〕《儀禮》〈特牲饋食禮〉，鄭注，卷45，頁530；〈少牢饋食禮〉，鄭注，卷48，頁574。
〔註198〕清‧淩廷堪：《禮經釋例‧通例上》，卷1，頁94～95。

與君行禮」爲條件限定，且羅列〈燕禮〉等篇的君臣禮，因此這些情形不屬於〈通例〉。以君臣關係而言，誠是。但若轉換立足點，想法亦有所不同：以祭禮的角度觀之，士、大夫廟祭，主人向尸與神行再拜稽首禮，實爲固定的禮儀規則。以聘禮而言，異國敵體者銜君命而來，故受禮者行再拜稽首禮，所拜者非此敵體使者，而是使者所代表的「國君」，如同〈覲禮〉侯氏向使者再拜稽首、《左傳》載齊桓公受天子胙，降堂行再拜稽首禮。因此，就聘禮而言，向受君命的敵體使者，行再拜稽首禮，也是一條規則。

易言之，當混淆應用範圍的廣狹與儀節出現次數的多寡，易使出現次數較少的規則的必然性受到忽略，甚至誤判爲「非常禮」。而這也顯示凌氏的〈通例〉，將「形成」規則的必然性、「應用」範圍等兩個不同層次的問題，放在同一平面討論。

2、「應用範圍」與「論述形式」相混淆

除了界定的標準之外，應用歸納法辨別禮例的適用範圍，至少需考量作者人數、文獻年代、禮儀因革、攝盛加禮等問題。即使如鄭玄、賈公彥、凌廷堪將《儀禮》視爲周公所著，在確定成書年代、作者爲一人的情形下，得使用歸納法探討禮例，仍需注意論述形式所產生的問題。《釋例》說：

(1) 凡庭洗，設于阼階東南，南北以堂深，天子、諸侯當東霤，卿、大夫、士當東榮，水在洗東。

(2) 凡設尊，賓、主人敵者于房戶之間，君臣則于東楹之西，並兩壺，有玄酒，有禁。

(3) 凡陳鼎，大夫、士，門外北面，北上；諸侯，門外南面，西上。反吉，則西面。

這類以「事」爲條件限定，囊括各階級不同之禮，或兼攝吉凶的禮例敘述，是否當爲通例？若然，首先必須面對的問題爲：是否爲通例，只在於敘述範圍或條件限定的廣狹？其次，第（1）條的行禮者階級包含天子、諸侯、卿、大夫、士，而第（3）條包含諸侯、大夫、士，通例的界線應該劃在哪裡？

葉國良師曾精準地指出《禮經釋例》「差不多不處理在《儀禮》中僅一見的儀節」。〔註199〕細思箇中緣故，當因凌氏應用歸納法，故於儀節的認知或分類上，產生上述的不足。若旁參屈萬里對《易》例的研究，或許更能說明將「應用範圍」與規則「必然性」等同視之的流蔽。屈先生指出「〈象傳〉

〔註199〕葉國良師：〈論凌廷堪的《禮經釋例》〉，《禮學研究的諸面向》，頁89。

隨事取義，初無一定不移之例也。」〔註200〕又說：

> 〈象傳〉釋卦之例，不過如此，且亦未盡有徵於經文。後人往
> 往執其一鱗一爪，擴而充之，以說全經，變本加厲，已失其真。又
> 況益之以卦變，加之以互體，坿之以納甲、爻辰，半象見、兩象易
> 等例，郢書燕說，如塗塗坿。〔註201〕

括例者不一定具有嚴格的凡例意識，可能只是針對特定情形說明規則。後人
若未明瞭此點，欲以一例解說全經，易失本意。

（二）不精確的包含關係敘述

　　就分類而言，可以有平列式的分法，類與類之間，屬於平等關係。也可
以有大分類、小分類等具有高下、多寡、廣狹、包含與被包含等關係的分法。
當條例敘述失當，無法合宜地呈現分類關係，將使該條例的應用範圍產生疑
義。以下將分爲三方面說明：

1、前後矛盾的包含敘述

　　就條例性質而言，《禮經釋例》中，時見「凡……皆……」的敘述，指出
在某種條件限定下，全體的情形皆如此。〔註202〕以全稱說明的同時，卻又指
出在某種情形下「唯……」的例外，包含關係的敘述前後矛盾。如：

卷　名	條　例	卷	頁
通例上	凡升階皆連步，唯公所辭則栗階。	1	85
飲食之例下	凡牲皆用右胖，唯變禮反吉用左胖。	5	271
變例	凡尸柩皆南首，唯朝祖及葬始北首。	8	390
變例	凡奠于殯宮，皆饋于下室，唯朔月及薦新不饋。	8	399
雜例	凡卜筮皆于廟門，唯將葬則于兆南。	13	665
雜例	凡昏禮，使者行禮皆用昕，唯壻用昏。	13	682

茲以二例說明：第一，是「凡卜筮皆于廟門，唯將葬則于兆南」條。此例首
見於〈士昏禮〉納吉「納吉，用鴈，如納采禮。」賈疏：

〔註200〕屈翼鵬：《先秦漢魏《易》例述評》，收入《屈萬里先生全集》（臺北：聯經出
　　　　版事業公司，1984年7月初版），第8冊，卷上，頁6。
〔註201〕屈翼鵬：《先秦漢魏《易》例述評》，收入《屈萬里先生全集》，第8冊，卷上，
　　　　頁6～7。
〔註202〕此說從　葉國良師所言的定例，得到啓發。見氏著：〈論凌廷堪的《禮經釋
　　　　例》〉，《禮學研究的諸面向》，頁87。

凡卜，並皆於禰廟故然也。未卜時，恐有不吉，昏姻不定，故
納吉乃定也。（《儀禮》，賈疏，卷4，頁42。）

納吉，爲男方徵得祖先同意婚事後，前往女方家告知結果。所問者爲祖先，
故於禰廟中進行。今觀十七篇記載，除了〈士昏禮〉納吉外，另有〈士喪禮〉
用龜卜葬日〔註203〕於殯宮之門。以「凡宮有鬼神曰廟」而言〔註204〕，此時
殯宮得稱廟，但基本上不能列入禰廟。因此賈氏所言「並皆於禰廟」仍可商
議。

清人凌廷堪指出筮亦有不在廟門者，如〈士喪禮〉筮宅，因而括例爲「凡
卜筮皆于廟門，唯將葬則于兆南」。〔註205〕凌氏說：

筮宅不于廟門而于兆南者，反吉也，亦質文相變之義。〔註206〕

以吉凶、質文相變，解釋改變地點的原因。然而，喪禮卜葬日亦於廟門，以
「反吉」作爲詮釋，猶有未周之處。胡培翬進而指出筮宅於兆南者，說：

以宜就地筮之也。〔註207〕

凌氏從禮意上的「反吉」、質文相變著眼，胡氏則從實踐的角度考量，二者皆
以《儀禮》爲範圍，比較、統整各篇記載。根據筮辭說：「哀子某爲其父某甫
筮」，代其父筮宅，以求其地「無有後艱」。那麼，胡氏所言的就地卜問，較
爲合理。比較賈公彥、凌廷堪、胡培翬三者的說法，很明顯地看出敘述矛盾
的問題，從賈公彥即有之，凌氏乃承其誤而已。

第二，「婦人於丈夫，必俠拜」條。見於〈士冠禮〉冠者見母時，「母拜
受，子拜送，母又拜。」鄭玄注：

婦人於丈夫，雖其子猶俠拜。（《儀禮》），鄭注，卷2，頁21）

鄭玄認爲婦人對於丈夫，行俠拜之禮。此雖爲母子關係，但母所拜者，爲冠
子的「社會身分」──士，即婦人向士行禮。〈冠義〉說：「成人而與爲禮也」
〔註208〕，因其「成人」而拜，非因親子關係而拜。〈士昏禮〉記文載不親迎之
禮，主婦對壻亦行俠拜之禮，鄭玄說：

婦人於丈夫，必俠拜。（《儀禮·士昏禮·記》，鄭注，卷6，頁

〔註203〕《儀禮》〈士喪禮〉，卷37，頁441；〈既夕禮·記〉，卷41，頁483。
〔註204〕《儀禮·士喪禮》，鄭注，卷37，頁436。
〔註205〕清·凌廷堪：《禮經釋例·雜例》，卷13，頁665～666。
〔註206〕清·凌廷堪：《禮經釋例·雜例》，卷13，頁666。
〔註207〕清·胡培翬：《儀禮正義·士冠禮》，第1冊，卷1，頁7。
〔註208〕《禮記·冠義》，卷61，頁998。

65～66）

可知鄭玄視此爲定例，即所有情形皆如此。清人淩廷堪亦承此說，括例爲：

> 凡婦人于丈夫，皆俠拜。〔註209〕

以「凡……皆……」的敘述方式，表明此爲定例。〔註210〕然而，鄭玄曾在〈特牲饋食禮〉主婦亞獻，指出「不俠拜，士妻儀簡耳」〔註211〕。淩廷堪也指出婦人不夾拜的情形，如〈少牢饋食禮〉正祭時，尸酢主婦、主婦獻祝與兩佐食；儐尸之禮，主婦獻侑等等。對照鄭玄、淩廷堪的敘述，定例而有例外，不無自相矛盾外，更值得深思的問題是，婦人拜禮的情形爲何？

據附表23整理，從禮儀性質探討婦人與丈夫行俠拜禮的情形：

其一，〈士冠禮〉、〈士昏禮〉皆爲人生、家族大事來看，冠者成年，具有嗣子身分；新婦受舅姑肯定爲新的家族成員，不親迎之壻見女方主婦，確立關係。那麼，相應於禮儀的隆重性質，婦人得向丈夫行盛禮。

其二，大夫之祭，主婦俠拜出現的情形不一。上大夫主婦亞獻尸，正祭、儐尸之禮皆向尸俠拜。下大夫正祭，主婦亞獻尸、受尸酢時，皆行俠拜禮。鄭玄注〈有司徹〉說：

> 主婦夾爵拜，爲不賓尸降崇敬。（《儀禮》，鄭注，卷50，頁602）

褚寅亮申明鄭注：

> 注云「爲不儐尸降崇敬」，降字略讀，言既不儐尸而降其禮矣，故受醋必俠拜以崇其敬也。〔註212〕

褚氏認爲不儐尸已是降禮，故行禮之際不得再有所減省，故主婦受酢時行夾拜以表達敬意。吳紱說：

> 〈少牢〉正祭于室，與賓尸于堂，主婦獻尸，皆夾爵拜。可見其爲正禮也。其受尸酢則否，以有兩番獻，故于酢略之。此不賓尸，受酢與獻尸同，亦仍是兩番夾爵拜耳。〔註213〕

上大夫之祭，分爲兩階段：正祭、儐尸之禮，主婦各於亞獻時，向尸行夾拜禮。下大夫之祭，因無儐尸之禮，故主婦亞獻、受尸酢，以俠拜表示敬意。

〔註209〕清・淩廷堪：《禮經釋例・通例上》，卷1，頁104。

〔註210〕葉國良師：〈論淩廷堪的《禮經釋例》〉，《禮學研究的諸面向》，頁86～88。

〔註211〕《儀禮・特牲饋食禮》，鄭注，卷45，頁533。

〔註212〕清・褚寅亮：《儀禮管見》，收入《續經解三禮類彙編（二）》，第2冊，頁1218。

〔註213〕目前查無吳紱之書，轉引自清・王士讓：《儀禮紃解》，《續修四庫全書》，第88冊，卷17，頁359。

因此,上、下大夫之祭,主婦皆行兩番俠爵拜。

其三,大夫之祭,主婦向尸行兩番俠爵拜,而主婦與主人行禮、主婦獻祝、侑、佐食等,未見俠拜之禮。在祭祀場合中,主婦與主人一起以孝養的方式禮遇尸,因此對尸行盛禮。而主人乃主婦之敵體,祝、侑與佐食等地位次於尸,故不行盛禮,「不夾拜,下尸也」〔註214〕。

其四,相較於大夫,士祭皆未見主婦俠拜的記載。鄭玄說:

> 主婦貳獻,不俠拜,士妻儀簡耳。(《儀禮・特牲饋食禮》,鄭注,卷45,頁533)

從身分階級,解釋士妻不俠拜之因。若然,則主婦向尸、祝、佐食行禮無別,似不符「禮以別異」之意。〈特牲饋食禮〉主人宿尸、受尸嘏、嗣子舉奠,皆再拜稽首,則士妻亦當夾拜,以表敬意。另一方面,參照大夫廟祭主婦夾拜之禮,士妻獻尸亦當行俠拜,經文不具耳。

綜合上述,「俠拜」可能是針對盛禮,而不全然是普遍情形。凌氏承鄭玄之說,視此爲普遍多數情形,仍可商議。

2、前後錯置的包含敘述

就大類別、小類別的包含與被包含的關係來說,〈器服之例上〉以功用名器,卻錯置器名與功能,以致形成敘述邏輯有誤:

卷　名	條　例	卷	頁
器服之例上	凡所以馮者曰几,所以藉者曰席。	11	547
器服之例上	凡盛水之器曰罍,斟水之器曰枓,棄水之器曰洗。	11	552
器服之例上	凡盛酒之器曰尊,斟酒之器曰勺。	11	553
器服之例上	凡酌酒而飲之器曰爵。	11	556
器服之例上	凡亨牲體之器曰鑊。	11	558
器服之例上	凡升牲體之器曰鼎,出牲體之器曰朼。	11	558
器服之例上	凡載牲體之器曰俎。	11	562
器服之例上	凡實乾物之器曰籩。	11	568
器服之例上	凡盛黍稷之器曰簋、曰敦,盛稻粱之器曰簠。	11	571
器服之例上	凡實羹之器曰鉶,實大羹之器曰鐙。	11	576
器服之例上	凡扱醴、扱羹之器皆曰柶。	11	577

〔註214〕《儀禮・少牢饋食禮》,鄭注,卷48,頁574。

「凡所以馮者曰几」，「馮」是几的功能，但可以「馮」者，卻不一定都是几，如憑軾。此句用「所以馮者」限定「几」，當爲「凡几，所以馮者」的錯置。「凡升牲體之器曰鼎」，實則爲「升於鼎」，牲體煮熟後，「盛放」在鼎，以運送、保溫的青銅器，而非用來從鑊中取出牲體使之由下而上的器物。上述禮器功能諸說雖敘述邏輯有誤，但在《儀禮》一書中，由於應用範圍有限，仍可成立。若與其他文獻相對應，將使其不足更爲鮮明，如「凡所以馮者曰几」條，《左傳》僖公二十八年：「請與君之士戲，君馮軾而觀之。」《漢書・酈食其傳》：「韓信聞食其馮軾下齊七十餘城，乃夜度兵平原襲齊。」〔註215〕軾，爲乘車時所馮，卻與几不同。

3、代表性不足的包含關係

由於《儀禮》所收錄的禮儀種類、行禮者的階級有限，以此爲範圍括例，將容易導致代表性的問題，即該條例是否可概括該類所有禮文（小是否能包大）？如〈飲食之例〉：

　　1、凡食禮，初食三飯，卒食九飯。

　　2、凡初食加饌之稻粱，則用正饌之俎豆；卒食正饌之黍稷，則用加
　　　　饌之庶羞。

　　3、凡正饌醯醬大羹湆，加饌簋粱，皆公親設。

　　4、凡公親設之饌，必坐遷之；公親臨食，必辭之。

　　5、凡燕禮使宰夫爲主人，食禮公自爲主人。

上述五條凡例，皆限定於飲食禮的範圍內，實則主於〈公食大夫禮〉、〈燕禮〉，即諸侯爲特定的臣子（食禮爲卿，燕禮爲下大夫）舉行飲食禮。在行文上，卻有如普遍適用的規則一般。尤其是，前二條並未標明適用身分，一旦改變行禮者身分，禮數或將有所不同。如同樣是食禮，〈士昏禮〉婦至成禮時，三飯卒食、有司設醯醬，且無正饌、加饌之別，異於第 1 條「凡食禮，初食三飯，卒食九飯」的飯數、第 2 條的加饌，及 3、4、5 條的行禮者。可見淩氏的條例不一定能適於於整部《儀禮》的食禮，而其陳述方式亦不無令人混淆之處。

又，「凡賓、主人行禮畢，主人待賓，用醴則謂之禮，不用醴則謂之儐」條，由於《儀禮》中主人待賓（使者），只有醴、儐二種方式，而「儐使者，

〔註215〕《左傳》僖公二十八年，卷 16，頁 272。漢・班固：《漢書・酈食其傳》，第
　　　　7 冊，卷 43，頁 2110。

或用束帛，或用束錦。庭實或用皮，或用乘馬，或用兩馬。或用几，或不用几」〔註216〕，變項較多，因此凌氏以相對固定的「醴」作爲區分標準，得出「用醴謂之禮，不用醴則謂之儐」。同時，指責鄭玄、賈公彥說：

> 《周禮‧秋官‧司儀》云：「賓亦如之」，後鄭注：「賓，當爲儐，謂以鬱鬯禮賓也。上於下曰禮，敵者曰儐。」鄭氏蓋以上文凡諸公相爲賓，故云：「敵者曰儐」，與禮例未合。賈氏引之以釋《禮經》，非也。……然〈覲禮〉覲享畢，經不云禮賓，注亦不引〈大行人〉以釋之，蓋以其難同歟？〔註217〕

凌氏先據《儀禮》歸納此例，復以己例爲標準，認爲鄭玄之說「與禮例未合」、賈公彥引《周禮》釋《儀禮》「非也」。然而，凌氏既以己例衡量鄭、賈之說，那麼根據這條禮例，當如何爲諸侯相見、王禮諸侯用鬱鬯定位？更進一步說，這條禮例若不在《儀禮》之內，是否成立？此係以《儀禮》爲範圍的禮例，所必須面對的問題。再者，諸侯相見用鬱鬯、王禮諸侯亦用鬱鬯，然而〈覲禮〉未載王禮諸侯，鄭玄亦未引〈大行人〉補釋，凌氏認爲此出於《周禮》、《儀禮》「難同」之故。言下之意，似以爲鄭玄爲避免強作解人，故不引〈大行人〉。然而，〈覲禮〉爲重新確認君臣關係，〈聘禮〉爲諸侯之間遣使往來友好，性質不同，故覲禮畢，天子未立即禮遇諸侯。二禮確實「難同」，然非凌氏所認定的原因。

若以同階級的不同禮儀而言，〈士冠禮〉主人醴賓用獻酢酬兼具的一獻之禮，以束帛儷皮爲酬幣。〈士昏禮〉主人醴使者，授几，獻醴而無酬酢。同樣是士階層，醴賓因禮儀性質而異。若以不同階級的同一種禮儀來看，《左傳》襄公九年載季武子說：

> 君冠，必以裸、享之禮行之，以金石之樂節之，以先君之祧處之。今寡君在行，未可具也，請及兄弟之國，而假備焉。（《左傳》襄公九年，卷30，頁529）

此裸用鬱鬯酒，然未知受者的身分爲冠者，或賓客。《大戴禮記‧公冠》載公冠四加玄冕後，「饗之以三獻之禮，無介，無樂，皆玄端。其酬幣朱錦采（束）四馬，其慶也。」國君冠禮，則以三獻之禮饗賓，並贈朱錦束、四馬，異於〈士冠禮〉的一獻之禮、束帛儷皮。同爲冠禮謝人勤勞，方式因階級而

〔註216〕清‧凌廷堪：《禮經釋例‧賓客之例》，卷6，頁310。
〔註217〕清‧凌廷堪：《禮經釋例‧賓客之例》，卷6，頁311。

異。〔註218〕綜合上述，可知同樣的禮意，禮文因禮儀性質、主人身分有所不同。

　　鄭玄所言「上於下曰禮，敵者曰儐」，以身分關係界定禮儀名稱，實出於《周禮‧秋官‧司儀》朝聘禮的語境，似非泛言所有的賓主相見禮。〔註219〕學者欲以此句貫通《儀禮》、《周禮》各種形式下的賓主禮而不得，故或如淩氏、胡培翬加以批評，或如孫詒讓、曹元弼加以迴護、申說。〔註220〕然而，考慮到上述禮意相同，禮文因禮儀、行禮者身分而有別的情形，以及鄭玄依語境隨文注釋、古人括例用語不夠精確，及禮例的有效性並非普及所有的禮儀等因素，若將「上於下曰禮，敵者曰儐」，放在朝聘禮中，或可成立。

　　禮賓，為主人謝賓客之「勤勞」，〔註221〕朝聘禮中，主人用醴酒感謝使者，如〈聘禮〉主國之君禮賓，屬尊卑關係。「儐」字與賓，王國維解釋說：

〔註218〕王國維：「天子諸侯之祼即大夫士之醴也。故〈士冠禮〉用醴或醮，而諸侯之冠則用祼享之禮。」見《觀堂集林‧周書顧命後考》，卷1，頁63。

〔註219〕《禮記‧內則》：「宰醴負子，賜之束帛。」鄭注：「醴，當為禮，聲之誤也。禮以一獻之禮，酬之以幣也。」鄭玄可能為了容納更大的禮儀體系而改字，相當值得注意。（卷28，頁534）

〔註220〕淩廷堪、胡培翬認為鄭玄立論不周，主要在於〈士冠禮〉之賓為主人之「僚友」，為敵體關係，卻行主人醴賓。孫詒讓認為淩說「甚析」之後，指出《周禮‧秋官‧司儀》：「但此經之儐為祼禮。《禮經》之儐為幣、馬，事實不同。鄭此注之意，蓋謂此經字雖作『儐』，實與《禮經》之禮相近，但以尊卑文異，其與《禮經》之儐事，固不相涉也。若然，此注之禮，即《禮經》之禮，而儐非即《禮經》之儐，不必援彼釋此。」見氏著：《周禮正義‧秋官‧司儀》，第12冊，卷72，頁3037。曹元弼則從「對文」的觀點，「禮與儐對文，則上於下曰禮，敵者曰儐。……不對，則自敵者以下皆稱『禮』，冠禮及此經禮賓（筆者按：士昏禮），敵者通言禮是也。」見氏著：《禮經校釋》，《續修四庫全書》，第94冊，卷2，頁134～135。按：孫氏認為鄭玄注《周禮》、《儀禮》時，用語雖同，其意或異，固然反映一字多義的情形，然而孫氏遵循淩廷堪「不用醴則謂之儐」的說法，以「物」區別禮儀的觀點，解釋鄭玄引〈禮器〉「諸侯相朝灌用鬱鬯」，為「證儐不用醴，而用鬱鬯也」。實則，鄭玄係以「身分」界定禮、儐，而非「物」。又，曹氏以對文、不對的觀點解讀〈士冠禮〉、〈士昏禮〉僅用醴，而無儐，〈聘禮〉則醴、儐俱有，此係據經籍文字解讀，是從目前可以驗證的「結果」來說，對於解讀經文具有一定的價值。然是否為先秦禮儀實踐時用以區分的思維，仍可進一步考量。

〔註221〕《儀禮‧士冠禮》，鄭注：「禮賓者，謝其自勤勞也」，卷2，頁21。王聘珍：《大戴禮記解詁》，卷13，頁248。孫詒讓：《大戴禮記斠補（外四種）》（北京：中華書局，2010年4月初版，《孫詒讓全集》），卷下，頁104。《斠補》承學弟狄君宏先生惠贈，特此致謝。

　　　　古者賓客至，必有物以贈之，其贈之之事謂之賓，故其字从貝，
其義即禮經之儐字也。……後世以賓爲賓客字，而別造儐字以代賓
字。〔註222〕

賓與儐，原是一事的不同面向。主人「儐使者」，見於：

　　第一，〈聘禮〉郊勞、歸饔餼，皆賓儐卿、上介儐下大夫，符合鄭玄所言
的身分對應。

　　第二，〈覲禮〉提及儐禮的部分，有三處：其一，侯氏儐郊勞使者。據《周
禮・秋官・大行人》，鄭玄認爲使者是大行人。《周禮・春官・典命》指出：

　　　　掌諸侯之五儀、諸臣之五等之命。上公九命爲伯，……侯伯七
命，……。子男五命，……。王之三公八命，其卿六命，其大夫四
命；及其出封，皆加一等，其國家、宮室、車旗、衣服、禮儀亦如
之。（《周禮》，卷21，頁321）

大行人爲四命的中大夫，與七命的侯氏，身分不相當。〔註223〕胡培翬委婉地
說明經文只言「使人」，而未言使者身分，「以五等諸侯爵位不同，使人亦異，
故渾言之也」。〔註224〕據「凡使人必以其爵」，胡氏所言值得重視。其二，王
賜侯氏舍，使者的身分，鄭玄以爲「司空與？」〔註225〕司空當爲卿，受六命，
身分與侯氏較接近。〔註226〕其三，王賜侯車服，以諸公爲使者。諸公八命，
〔註227〕身分較侯氏高。

　　〈覲禮〉的儐禮身分不敵的問題，可從兩方面探討：首先，從職官的命
數來看，侯氏見天子的過程中，未見命數相同的招待者，或出於王畿內外的
策命數不同：「王之三公八命，其卿六命，其大夫四命」，王畿內的百官命數
爲偶數，而公侯伯子男的命數爲九、七、五的奇數。因此，王所命的使者，

〔註222〕王國維：〈與林浩卿博士論洛誥書〉，《觀堂集林》，上冊，卷1，頁44。
〔註223〕《周禮・秋官・司寇》，卷34，頁514。
〔註224〕清・胡培翬：《儀禮正義・覲禮》，第2冊，卷20，頁1265。按：關於鄭玄、
　　　　凌廷堪對醴、禮、儐的異說，胡氏的立場頗不一致，如〈士冠禮〉主人醴賓，
　　　　從鄭玄、賈公彥說；〈士昏禮〉主人醴使者，駁賈公彥說；〈聘禮〉聘賓儐郊
　　　　勞者，從凌氏。因該書爲未成書，亦不宜以此深究之。見氏著：《儀禮正義》，
　　　　第1冊，卷1，頁84；第1冊，卷3，頁158；第2冊，卷16，頁984。
〔註225〕《儀禮・覲禮》，鄭注，卷26下，頁319。
〔註226〕《周禮・春官・典命》，卷21，頁321。按：司空爲卿，係筆者據冢宰、司
　　　　徒、宗伯、司馬、司寇皆爲卿推論而得。
〔註227〕《周禮・春官・典命》，卷21，頁321。

無法與侯氏相敵。其次，就禮意而言，據鄭玄所述，郊勞、賜舍、賜車服的使者身分，分別爲四命的大行人、六命的司空、八命的諸公，由卑漸尊。與〈聘禮〉相參照，聘賓爲卿，主國之君使「士」迎賓入境，使「下大夫」請問所行目的地；至確認來意後，使「卿」郊勞，以示「彌尊賓」〔註 228〕。那麼，〈覲禮〉的使者由卑而尊，用意似同。而且〈覲禮〉乃侯氏以臣子的身分，朝見天子，接受考核、重新確認君臣關係。就政治運作而言，天子辭說：「伯父無事，歸寧乃邦」〔註 229〕，確認無罪之前，亦不宜以較尊者前往行禮，以維護君臣尊卑。至侯氏請罪，天子辭之後，方命以身分較尊的諸公賜車服。〈覲禮〉屬君臣禮，侯氏身處王畿，使者有天子之餘尊，侯氏似不宜自尊大用上下之禮對待來使，故行敵體之儐。據此條，可知淩廷堪以《儀禮》爲範圍的括例，需留意其代表性的問題。

二、過度同化的禮文與解釋

分類後，使用歸納法以綜合禮文共相，從而提出一適用較廣的條例，誠有助於認識禮文。然而，分類本身蘊含操作者對事物的認知，若個人認知與禮儀本文的對應有所不足，將影響禮文的分類與禮意的解釋，乃至條例是否有效。

（一）禮文的同化

淩廷堪《禮經釋例》爲了綜合共相以闡明條例，在比較禮文異同的過程中，過於求同，分類過於寬泛，無形中將禮儀同化，忽略禮文的本質及其特殊性，即禮文相似但禮意不同的情形。以下舉例說明：

例一：凡升階皆讓，賓主敵者俱升，不敵者不俱升。

　　凡降洗、降盥，皆壹揖、壹讓升

〈聘禮〉「歸饔餼於賓介」章，「至于階，讓，大夫先升一等。賓從升堂。」鄭玄說：

　　　　讓不言三，不成三也。凡升者，主人讓于客三，敵者則客三辭，主人乃許升，亦道賓之義也；使者尊，主人三讓，則許升矣。今使者三讓，則是主人四讓也。公雖尊，亦三讓，乃許升，不可以不下

〔註 228〕《儀禮・聘禮》，鄭注，卷 19，頁 233。
〔註 229〕《儀禮・覲禮》，卷 27，頁 326。

　　　　主人也。古文曰三讓。（《儀禮》，鄭注，卷21，頁255）

「成三」，指主人三讓，賓客三辭。〔註230〕鄭玄於此歸納升階的禮例：升階時，主人禮讓賓客先升，若賓爲敵體，則三辭，主人於是先升階，以引導賓客；若賓尊，則主人三讓後，賓不三辭，應允而先升。鄭玄括例後，卻又認爲「歸饗餼」使者所行的禮，與禮例不同：使者行三讓之禮，可見主人行四讓。因爲正聘時，國君（公）行三讓之禮，則歸饗餼時，當「下主人」，聘賓（主人）應施行比國君更爲謙卑的禮儀，爲四讓，以見尊使者之意。〔註231〕在〈聘禮〉「賓問卿」章，「賓奉束帛，入。三揖皆行，至于階，讓。」鄭玄注：

　　　　皆，猶並也。古文曰三讓。（《儀禮》，鄭注，卷22，頁264）

賈公彥說：

　　　　不從古文者，亦是不成三，故賓先升一等，大夫從升堂，故不
　　從三讓也。（《儀禮》，賈疏，卷22，頁264）

在上述「歸饗餼於賓介」章，爲了闡述四讓，表明尊卑有別，因此鄭玄不用古文本的「三讓」。在「賓問卿」章，爲了說明聘賓未三辭，「讓不成三」，並突顯聘賓代表己國之君，身分尊貴，因此鄭玄亦不用古文的「三讓」。〔註232〕

　　升階，除了禮讓的次數外，還有先後順序的問題：〈士冠禮〉主人迎賓，鄭玄以爲主、賓「俱升」。〔註233〕〈鄉射禮〉載「主人先升一等，賓升」，鄭玄認爲賓、主人不俱升，爲「賓客之道，進宜難。」〔註234〕二者，皆爲賓主敵體初入門升堂，但前者爲俱升，後者爲主人先升，說法不同。此外，鄭玄

〔註230〕《儀禮·聘禮》，賈疏，卷22，頁262。

〔註231〕後人對此句的詮釋十分著力，如賈公彥指出鄭玄不從《周禮·秋官·司儀》三讓，蓋從經書行文判斷「讓」的主詞是大夫，並將「不可以不下主人」，解爲「必下主人」、「不下賓客，主人之義」。（《儀禮》，賈疏，卷22，頁262）清人張爾岐讀「今」爲「令」，假使之意。「今使者三讓，則是主人四讓」，爲假設使者三辭，則主人四讓。（卷8，頁376）按：「不可以不下主人」，意爲「必下主人」，於是賈氏將焦點轉爲「不下賓客，主人之義」，以迴護鄭說，張氏亦同。

〔註232〕《儀禮·聘禮》，鄭注，卷22，頁264。

〔註233〕《儀禮·士冠禮》，鄭注，卷2，頁19。按：《儀禮·士冠禮》，鄭注：「主人、賓俱升，立相鄉。」（卷2，頁19）俱字，爲「皆」的意思。參照〈鄉射禮〉鄭注：「三讓而主人先升者，是主人先讓於賓。不俱升者，賓客之道，進宜難也。」（卷11，頁111）先升、俱升相對，可知鄭玄說「俱升」，是指皆升階、一齊升階。

〔註234〕《儀禮·鄉射禮》，鄭注，卷11，頁111。

又指出〈鄉飲酒禮〉卒洗後，敵體賓主「俱升」。〔註235〕那麼，卒洗後升堂與初入門升堂是否有別？上述三篇賓主皆爲敵體，升階法卻有所不同。

綜合上文，《儀禮注》留給後人三個問題：一，初入門升階的禮讓次數爲何？二，初入門升階法與身分的關係爲何？三，卒洗後升階的先後順序，是否同於初入門升階？

面對《儀禮注》複雜的升階說法，賈公彥嘗試融會眾說，卻又不免出現矛盾。賈公彥一方面肯定並繼承鄭玄所括之例，如〈聘禮〉歸饔餼，賓儐使者時，說：

> 今賓私儐使者，無君命，體敵，故賓先升，在館，如主人之儀故也。（《儀禮》，賈疏，卷 22，頁 262）

儐使者非公事，二人行敵體之禮，聘賓爲主人先升。另一方面，賈氏闡發新例：

> 禮之通例：賓、主敵者，賓、主俱升，若〈士冠〉與此文（筆者按：〈士昏禮〉）是也。若〈鄉飲酒〉、〈鄉射〉皆主尊賓卑，故初至之時，主人升一等賓乃升。至卒洗之後，亦俱升。唯〈聘禮〉公升二等，賓始升者，彼注云「亦欲君行一，臣行二也。」〈覲禮〉王使人勞侯氏，使者不讓先升者，奉王命尊故也。（《儀禮》，賈疏，卷 4，頁 40）

文中首先指出賓主相敵則俱升；若尊卑有別，尊者先升，尊者爲君則先升二等，賓始升；若賓奉王命而來，則使者不讓先升。其次，飲酒禮至卒洗後，即使賓主有別，亦俱升。凡此，可以概見賈公彥融會《儀禮注》諸說的努力，只是，賓主敵者則「俱升」，卻與上述〈聘禮〉賓儐使者體敵，「主人先升」，相互抵牾。

清人凌廷堪延續二人之說，括例爲：

> 凡升階皆讓，賓主敵者俱升，不敵者不俱升。〔註236〕
>
> 凡降洗、降盥，皆壹揖、壹讓升。〔註237〕

面對三讓、四讓的問題，凌氏歸結爲「凡升階皆讓」，未作進一步探討。此或出於經文無說，因而從略。而敵體升階的部分，凌氏除了保守地引用《儀

〔註235〕《儀禮・鄉飲酒禮》，鄭注，卷 8，頁 83。
〔註236〕清・凌廷堪：《禮經釋例・通例上》，卷 1，頁 83。
〔註237〕清・凌廷堪：《禮經釋例・通例下》，卷 2，頁 144。

禮疏》爲證，並積極地重新闡釋經文。例如〈鄉飲酒禮〉：「至于階，三讓。主人升，賓升」，凌廷堪認爲主人爲大夫，賓爲士：

> 此賓、主不敵而亦俱升者，盛其禮，尊賓，使與敵者同也。
> 〔註238〕

此禮之賓主敵體，故俱升。卒洗的部分，凌氏則延續舊說，並進一步綜合比較各篇，指出〈鄉飲酒禮〉、〈鄉射禮〉爲主人正禮，降洗或降盥後，「揖讓俱升」；〈燕禮〉、〈大射〉則以宰夫爲主人，故賓「揖、不讓、先升也」。
〔註239〕

不過，〈鄉射禮〉的解讀，卻產生身分定位不一致的情形。凌廷堪說：

> 〈鄉飲酒禮〉「至于階，三讓。主人升，賓升。」（自注：主人，大夫。賓，士。）此賓、主不敵而亦俱升者，盛其禮，尊賓，使與敵者同也。〈鄉射禮〉「及階，三讓，主人升一等，賓升」，注：「三讓而主人先升者，是主人先讓于賓。不俱升者，賓客之道，進宜難也。」〔註240〕

依《釋例》「賓主敵者俱升，不敵者不俱升」條，〈鄉飲酒禮〉爲敵體俱升，〈鄉射禮〉則爲尊卑不敵，故「主人升一等，賓升」。若是凌氏自有體系，固然無妨，但在「凡迎賓，主人敵者于大門外，主人尊者于大門內」條，凌氏說：

> 考〈鄉飲酒〉主人，諸侯之鄉大夫也；〈鄉射〉主人，州長及鄉大夫也；而賓皆處士。賓、主不敵，而迎于大門外者，尊賢，故具賓主正禮也。〔註241〕

同一篇〈鄉射禮〉，或用禮儀場合中的「象徵」身分，以符合「賓主正禮」迎於大門外；或從賓、主不敵的「實質」身分著眼，論其尊卑故不俱升，不無游移以證成己說之嫌。

在凌氏之前，學者已指出賈公彥的問題，如褚寅亮認爲禮儀中，「無賓主俱升法，《疏》似失之。」〔註242〕而孫希旦則重新括例說：

> 凡升階之法，賓尊於主，則賓升一等而主從之。〈聘禮〉「歸饗

〔註238〕清・凌廷堪：《禮經釋例・通例上》，卷1，頁83。
〔註239〕清・凌廷堪：《禮經釋例・通例下》，卷2，頁145。
〔註240〕清・凌廷堪：《禮經釋例・通例上》，卷1，頁83～84。
〔註241〕清・凌廷堪：《禮經釋例・通例上》，卷1，頁73。
〔註242〕清・褚寅亮：《儀禮管見》，《皇清經解續編》，第8冊，卷2，頁2077。

饎」，「大夫先升一等，賓從」，大夫銜主君之命，尊也。「賓問卿」，「賓先升一等，大夫從」，賓銜聘君之命，尊也。主尊於賓，則主升二等，而賓從之。〈聘禮〉及〈公食禮〉皆「公升二等而賓升」是也。賓主敵者，則主升一等，而賓從之。〈聘禮〉賓償大夫，「賓升一等，大夫從」；賓面大夫，「大夫先升一等，賓從」，是也。然主升二等而賓從，亦惟臣與君升則然，若主人爲大夫，賓爲士，亦不過主升一等而賓升耳。〈鄉飲酒禮〉鄉大夫尊於賓，但言「主人升，賓升」，不言主人升二等，可見矣。〔註243〕

淩氏之後的學者，如胡培翬撰《儀禮正義》，時徵引眾說加以考辨，而仍循淩氏之說。〔註244〕黃以周則再次批判「並升」之說：

> 階無並升之法。〈士昏禮〉、〈鄉飲禮〉于「主人升」之下又言「賓升」，明非並升。〈聘禮〉賓償大夫，「賓升一等，大夫從升堂」，賓與大夫敵體而先升者，爲無並升法也。鄭《注》「賓先升，敵也」，鄭亦不以敵者爲並升。凡敵者，賓皆從升，不居盛禮。惟奉君命尊則先升，主人降等亦先升。〈聘禮〉償大夫時，賓爲主人，先升一等，大夫從；與〈鄉射禮〉「主人升一等，賓升」同：皆敵者主人先升之例。〈覲禮〉郊勞，亦賓爲主人，不先升者，敬王命也。〈燕禮〉、〈大射禮〉主人獻賓，賓酢主人，降盥洗皆賓先升，主人乃升，時宰夫爲主人，賓尊。〔註245〕

黃氏不僅提出「敵體時，主人降等亦先升」的新見，更結合〈燕禮〉、〈大射〉盥洗復升階與初入門升階討論。

上述諸說紛紜不已，且各自徵引有利者爲證。若僅憑其立論根據、結論，似皆有理，卻無法得知《儀禮》各類禮儀是否符合其說。再者，上述所引各家多著重於初入門升階之禮，並未針對降洗、降盥是否「俱升」的問題討論。職是，本文重新爬梳經文中相關儀節，除了從身分尊卑考慮揖讓與升階先後之外，更應留意升階的時機是初入門，或是處於禮儀過程中。所得如下：

1、初入門升階揖讓法

〔註243〕清・孫希旦：《禮記集解・曲禮上》，上冊，卷2，頁31～32。

〔註244〕清・胡培翬：《儀禮正義・士冠禮》，第1冊，卷1，頁63～65。

〔註245〕清・黃以周：《禮書通故・相見禮通故第二十一》，第3冊，頁966～967。按：黃氏於此運用文字先後推斷賓主的行動，可見文例對判別禮例的影響。

初入門，賓主之禮皆行三揖，君臣禮則無三揖，如〈燕禮〉、〈大射〉，討論詳見第參章第一節「凡入門，將右曲，揖；北面曲，揖；當碑，揖；謂之三揖。」此不重複。

據附表 21，《儀禮》記載賓主「初入門」升階謙讓的情形，可分爲四類：

第一，敵體時，主人三讓，而客三辭，主人先升階一級以導賓。賓客不與之同時升堂，爲「進宜難也」〔註246〕，以〈鄉射禮〉「及階，三讓，主人升一等，賓升」最爲明顯。〔註247〕

另外，需特別討論的是〈士冠禮〉主人迎賓及贊冠者入時，鄭玄說：

> 主人、賓俱升，立相鄉。（《儀禮》，鄭注，卷 2，頁 19）

此則異於上述鄭玄認爲主人敵體先升以導賓、「進宜難」之說。復參《禮記・曲禮上》載：

> 主人入門而右，客入門而左。主人就東階，客就西階。客若降
> 等，則就主人之階，主人固辭，然後客復就西階。主人與客讓、登，
> 主人先登，客從之。（《禮記》，卷 2，頁 32）

據主人入門右、就東階，客人入門左、就西階，而有別於臣從君入門右、升東階，知此爲敵體或無君臣關係而尊卑有別的關係。那麼，「主人與客讓、登，主人先登，客從之」，當可證明主人與賓爲敵體時，主人先升階。〔註248〕在上述考量下，〈士冠禮〉「至于階，三讓，主人升，立于序端西面，賓西序東面」、〈士昏禮〉「納采」章，「主人以賓升，西面。賓升西階」，皆主人先升，而非如賈公彥、凌廷堪所說的主人與賓同時升階。

第二，賓主同時兼具君臣關係，主人三讓後，主人（國君）先升二階，賓（臣）始升一階，爲「君行一，臣行二」，如〈聘禮〉聘享、〈公食大夫禮〉賓入拜至。《左傳》襄公七年，孫文子至魯行聘，「公登亦登」，經叔孫穆子勸告後，孫文子無辭亦無慚色。杜預說：「禮，登階，臣當後君一等」，〔註249〕

〔註246〕《儀禮・鄉射禮》，鄭注，卷 11，頁 111。

〔註247〕〈鄉飲酒禮〉的部分，鄭玄無說。可參《禮記・坊記》孔疏：「案〈鄉飲酒禮〉主人迎賓，至門三辭，至階三讓，皆主人先入先登，是『賓禮每進以讓。』」（卷 51，頁 869）孔穎達也認爲主人先升階。

〔註248〕孔穎達說：「主人先登者，讓必以三，三竟，而客不從，故主人先登，亦肅客之義。不言三者，略可知也。客從之者，言主人前升至第二級，客乃升，中較一級，故云從之也。」可知其禮儀細節。（《禮記・曲禮上》，孔穎達正義，卷 2，頁 33）

〔註249〕《左傳》襄公七年，卷 30，頁 519。

可相互印證。

第三，賓受諸侯之命而來，形成賓尊主卑的情形，則主人三讓後，賓先升。如〈聘禮〉歸饔餼、賓問卿等，賓主雙方實質上爲體敵，但因奉君命之故，地位益形尊貴，故先升階。至於揖讓次數，鄭玄認爲〈聘禮〉歸饔餼時，「今使者三讓，則是主人四讓也」。之所以產生四讓之說的問題，除了有別於國君的尊卑觀念外，又在於「三揖皆行。至于階，讓」的主語爲何人？鄭玄認爲是大夫使者，故有四讓之說。〈聘禮〉經文「大夫奉束帛，入，三揖皆行。至于階，讓，大夫先升一等。賓從升堂」，若所言多指大夫，則先行三揖、先讓者，皆爲大夫。那麼，身爲館內主人的賓，地位是否過於卑微，且由外來的大夫主導禮儀，亦不無主客易位之嫌。就〈聘禮〉經文來看，「大夫奉束帛，入，三揖皆行。至于階，讓，大夫先升一等。賓從升堂。」大夫與賓同爲卿，當行敵體的三揖、三讓，主人（賓）先升之禮。但大夫因受君命而來，經文的編寫者特別標明「三揖皆行」，表示不異於常禮，但「先升一等」則異於一般常禮。據附表 21，初入門「至于階，（三）讓」爲一普遍用語，當指雙方從初入門三揖，至階前，揖讓的行禮過程。若需繫於單一行禮者，也當是引導賓客的主人，而非外來的賓，如〈士冠禮〉孤子冠禮，「主人紒而迎賓，拜、揖、讓，立于序端，皆如冠主。」〔註250〕〈覲禮〉郊勞畢，侯氏儐使者，「使者乃入。侯氏與之讓，升。」再者，賓主敵體，「主人」三讓而先升的過程爲：主人一讓，賓一辭；主人二讓，賓再辭；主人三讓，賓三辭，主人升。讓，然後有「辭」。讓，指主人；「辭」，指賓客。若上述不誤，〈聘禮〉歸饔餼的辭讓當爲：主人一讓，賓一辭；主人二讓，賓再辭；主人三讓，賓「不辭先升」。就主人而言，亦是三讓。

第四，天子之使者爲賓時，由於「天子無客禮」，因此承王命而來的使者，不讓先升，如〈覲禮〉郊勞、賜侯氏車服等。

升階時，主人三讓，是尊崇賓客、表示謙讓之意，「所以致尊讓也」。〔註251〕第三、第四種的區別，在於第四種不讓，以符合身分之尊。總之，賓主初入門時，行三揖三讓之禮，升階時依關係而有先後，無俱升之法。

〔註250〕《儀禮‧士冠禮》，卷 3，頁 30。
〔註251〕《禮記》〈鄉飲酒義〉、〈聘義〉，「所以致尊讓也。」卷 61，頁 1004；卷 63，頁 1027。

2、卒洗、卒盥後升階「揖」讓法

入門後，行禮過程中，賓、主因洗爵、盥手等而降階，〔註252〕未出內門，則升堂時一揖一讓，以降於初入門之禮。〔註253〕而升階的次序，鄭玄提出卒洗後升階「俱升」蓋因初入門升階禮畢，此時復升，主人已毋須導賓，故俱升。賈公彥、凌廷堪等皆從之。而凌氏在「凡降洗、降盥，皆壹揖壹讓升」條，以體敵則俱升爲前提，參照鄭注，更爲細緻地區分出〈燕禮〉、〈大射〉賓先升階，爲主人「尊賓」之意；〈公食大夫禮〉卒盥，公先升，具有君臣尊卑關係；而〈有司徹〉卒洗、卒盥，主人皆揖尸而「不讓」，爲禮殺。〔註254〕在上述澄清「賓主體敵，初入門升階，無俱升法」的情形下，有必要重新審視鄭玄「卒洗、卒盥，賓主體敵則俱升」之說。

十七篇的筆法，多以主人的角度描述禮儀過程。相似的行爲，多用「如主人禮」、「如某某之禮」以減省筆墨，但同時卻也使其他行禮者在儀節上的細微差異，受到忽略。因此，應將討論的視角轉換到其他行禮者降堂洗、盥。再者，若經文敘述的先後，和行爲順序相應，則經文詳細記載「甲升，乙升」，而不用「甲、乙俱升」時，便應指甲先升，乙後升。

在上述考量下，先將焦點轉移至描述「非」主人的洗、盥記載：

（1）賓盥卒，壹揖，壹讓，升。主人升，復初位。（《儀禮·士冠禮》，卷2，頁19）

（2）（筆者按：介）卒洗。主人盥。介揖，讓，升，授主人爵于兩楹之間。（《儀禮·鄉飲酒禮》，卷9，頁89）

（3）公降盥。賓降，公辭。卒盥，公壹揖壹讓，公升。賓升。（《儀禮·公食大夫禮》，卷25，頁303）

降堂盥手、洗爵的一方畢事後，至階前，行壹揖壹讓而升，另一方亦升。可知卒洗、卒盥後，賓主升階亦分先後。

其次，除去兼述賓主行爲、以「如」字省略儀節等不易判斷的陳述後，

〔註252〕邱德修指出：「凡禮盛者必先行沃盥，而澡手的目的是在致潔敬。」見氏著：〈說「盥」及其相關問題〉，常宗豪等編：《第二屆國際中國古文字學研討會論文集：香港中文大學三十周年校慶》（香港：香港中文大學中國語言及文學系，1993年），頁318。

〔註253〕鄭玄：「揖讓皆壹者，降於初」、「殺於初」。《儀禮》，〈士冠禮〉，鄭注，卷2，頁19；〈公食大夫禮〉，鄭注，卷25，頁303。

〔註254〕清·凌廷堪：《禮經釋例·通例下》，卷2，頁145。

觀察敘述主人降堂盥、洗的記載，如：

（4）卒洗，主人壹揖，壹讓，升。（《儀禮・鄉飲酒禮》，卷 8，頁 83）

（5）主人卒盥，壹揖，壹讓，升。賓升，西階上疑立。（《儀禮・鄉射禮》，卷 11，頁 111）

這兩條爲主人獻賓，同樣以行盥、洗者的一方先揖、升。上引第（1）、（4）、（5）皆敵體。（2）爲主人與介、（3）爲公與下大夫的賓，屬於主尊賓卑。不同身分，均由盥洗者先行禮。從禮意設想，初入門時，主人先升以「導賓」、賓後升「進宜難」的情境已經消失，取而代之的，是謙讓與感謝之意：承蒙您降堂，陪伴洗爵（盥手），現在洗（盥）畢，請您先升堂吧。另一方婉辭則省文。據經文，卒洗（盥）者「壹讓」，可知行婉辭時爲「一辭」，不敢自尊大。盥洗者在對方禮辭後，則先升堂。

根據上述二類記載，敵體飲酒禮中，卒洗、卒盥後，行禮雙方一揖一讓，由洗盥者先升。〔註255〕

以此重新審視其他禮儀，亦可對照出不同情境中行爲變化的意義。首先，〈燕禮〉與〈大射〉以宰夫爲獻主，與賓升降自西階，二者體敵同用一階。賓洗、盥而先升，符合洗（盥）者先升之例。但主人洗盥本當先升，卻禮讓賓先升，適能呈現「尊賓」〔註256〕之意。因此，二篇中，賓揖而不讓、先升堂。其次，儐尸之禮，主人與尸行獻、酢、酬之禮，或者代主婦降堂與尸行禮，主人皆不讓、先升，並且省略升堂前的「揖」，可見主人益尊、「尸禮益殺」之意。

3、出內門復入升階「揖」讓法

若入門後，賓客因禮儀告一段落而出內門（寢門、廟門等），復入時，則賓主重新行三揖三讓之禮。〈士昏禮〉體使者、〈聘禮〉主君禮賓與私覿、〈有司徹〉儐尸之禮，尸及侑出廟門，復入則以賓客的身分，故與主人行三揖三讓等皆是。沈文倬指出〈有司徹〉主人迎尸、侑說：「『揖，乃讓』是『三揖，

〔註255〕降洗、降盥時，行禮雙方的升階儀節，仍可能如第伍章第一節討論儀文證據般，可能是同時進行的禮儀，但因文字敘述而有先後。本文只是想指出不同性質與階級的禮儀，皆先敘述降洗盥者升階的儀節，那麼降洗盥者先升階的可能性較高。

〔註256〕《儀禮・燕禮》，賈疏，卷 14，頁 162。

至于階，三讓』的省文，與飲酒禮入門升堂相同。」〔註257〕在《儀禮》中，禮儀告一段落時，多以出內門表示。其後，開始下一階段禮儀，則復入。鄭玄釋爲「禮更端」〔註258〕，爲後人揭示箇中關鍵。

門戶，具有「邊際性質」〔註259〕，可區隔空間上的內外，從而構成家族與社會等人倫關係的界線，並具有社會表徵。古人亦習於以「梱」代借整體的「門」，作爲內外的界線，如〈曲禮上〉「外言不入於梱」〔註260〕、《史記・張釋之馮唐傳》云「閫以內者，寡人制之；閫以外者，將軍制之。」〔註261〕以門作爲區隔家族、朝廷的界線，從而有不同的處事標準，如〈喪服四制〉說：「門內之治，恩揜義；門外之治，義斷恩。」〔註262〕家門之內重恩情，家門之外重公義。因之，門（閫）既是空間上的區隔，也是人倫關係的分界。〔註263〕易言之，古人所認定的空間，並非中性，而是將建築物、空間區隔賦予價值標準。〔註264〕

就門的邊際性質而言，十七篇所見的使者或尸，往往藉著出內門的行爲，表示完成任務、去除或減輕象徵的身分，當復入內門後，則以個人身分，與主人行禮。各篇正禮後所見儐使者、醴使者、禮賓、儐尸，皆是如此。以〈士昏禮〉爲例，使者任務結束，出廟門，復入。主人行「醴使者」之禮，使者回復個人身分，故與主人復行三揖三讓。

4、喪、祭禮的升階討論

《儀禮》中未見喪禮賓客來弔的升階之法，僅載主人升自西階。依〈士喪禮〉，從始死，至卒哭之前，主人皆升降自西階。〔註265〕哀子事死如事生，

〔註257〕 沈文倬：〈宗周歲時祭考實〉，《菿闇文存——宗周禮樂文明與中國文化考論》，上冊，頁 372。

〔註258〕 《儀禮・聘禮》，鄭注，卷 21，頁 250。

〔註259〕 余光弘：〈A. van Gennep 生命儀禮理論的重新評價〉，《中央研究院民族學研究所集刊》第 60 期（1985 年秋季），頁 235。劉增貴師：〈門戶與中國古代社會〉，《中央研究院歷史語言研究所集刊》第 68 本第 4 分（1997 年 12 月）。杜正勝：〈內外與八方——中國傳統居室空間的倫理觀和宇宙觀〉，黃應貴主編：《空間、力與社會》（臺北：中央研究院民族所，1995 年 12 月初版）。

〔註260〕 《禮記・曲禮上》，卷 2，頁 37。

〔註261〕 《史記・馮唐列傳》，卷 102，頁 2758。

〔註262〕 《禮記・喪服四制》，卷 63，頁 1032。

〔註263〕 劉增貴師：〈門戶與中國古代社會〉，《中央研究院歷史語言研究所集刊》（1997 年 12 月），第 68 本第四分，頁 2。

〔註264〕 徐宏鑫：《禮制空間之規範研究——以《儀禮》爲例》，頁 14。

〔註265〕 詳參第肆章第三節「凡非主人，升降自階」條。

「不忍即父位」〔註266〕，故升降自西階，而賓亦升自西階，是否如〈燕禮〉、
〈大射〉同用一階法，賓揖而先升？還是另有他法，暫時闕疑。謹列出《禮
記》二條諸侯禮的記載，以備參考：

第一條，《禮記‧雜記上》載：

> 弔者入。主人升堂，西面。弔者升自西階，東面致命曰：「寡
> 君聞君之喪，寡君使某，如何不淑！」子拜稽顙，弔者降，反位。
> 含者執璧，將命曰：「寡君使某含。」相者入告，出曰：「孤某須矣。」
> 含者入，升堂致命，再拜稽顙。……禭者執冕服，左執領，右執要，
> 入，升堂致命曰：「寡君使某禭。」子拜稽顙，委衣于殯東，禭者
> 降。……（賵者）坐委於殯東南隅，宰舉以東。凡將命，鄉殯將命，
> 子拜稽顙，西面而坐委之。……（臨哭之禮）孤降自阼階，拜之，
> 升，哭，與客拾踊三。（《禮記》，卷41，頁727～728）

弔、含、禭、賵禮，未見主人升降階。據「凡將命，鄉殯將命，子拜稽顙」，
可知主人皆在堂上，與使者行禮。而臨哭時，主人（孤子）「降自阼階，拜
之，升，哭，與客拾踊三」，則主人拜後，升堂，但未見是否行揖讓之禮。
值得注意的是，有別於士喪禮升自「西階」，諸侯之喪主人升降自「阼階」
的原因可能有二：其一，階級之異。士喪禮，至祔祭後，始升降自阼階。諸
侯為一國之君，需及早定君位，如杜預《春秋釋例》載：「君薨之日，嗣子
之位，國已定也。」〔註267〕因此，升降自阼階的時間可提早。其二，因行
禮對象不同而異禮。《禮記‧雜記上》：「君薨，大子號稱子，待猶君也。」
鄭注：

> 謂未踰年也。雖稱「子」，與諸侯朝會如君矣。《春秋》魯僖公
> 九年夏，葵丘之會，宋襄公稱「子」而與諸侯序。（《禮記》，鄭注，
> 卷40，頁716～717）

諸侯之間朝會，雖在喪期內，但猶得稱君。而此條主人與受君命的外國使者
行禮，故行君禮，升降自阼階。

第二條，《禮記‧曾子問》載衛靈公弔魯國大夫季桓子之喪：

> 公（筆者按：魯哀公）為主，客入弔，康子立於門右，北面。
> 公揖讓，升自東階，西鄉。客升自西階，弔。公拜興哭，康子拜稽

〔註266〕《禮記‧坊記》，鄭注，卷51，頁869。
〔註267〕晉‧杜預：《春秋釋例》，卷1，頁1下。

額於位。有司弗辯也。今之二孤，自季康子之過也。(《禮記‧曾子問》，卷 18，頁 367)

國君親至，「臣不有其家」，因此魯哀公於季康子宅升自阼階。〈士喪禮〉國君臨視大斂，亦升自阼階，可互證。按照這條批評的是季康子拜稽額形成「二孤」，則升階禮當無誤。若然，綜合第一條「主人升堂，西面。弔者升自西階」，與第二條「公揖讓，升自東階，……客升自西階」來看，諸侯喪禮，賓主升階行揖讓之禮，且主人先升，賓客後升。

祭禮的部分，上大夫以賓客之禮待尸，行儐尸之禮的部分已討論如上。而祭禮開始，尸初入，由祝代主人迎，《禮記‧郊特牲》說：

祭祀之相，主人自致其敬，盡其嘉，而無與讓也。(《禮記》，卷 26，頁 508)

庾蔚說：

賓主之禮，相告以揖讓之儀。祭祀之禮，則是主人自致其敬，盡其善，故詔侑尸者，不告尸以讓，故其無所與讓。(《禮記》，孔穎達正義引，卷 26，頁 510)

祭祀追孝繼養，尸雖由祝詔侑，升自西階，但事之如先人，故不須言讓。據〈郊特牲〉和庾氏所言，亦知禮儀的種類決定揖讓之法，故祭祀禮、賓主禮不同。謹將上述整理如下：

賓主禮，初入門升階三讓，不敵則尊者先升，體敵則主人先升。

天子使者，初入門升階不讓，先升。

敵體飲酒禮，降堂洗、盥，賓主一揖一讓升。

儐尸之禮，降堂洗、盥，主人不讓先升。

出內門，復入行禮，三揖三讓升。

回顧凌氏的禮例，「凡升階皆讓，賓主敵者俱升，不敵者不俱升」條，此概括性的語言，重視相同的儀節，誠有助於囊括禮文。然而，列舉禮文證明條例的同時，仍有所不足：首先，未探討三讓、四讓的問題，以致忽略鄭玄用今文本「讓」以達到四讓說的用意，實異於經書禮文。其二，出內門復入行禮的部分，未受到重視。其三，「凡升階皆讓」的全稱方式，和天子使者「不讓」、〈燕禮〉與〈大射〉賓「不讓」相矛盾。

「凡降洗、降盥，皆壹揖、壹讓升」條，凌氏似以〈鄉飲酒禮〉、〈鄉射

禮〉、〈特牲饋食禮〉主人獻賓的「揖讓俱升」為正禮，並在內文指出〈燕禮〉、〈大射〉、〈有司徹〉儐尸之禮等不符合條例的情形。雖然如此，〈燕禮〉、〈大射〉的「不讓、先升」，〈公食大夫禮〉公先升，〈有司徹〉主人揖尸而無讓，〈鄉飲酒禮〉與〈鄉射禮〉主人獻眾賓、〈有司徹〉主人獻長賓不揖不讓，〈燕禮〉、〈大射〉獻卿、大夫、士亦不揖讓等，這些為數眾多的「例外」，不僅對〈通例〉形成數量比重上的不平衡，更顯示凌氏以〈鄉飲酒禮〉、〈鄉射禮〉為正禮，進而括例。至於其他諸多不同儀節，凌氏的重視程度並不高。

例二：凡肺皆有二：一舉肺，一祭肺。

賈公彥首先揭示舉肺、祭肺之分，並整理《儀禮》所見的異名：

> 就舉肺之中，復有三稱：一名舉肺，為食而舉。二名離肺，〈少儀〉云「三牲之肺離而不提心也」。三名嚌肺，以齒嚌之。此三者皆據生人為食而有也。就祭肺之中，亦復有三稱：一者謂之祭肺，為祭先而有之。二者謂之忖肺，忖切之使斷。三者謂之切肺，名雖與忖肺異，切肺則忖肺也。（《儀禮·士冠禮》，賈疏，卷3，頁29）

> 祭時二肺俱有，生人唯有舉肺，皆祭。今此得有祭肺者，《禮記·郊特牲》論娶婦「玄冕齊戒，鬼神陰陽也」，故與祭祀同二肺也。（《儀禮·士昏禮》，賈疏，卷4，頁43）

賈氏整合肺的分類、異名，及其由來，為後人提供進一步發展的基礎。清人凌廷堪因而指出：

> 凡祭肺，禮盛者嚌肺，不盛者不嚌肺。

> 凡肺皆有二：一舉肺，一祭肺。〔註268〕

然其文中並未詳細辨別舉肺、祭肺，是以本文承前人的成果，根據附表22，進一步探討祭肺、舉肺的區別，復以此為基礎討論凌廷堪的條例。

1、祭肺、舉肺的區別

祭肺，是被切斷的部分肺體，尺寸不詳。祭肺為部分的肺體，或與「鬼神之餘」〔註269〕的「餘」有關，以其為餘食，故不用整全之體。行禮時，

〔註268〕清·凌廷堪：《禮經釋例·飲食之例下》，卷5，頁259～261、頁277～278。
　　　　按：其他與肺相關的禮例還有「凡祭薦者坐，祭俎者興，祭薦者執爵，祭俎者奠爵」（頁253～257）、「凡祭薦不挩手，祭俎則挩手」（頁258～259）、「凡祭皆于籩豆之間，或上豆之間」（頁261～264）、「凡餕者亦祭」（頁264～266）。
〔註269〕《儀禮·特牲饋食禮》，賈疏，卷46，頁545。

取祭肺行按祭，藏於「兩豆間之隙地」〔註270〕，不嘗、不嚌。以祭肺行按祭，是尊敬的表現，如〈少牢饋食禮〉尸行按祭，爲「將食神餘，尊之而祭之」；主人行按祭「亦尊尸餘而祭之」。〔註271〕由於以祭肺行按祭，爲表示對尊者及其食物的敬重，故其禮皆先於舉肺。如〈鄉射禮〉的獲者與釋獲者、〈士昏禮〉、〈士虞禮〉、〈特牲饋食禮〉、〈少牢饋食禮〉皆然（〈公食大夫禮〉待下文討論）。祭肺爲部分的肺體，故可單手行禮，因而多見左執爵，右祭肺的情形，「凡祭祭肺，皆不奠爵，是其常」〔註272〕。祭肺不食，〔註273〕且其爲部分肺體，不會因撕裂而汙手，故無挩手禮。祭祭肺畢，不奠爵，逕行祭酒。

舉肺，外形爲切割中央而不斷裂的肺，「長終肺」〔註274〕，長度完整。食時，左手持肺，用右手繚繞肺的下端，使之斷絕，使用斷絕的小塊肺行振祭，經文稱爲「絕末以祭」，或省稱爲「絕祭」。行振祭後，嘗食小塊肺體。食俎實，最先用肺，一方面因其爲「氣之主」，先食以導氣。〔註275〕另一方面，「禮，食殺牲則祭先」〔註276〕，以周人所重之肺，作爲食先的祭品之一。是以，先祭舉肺，而後食之。行禮儀節來看，「食所先舉」〔註277〕當爲舉肺一名的由來，而非賈氏所言的「爲食而舉」。未食的肺體，暫置於菹豆上。待禮儀告一段落，移置其他容器，如喪禮的〈士虞禮〉置肺於篚；吉禮的〈特牲饋食禮〉、〈少牢饋食禮〉則置於胏俎。由於舉肺爲整全之肺，斷裂肺體時，需用雙手持之行禮，故奠爵。而手因斷裂肺體時受染汙，因此在舉肺食畢，

〔註270〕清‧方苞：《儀禮析疑》，《景印文淵閣四庫全書》，第109冊，卷15，頁249。
〔註271〕《儀禮‧少牢饋食禮》，鄭注，卷48，頁570、572。
〔註272〕《儀禮‧大射》，賈疏，卷18，頁215。
〔註273〕祭肺用按祭，置於豆間，且經文記載使用祭肺時，皆言「坐祭之」，而未有一語提及食用，可知祭肺不食。《禮記‧祭統》孔穎達疏認爲祭肺與舉肺「二肺皆嚌之」。然和《儀禮》經文、鄭玄注不相侔，故未從之。見《禮記‧祭統》，孔穎達正義，卷49，頁833。
〔註274〕《儀禮‧少牢饋食禮》，卷47，頁562。
〔註275〕《儀禮》，〈士昏禮〉，鄭注，卷4，頁42；〈少牢饋食禮〉，鄭注，卷48，頁570。按：透過攝取食物，人可得到生物的靈性，反映人和萬物之間具有相互感染、影響的質性，可參弗雷澤著，汪培基譯，陳敏慧校閱：《金枝》（臺北：久大文化股份有限公司、桂冠圖書股份有限公司，1991年2月初），下冊，頁725、728。
〔註276〕《禮記‧曲禮下》，鄭注，卷4，頁77。
〔註277〕《儀禮‧少牢饋食禮》，鄭注，卷47，頁560。

均捝手以淨，而後乃行祭酒。〔註278〕

職是，除了形體的整全、部分之外，從儀節來看，所行的祭禮種類是振祭或按祭、行禮時是否奠爵、是否嚌食〔註279〕、後續是否捝手，皆可作為分辨舉肺、祭肺的線索。

2、舉肺、祭肺的應用場合

就經文看來，舉肺，為生人之禮所用。喪禮之奠，亦用舉肺，為「不異於生也」。祭肺，用於「祭祀」，如〈特牲饋食禮〉、〈少牢饋食禮〉等吉祭、〈士虞禮〉之祭。〈鄉射禮〉、〈鄉飲酒禮〉獲者用祭肺，因其「祭侯」。〈士昏禮〉婦至成禮、婦饋舅姑時，皆有祭肺，乃因其為「上以事宗廟，而下以繼後世」〔註280〕的家族重大事件，故慎重看待，與祭祖禰同有祭肺。賈公彥認為「祭時，二肺俱有，生人唯有舉肺，皆祭」，而〈士昏禮〉使用祭肺，為「鬼神陰陽」。〔註281〕。賈氏以「鬼神陰陽」視之，希冀祖先神靈參與見證，誠有其道理，然不宜將昏禮過度偏重鬼神陰陽以解釋：

其一，從昏禮流程來看，親迎之前，男女雙方各告其廟，故齋戒、著祭服。《禮記‧文王世子》載：

> 五廟之孫，祖廟未毀，雖為庶人，冠、取妻必告。（《禮記》，
> 卷20，頁401）

有廟者，冠、昏皆告，以致敬於先祖。《左傳》昭公元年楚國公子圍至鄭國親迎，「圍布几筵，告於莊、共之廟而來」〔註282〕，為出境親迎告廟之禮。告廟禮畢，壻遂著祭服親迎，女子亦著祭服出嫁，〈郊特牲〉說：「玄冕齋戒，鬼神陰陽也」〔註283〕當由此而來。因此，就儀節的先後流程而言，此祭肺乃承告廟禮而來，藉以追念先祖〔註284〕、「思嗣親」感傷世代交替。

其二，婦至成禮的寢、室，為壻日常生活的寢、室〔註285〕，屬於生人的

〔註278〕《儀禮‧特牲饋食禮》，鄭注，卷45，頁534。
〔註279〕清‧淩廷堪：《禮經釋例‧飲食之例下》，卷5，頁277。
〔註280〕《禮記‧昏義》，卷61，頁999。
〔註281〕《儀禮‧士昏禮》，賈疏，卷4，頁43。
〔註282〕《左傳》昭公元年，卷41，頁697。
〔註283〕《禮記‧郊特牲》，卷26，頁506。
〔註284〕《禮記‧祭統》指出祭祀者「既內自盡，又外求助，昏禮是也。」（卷49，頁831）昏禮，是放在祭祖的脈絡下彰顯其意義。
〔註285〕《禮記‧內則》：「由命士以上，父子皆異宮。」（卷27，頁519）《禮記‧雜記下》鄭注：「禮，由命士以上，父子異宮。」（卷43，頁748）《儀禮‧士昏

活動空間，而非廟之室；饌設醢醬，爲生人食法。本質上，仍屬生人食禮，因其爲繼祖體的人生大事，故得承祭祀禮而有祭肺。

綜言之，《儀禮》中，舉肺用於生人飲食禮、「事死如事生」的喪奠；祭肺用於吉祭、確定死者爲鬼神的士虞祭、祭侯，及承續祖先的昏禮。

數量方面，祭祀中，一俎兼用舉肺、祭肺，則爲禮盛，〔註286〕如吉祭的尸俎、〈有司徹〉的尸俎與主人俎。同一場合中，有兼用二肺、有單用舉肺者，顯示階序上的差異，如〈有司徹〉的主人俎兼用二肺，主婦俎則只有羊舉肺。

據上所述，可進一步探討〈公食大夫禮〉祭肺之有無的問題。該篇載賓祭正饌時：

> 三牲之肺不離。贊者辯取之，壹以授賓。賓興受，坐祭，挩手。（《儀禮》，卷25，頁304）

鄭玄視此爲舉肺，「不離而刌之，便賓祭也」〔註287〕。賈公彥承其說。清人凌廷堪則從食舉肺、不食祭肺的二分法來看，經文未載賓嘗食，當是「祭肺」。〔註288〕然而，舉肺亦有不食者，如〈燕禮・記〉載國君宴請異國使臣，正賓席於諸公之坐，另以上介爲賓，正賓爲尊者，卻不干預正禮，故禮殺而不嚌肺。〔註289〕〈大射〉的卿，因自貶於君，同樣以不嚌肺表徵身分有別。而〈公食大夫禮〉載賓祭肺之後，「挩手」，當因祭舉肺時，撕裂肺體之故。而且，依〈少牢饋食禮〉、〈有司徹〉所載，大夫用羊、豕之牲，此得用牛、羊、豕三牲；大夫用五鼎，此用七鼎，當是大夫出使，主國之君加禮款待。那麼舉肺而「不離」，亦當出於禮遇賓客之意。再者，若此爲祭肺，那麼此禮將缺少一般食禮所當有的舉肺。因此，該篇「三牲之肺不離」，應如鄭玄所言的「舉肺」爲是，〈公食大夫禮〉無祭肺。凌氏似從食、不食的二分法，將禮儀簡化，而忽略〈公食大夫禮〉爲禮遇賓客「便賓祭」之特殊待遇。

又，「凡祭薦者坐，祭俎者興，祭薦者執爵，祭俎者奠爵」條，凌氏說：

> 〈有司徹〉主人獻尸，次賓授匕、湇，「尸興，左執爵，右取肺，坐祭之」，主人獻侑，侑祭豆籩畢，興，左執爵，右取肺，坐祭

〔註〕禮》鄭注：「古者命士以上，年十五，父子異宮。」（卷5，頁53）士「父」的室，至少有正寢之室、燕寢之室、廟之室，而士「子」夫婦成昏、夜宿的室，當爲其子日常生活的室。

〔註286〕清・黃以周：《禮書通故・肆獻祼饋食禮第十七》，第2冊，頁870。

〔註287〕《儀禮・公食大夫禮》，鄭注，卷25，頁304。

〔註288〕清・凌廷堪：《禮經釋例・飲食之例下》，卷5，頁277。

〔註289〕《儀禮・燕禮》，卷15，頁179。

之。主人受尸酢，祭與獻侑同。又主婦獻侑，主人獻長賓，侑賓祭
肺皆不奠爵，蓋祭畢儐尸，殺于飲酒正禮，故祭俎不奠爵。唯主人
獻尸及主人受尸酢，至司馬羞羊肉湆時祭肺，始一奠爵也。此皆禮
之殺者。……（筆者按：〈士虞禮〉、〈特牲饋食禮〉、〈少牢饋食禮〉
等篇）尸祭俎不興者，尊尸也。此皆禮之隆者。再考〈公食大夫禮〉
及〈燕禮〉、〈大射〉主人獻公，亦禮之隆，而祭俎亦興者，事人之
禮，不同于事鬼神也。至于祭畢儐尸于堂，則以人道事尸，與在室
中者不同，故祭俎亦興也。〔註290〕

相較於條例的「祭俎者奠爵」，〈有司徹〉儐尸之禮祭俎不奠爵，凌氏以為儐
尸之禮「殺於飲酒正禮」、「禮之殺者」。此乃以飲酒禮作為「標準」而得到的
評語。相較於條例所言的「祭俎者興」，〈士虞禮〉、〈特牲饋食禮〉、〈少牢饋
食禮〉等正祭，尸祭俎皆不興，凌氏認為出於「尊尸」、「禮之隆者」。凌氏並
以「尸祭俎不興」和其他禮儀相比較：其一，以祭祀、食禮、飲酒禮相比較。
祭祀時，尸祭俎不興。同屬於「禮之隆」的〈公食大夫禮〉及〈燕禮〉、〈大
射〉主人獻公等三篇卻祭俎而興，凌氏認為是「事人之禮，不同于事鬼神也」。
其二，就祭祀禮儀之內的儀節進行比較。正祭時事鬼神，故尸祭俎不興；儐
尸之禮祭俎而興，乃因「人道事尸」之故。

　　然而，從肺體與禮儀場合之間的關係來看，首先，儐尸之禮祭俎不奠爵，
與祭肺有關。參照附表22，凌氏所言〈有司徹〉儐尸之禮祭俎不奠爵者，其
儀節與所用之肺如下：主人獻尸，尸用羊俎「祭肺」；主人獻侑，侑用羊俎
「祭肺」；主人受尸酢，用羊俎「祭肺」；主婦獻侑，侑用豕俎「祭肺」；主
人獻長賓，長賓用「祭肺」。因其皆為祭肺，故不須奠爵。而凌氏視為禮之
殺的主人獻尸、主人受尸酢，「奠爵」，此因羊肉湆俎舉肺，故尸、主人「坐
絕祭」〔註291〕，以雙手斷絕肺體而祭，故需奠爵。

　　其次，正祭時，尸祭俎不興，亦與祭肺有關。〈士虞禮〉、〈特牲饋食禮〉、
〈少牢饋食禮〉等正祭事尸，尸先用祭肺行按祭，由於祭肺已切割，故不須
站立絕肺、不須奠爵。按祭後，佐食授舉肺、脊等，尸行振祭而食。此舉肺
當為佐食所斷裂，故經文未載尸站立絕肺，仍坐行禮。因此鄭玄說：「尸恒
坐，有事則起。」〔註292〕

〔註290〕清·凌廷堪：《禮經釋例·飲食之例下》，卷5，頁255～256。
〔註291〕《儀禮·有司徹》，卷49，頁585～586、587。
〔註292〕《儀禮·少牢饋食禮》，鄭注，卷48，頁572。

職是，是否「興」祭俎、是否奠爵祭俎，除了正祭、儐尸之禮的場合不同外，最主要的原因當是祭肺、舉肺的不同。或者反過來說，是祭禮的性質、場合，決定使用的物品，影響禮儀行爲。簡言之，禮儀性質、禮文是整體相互配合的。

如果單從「祭禮」正祭、儐尸之禮的場合而言，祭肺、舉肺誠然可從禮之隆殺解讀。但若與飲酒禮相比，並進而排序，指出主人獻公與士、大夫正祭，同爲「禮之隆」；儐尸之禮同於飲酒禮而「以人道事尸」，並認爲儐尸之禮「殺于飲酒正禮，故祭俎不奠爵」，似乎過度同化禮儀，不僅降低階級尊卑的差異性，也忽略禮儀性質與用物的不同，如〈燕禮〉、〈大射〉、〈公食大夫禮〉爲諸侯禮，而〈士虞禮〉、〈特牲饋食禮〉、〈少牢饋食禮〉爲士、大夫禮，乃至於飲酒禮和祭祀的差異。

例三：事尸之禮始於綏祭，終於從獻。

凡尸未食前之祭，謂之墮祭，又謂之挼祭。

相關禮例見於〈士虞禮〉「記：虞祭無尸者陰厭之儀」章，鄭注、賈疏：

事尸之禮，始於綏祭，終於從獻。（《儀禮》，鄭注，卷 43，頁 508）

凡祭禮，以獻爲終。（《儀禮》，賈疏，卷 43，頁 508）

《儀禮》所載祭祀先人之禮，除了上大夫以儐尸之禮取代陽厭外，〈士虞禮〉、〈特牲饋食禮〉、下大夫不儐尸之祭等，可分爲陰厭、事尸、陽厭三個主要部分。〔註 293〕一般而言，鬼神不可得見，因此以陰厭與陽厭冀其歆饗。出於同樣的理由，以受祭者之孫輩爲尸，繫立親之形象，主祭者仿照孝敬先人的方式供養尸，以表追慕，此爲事尸之禮。下文按照挼祭、三獻的次序，說明事尸之禮。

所謂挼祭，鄭玄認爲是「祭神食也」，並根據《周禮》，說明挼祭的方式爲下墮部分祭品，祭後則「藏其墮」。〔註 294〕鄭玄說：

黍、稷之祭爲墮祭，將食神餘，尊之而祭之。（《儀禮》，鄭注，卷 42，頁 497；卷 45，頁 531）

〔註 293〕凌廷堪說：「凡尸未入室之前，設饌于奧，謂之陰厭。」「凡尸既出室之後，改饌于西北隅，謂之陽厭。」見氏著：《禮經釋例・祭例上》，卷 9，頁 490、494。

〔註 294〕《儀禮》，〈士虞禮〉，鄭注，卷 42，頁 497；〈特牲饋食禮〉，卷 45，頁 530；〈有司徹〉，卷 50，頁 602。

賈公彥基於經文與鄭說，進一步補充「肺與黍稷俱得爲墮」，並闡述：

> 陰厭是神食，後尸來即席、食，尸餕鬼神之餘，故尸亦尊神而
> 祭之，以其凡祭者，皆不是盛主人之饌，故以祭之爲尊也。（《儀禮》，
> 賈疏，卷48，頁570）

> 凡餕者，尸餕鬼神之餘，祭者餕尸之餘，義取鬼神之惠徧廟中。
> （《儀禮》，賈疏，卷46，頁545）

因此，按祭的主要祭品爲黍、稷、肺，而其祭祀之意爲食用神的餘食，爲示尊敬而祭，是另一種形式的「餕」。

　　接著，討論「三獻禮成」。正祭後，大夫、士皆行三獻之禮：主人初獻、主婦亞獻、賓長三獻。通觀〈士虞禮〉、〈特牲饋食禮〉、〈少牢饋食禮〉中，賓大體爲主人的屬官，〔註295〕協助進行祭祀。從三獻禮來看，主人與主婦獻酒，仿照爲人子者盡孝道；賓長爲屬官而獻酒，則類於生前服侍主人。因此，雖名爲賓，但在禮儀初始，即從屬主人之列，〔註296〕不同於一般賓客與主人分庭抗禮。獻尸的性質，爲酳，既「頤衍養樂之」〔註297〕，又能「以安食氣」。〔註298〕獻酒時，有伴隨而來的食品，〔註299〕謂之「從獻」，如肝、燔肉等。賈公彥說：

> 主人獻之後，賓長以肝從。主婦亞獻，賓以燔從。賓長獻後，
> 亦如之。（《儀禮》，賈疏，卷43，頁508）

易言之，「從獻」即尸飲酒的下酒菜。

　　三獻禮畢，事尸之禮大致告成，故〈士虞禮〉三獻畢，尸即出廟門。三獻後續儀節，視禮儀性質、主人身分而異。以吉禮而言，士、下大夫三獻後，行加爵、嗣子獻尸、旅酬、無算爵等一連串的燕飲。由於旅酬、無算爵爲族人與賓客互飲，因此「禮將終」時，〔註300〕由佐食再次加爵獻尸，表達感

〔註295〕賈公彥指出士虞禮的賓，爲士的屬官兼朋友（卷42，頁494）。鄭玄認爲特牲饋食禮的賓「在有司之中」，少牢饋食禮的賓地位低，「純臣也」，也是屬官的性質。見《儀禮》，〈特牲饋食禮〉，鄭注，卷44，頁521；〈有司徹〉，鄭注，卷50，頁596。

〔註296〕《儀禮》〈士虞禮〉，卷42，頁494～495；〈特牲饋食禮〉，卷44，頁524；〈少牢饋食禮〉，卷47，頁562。

〔註297〕《儀禮‧特牲饋食禮》，鄭注，卷45，頁532。

〔註298〕清‧吳廷華：《儀禮章句》，《景印文淵閣四庫全書》，第109冊，卷14，頁452。

〔註299〕鄭注：「從，猶隨也。」見《儀禮‧鄉飲酒禮》，鄭注，卷8，頁82。

〔註300〕《儀禮‧特牲饋食禮》，鄭注，卷46，頁545。

謝與敬重之意。上大夫禮則更爲隆重，尸雖獻畢即出廟門；然其後復入，接受主人特別舉行的儐尸之禮。若上述無誤，所謂「事尸之禮」，主要爲尸表徵受祭者，接受生人奉養之禮。因此，過程中特別標誌承續鬼神陰厭的挼祭、餕，而以奉養告成。

關於此條禮例，較大的爭議在於挼祭的界定與步驟。下文先列舉凌廷堪、黃以周、孫詒讓的議論，以突顯凌說的影響。其次，探討《儀禮》祭食的順序，檢證祭食的過程。最後，檢討凌廷堪界定祭食之禮方式，因過度簡化而造成應用上的困難。

1、挼祭的爭議

據上文，鄭玄以祭黍、稷、切肺爲挼祭。依照〈特牲饋食禮〉，凌廷堪則以「食前」爲時間點，認爲祭菹醢、祭黍稷肺、祭酒、祭鉶、祭離肺與正脊均屬於挼祭的內容。凌氏擴大挼祭的範圍，「凡尸未食前之祭，謂之墮祭，又謂之挼祭」條說：

> 祭黍、稷、肺爲挼祭，其餘皆統于挼祭也。祭肺脊，在尸未食之前，統于挼祭，與祭幹、祭骼、祭肩不同，故尸亦奠肺、脊于菹豆，不于肵俎也。〔註 301〕

以此觀之，凌氏的「食前」似指「飯前」，以飯黍爲時間定點。然而，「離肺與正脊」用振祭，祭畢，食之；「黍、稷、切肺」用挼祭，先沾染醓醬而後墮於豆間，祭畢，不食。二者祭法不同，如何能同屬於挼祭，凌氏的解決之道是：祭離肺、脊的時間不僅在「未食前」，而且離肺、脊奠於菹豆，異於幹、骼、肩在肵俎，因此根據時間、器物，將離肺、脊歸入挼祭。此外，凌氏又將《儀禮》與《周禮》二書相參，認爲：

> 墮祭即《周禮・大祝》九祭中之命祭也。此祭必祝命之，故曰命祭。〈特牲〉、〈少牢〉及〈士虞〉皆然。〔註 302〕

於是，挼祭又等於《周禮・春官・大祝》九祭中的命祭，此說又見於《釋例》卷五末的〈周官九祭解〉。不論就挼祭的內容，還是祭祀方法（祝命之）、名稱，凌氏皆以鄭說爲基準點，輻射出新的見解。胡培翬著《儀禮正義》，從其說。〔註 303〕

〔註 301〕清・凌廷堪：《禮經釋例・祭例上》，卷 9，頁 485。
〔註 302〕清・凌廷堪：《禮經釋例・祭例上》，卷 9，頁 487。
〔註 303〕清・胡培翬：《儀禮正義・特牲饋食禮》，第 3 冊，卷 35，頁 2124～2125。又，

清人黃以周運用「進食與否」作爲標準，認爲按祭「既祭則藏其隋」，則不嚌不嘗，故排除「嘗之」、「嚌之」的祭酒、祭鉶等，黃氏說：

> 凡隋祭有二：一曰祭豆，一曰祭黍稷肺。〔註304〕

此將隋祭的範圍縮小至祭豆、祭黍稷肺二種，而無淩廷堪所說的祭離肺、脊。其後，孫詒讓一方面認同淩廷堪視「按祭」爲《周禮》之「命祭」。另一方面，鄭注《周禮・春官・守祧》說：「隋，尸所祭肺、脊、黍、稷之屬」的「脊」字，關係到按祭的範圍。若「脊」字正確，則淩氏之說可以成立。若「脊」字爲誤衍，〔註305〕則黃說的可能性較高。孫詒讓引〈特牲饋食禮〉爲證，認爲「脊」字當作「祭」，並說：

> 肺祭者，別於舉肺之辭，校者不審，或疑其祭字複出，臆改爲「脊」，遂與《禮經》不合耳。〔註306〕

可知孫詒讓讀爲「隋，尸所祭肺祭、黍、稷之屬」。孫氏雖解決用字問題，卻在按祭的定義上，游移於淩氏、黃氏二說而不決，「不審二說孰得鄭恉」。〔註307〕總之，三位學者主要以食用與否爲標準，判斷按祭的內容。

2、《儀禮》所見祭食順序及其禮意

《儀禮》所見的按祭，不僅止於祭祀，〈士昏禮〉、〈公食大夫禮〉亦有之。因此本文將一併觀察，期望較爲周全地討論此議題。

茲將《儀禮》所見祭食順序，整理如下：

除了〈特牲饋食禮〉之外，《儀禮》所見祭食的順序大致爲：

> 1 祭菹醢 → 2 祭黍稷（肺）→ 3 祭肺（脊）→ 4 祭鉶。

1、2，皆未食，而3、4則嚌、嘗之。以下依次討論。

首先，祭菹醢，爲祭食先。〈士昏禮〉鄭注指出飲酒時，祭脯醢爲祭「食先」，然未言食禮祭菹醢之意。〔註308〕而淩廷堪歸納出「食禮有豆無籩，飲

胡培翬根據《周禮》鄭注：「隋，尸所祭肺脊黍之屬，藏之以依神」、《說文》：「隋，裂肉也」，並廣徵清人學說，提出按、墮等皆當作「隋」祭。其說可從。然爲與《儀禮》經文相同，且因討論方便，仍使用「按祭」一詞。見同書，第3冊，卷32，頁1998～1999。

〔註304〕清・黃以周：《禮書通故・肆獻祼饋食禮通故第十七》，第2冊，頁815。
〔註305〕《周禮・春官・守祧》，賈疏，卷21，頁329。
〔註306〕清・孫詒讓：《周禮正義・春官・守祧》，第6冊，卷41，頁1685～1686。
〔註307〕清・孫詒讓：《周禮正義・春官・守祧》，第6冊，卷41，頁1685。
〔註308〕《儀禮・士昏禮》，鄭注，卷4，頁41。

酒禮豆籩兼有」，亦未細究箇中原由。〔註309〕相較於飲酒禮有脯醢，食禮、正祭設菹醢，亦當爲祭食先，著重「報」的涵義。因此，豆籩之兼設與否，顯示食品爲菹醢或脯醢之異，也表示不同場合中，祭食先之物有別。《左傳》襄公二十八年，叔孫穆子以食禮招待慶封，慶封汜祭，穆子不悅。杜預說：

> 禮，食有祭，示有所先也。汜祭，遠散所祭，不共。（《左傳》，杜注，卷38，頁655）

孔穎達闡述食必先祭，「以示有所先」，並引〈公食大夫禮〉證明祭食各有其處。〔註310〕慶封因遠散祭食之物，不於應有之位，顯示態度不恭，致使穆子不悅。又如：

> 雖疏食、菜羹、瓜，祭必齊如也。（《論語·鄉黨》，卷10，頁89）

此「祭」，亦爲「祭先」。因此古人食禮，普遍祭食先。

其次，祭黍稷肺。就禮意而言，祭黍稷肺，屬於尊鬼神之餘的挼祭，表明己之得食，亦承鬼神先人福佑。因此，大夫、士吉祭時，主人、主婦皆得挼祭。〈士虞禮〉主人、主婦不行挼祭，主要在於不忍心以鬼神看待亡者，而不全然是「祭不備禮，故不餕。」〔註311〕再深一層來說，尸行挼祭，爲「餕鬼神之餘」，那麼嗣子、佐食等餕尸之餘，除了「均神惠」之外，〔註312〕亦不無喚起承繼先人使命感之意。

就用物而言，挼祭之物爲黍、稷、祭肺，祭肺的部分，已如食禮之例「凡肺有二：一爲舉肺，一爲祭肺」條所言，不複述。而使用黍稷爲祭，如《韓非子·外儲說左下》載孔子說：「夫黍者五穀之長也，祭先王爲上盛。」〔註313〕而東漢的《白虎通》、鄭玄則皆以稷爲穀物之長。〔註314〕《白虎通·

〔註309〕清·凌廷堪：《禮經釋例·飲食之例中》，卷4，頁236。

〔註310〕《左傳》襄公二十八年，孔穎達正義，卷38，頁655。

〔註311〕清·凌廷堪：《禮經釋例·祭例上》，卷9，頁505。

〔註312〕《儀禮·特牲饋食禮》，賈疏，卷46，頁545。

〔註313〕周·韓非：《韓非子·外儲說左下》，收入《四部備要》（臺北：臺灣中華書局，1981年，據吳氏影宋乾道本校刊），第349冊，卷12，頁6上～6下。

〔註314〕《周禮·天官·甸師》鄭注：「穀者，稷爲長。」（卷4，頁64）《白虎通·社稷》：「稷，五穀之長，故立稷而祭之也。稷者，得陰陽中和之氣，而用尤多，故爲長也。」見漢·班固撰，清·陳立疏證：《白虎通疏證》（北京：中華書局，1997年10月初版），卷3，頁83～84。按：《韓非子》以「黍」爲五穀之長，而鄭玄、《白虎通》以「稷」爲五穀之長，可知「五穀之長」似無定論，但皆

社稷》說：

> 黍、稷爲重要農作物，先民以爲美品，故祭祀以黍稷爲上乘。

〔註315〕

第三，祭肺脊、祭鉶，爲進食的開端。肺、脊爲氣之主、體之貴者，可導食氣。而經過烹煮、調味的鉶羹口感滑潤，有助於溫暖身體、增進食欲。〔註316〕另外，〈士虞禮〉載尸「嘗醢」；〔註317〕〈特牲饋食禮〉載尸祭酒、啐酒、告旨，「主人拜，尸奠觶答拜」。〔註318〕前者嘗醢，後者則不僅啐酒，又與主人爲禮。對照祭黍稷肺爲「尊鬼神之餘」而不食，更呈現出按祭畢，進入受奉養階段，故食肺脊、嘗鉶羹、「盛主人之饌」、飲酒「告旨」。

至於〈特牲饋食禮〉的「命祭」時機異於〈士虞禮〉的原因，可能有二：第一，是〈特牲饋食禮〉「命祭」的時間點在祭葅醢，與〈士虞禮〉於祭黍稷肺異。以祭禮先陰厭鬼神、後事尸的過程來看，〈特牲饋食禮〉「命祭」於禮儀之始的祭葅醢，自是較符合「祭神食」之意。然而，對照生人食禮，可知祭葅醢爲常見的食禮祭祀，因此〈士虞禮〉命祭於「祭黍稷肺」，似爲從嚴標誌祭禮所特有的儀節。此殆爲二篇「命祭」時間點有所出入的原因之一。第二，〈特牲饋食禮〉的祭祀順序爲：

> 1 祭葅醢 → 2 祭黍稷肺 → 3 祭酒 → 4 祭鉶 → 5 祭肺脊

除了1、2之外，次序與他篇不同。此或出於編寫者不明其禮序，或傳抄疏失所致。〔註319〕是則，「命祭」的時間點異於〈士虞禮〉，也可能出於這個緣故。

顯示黍稷在祭祀的重要性。唐人則認爲黍貴於稷。《周禮・天官・甸師》賈疏：「稷爲五穀長者。」（卷4，頁64）《周禮・地官・大司徒》賈疏：「稷者，五穀之長。立稷以表神名。」（卷10，頁150）《禮記・喪大記》孔穎達正義說：「案〈公食大夫禮〉，黍稷爲正饌，稻粱爲加，是稻粱卑於黍稷。……黍稷相對，稷雖爲重，其味短，故大夫用之。黍則味美而貴，故〈特牲〉、〈少牢〉『爾黍于席』，以其味美故也。《詩・頌》云：『其饟伊黍。』鄭注：『豐年之時，雖賤者猶食黍。』是黍貴也，故天子用之。」（卷44，頁771）此述喪禮沐浴時，依身分而使用不同的穀物，又旁及祭祀，或可作爲思考黍稷尊卑的切入點之一。

〔註315〕錢穆：〈中國古代北方農作物考〉，《新亞學報》第1卷第2期（1956年），頁1～27。許倬雲：《西周史（補增本）》（北京：三聯書店，2001年1月初版），頁245。
〔註316〕鉶盛菜羹，爲鼎屬，但非陪鼎。可參周聰俊師：〈儀禮用鉶考辨〉，《三禮禮器論叢》（臺北：文史哲出版社，2011年1月初版），頁1～19。
〔註317〕《儀禮・士虞禮》，卷42，頁497。
〔註318〕《儀禮・特牲饋食禮》，卷45，頁531。
〔註319〕就目前所見，〈特牲饋食禮〉與其他禮儀的歧異時有不能明瞭者，如上大夫儐

3、應用《釋例》之說的困難

應用《釋例》「凡尸未食前之祭，謂之墮祭，又謂之挼祭」之說，將至少面臨二個問題：

第一，同化禮文將產生禮意上的模糊：其一，《釋例》所謂「尸未食」的「食」意義模糊。就〈特牲饋食禮〉經文看來，命祭之後，尸祭鉶「嘗之，告旨」，祭肺脊「嚌之」、「乃食」〔註320〕，嘗、嚌難道不屬於「食之」？而且祭肺脊以「導食氣」，本身即是進食的開端，若欲以飯黍爲界，亦當說明其意義。其二，挼祭、振祭，祭名有別，表示祭祀方法與涵義不同。如今凌氏一以「食前」的時間點統之，易模糊二祭的區別：以「食前」、尸「飯」，作爲區隔的時間點，則挼祭「既祭，則藏其墮」，祭品不食而置於豆間；振祭肺脊「嚌之」後，置於菹豆，祭禮畢則置於肵俎，二者在禮儀上的差異，乃至蘊涵的禮意，容易受到混淆。因此，以「進食前」的時間點將挼祭與振祭統合，似宜再商。

第二，「命祭」的禮文、涵義及應用範圍的問題：其一，命祭時間參差。凌氏雖清楚劃分未食與食的界線，亦界定「命祭」爲祝命之祭。但即便是事尸之禮中亦有參差，如〈士虞禮〉的命祭，始於「祭黍稷肺」，〈特牲饋食禮〉的命祭則始於「祭菹醢」，凌氏並未詳加解釋。其二，「命祭」的涵義與應用範圍。〈士虞禮〉、〈特牲饋食禮〉皆見「祝命挼祭」之事，前者爲命佐食，後者爲命尸，對象不同。褚寅亮折中說明：

　　　　然祝詔尸挼祭，佐食即取黍稷肺授尸矣，實一也。〔註321〕

其說可從。鄭玄釋「命」爲「詔」之意。〔註322〕凌廷堪將命祭與《周禮》九祭相比，視爲祭祀的專有名稱之一，從而將挼祭與命祭等同看待。根本的問題，在於「祝命挼祭」是否可以等同《周禮》九祭的「命祭」？暫且不論鄭玄注《周禮・春官・大祝》指出「命祭」的場合，爲臣侍食於君，君賜食並

尸之禮、下大夫不儐尸之禮均送賓出「廟門外」（卷50，頁600、605），而〈特牲饋食禮〉送賓「主人送于門外，再拜。」（卷44，頁547）清人胡培翬認爲此門爲「大門外」，見氏著：《儀禮正義》，第3冊，卷36，頁2194。黃啓方以爲「主人送賓于廟門外。」見氏著：《儀禮特牲饋食禮儀節研究》，頁61。那麼，廟門、大門的歧異，所顯示的是士、大夫禮的不同？還是傳抄之誤？抑或另有他故？

〔註320〕《儀禮・特牲饋食禮》，卷45，頁531。
〔註321〕清・褚寅亮：《儀禮管見》，《皇清經解續編》，第8冊，卷15，頁2146。
〔註322〕《儀禮・特牲饋食禮》，鄭注，卷45，頁530。

以賓客禮遇臣故「命之祭」的侍食禮，異於食禮或祭祀事尸；亦不論賈公彥認爲「生人祭食，不合與祭鬼神同」的說法。《爾雅》載：

　　　　命，告也。（《爾雅》，卷1，頁10）

祝爲接神者，職責在於「詔侑尸」〔註323〕，所謂的「命挼祭」爲「宣告」開始進行挼祭的禮儀。〔註324〕《禮記・雜記下》：「凡侍祭喪者，告賓祭薦而不食。」鄭注：

　　　　吉祭告賓祭薦，賓既祭而食之。喪祭，賓不食。（《禮記》，鄭

　　注，卷42，頁737）

「告」爲相者之事，宣告並協助禮儀進行。〔註325〕若挼祭等於命祭，那麼〈士昏禮〉婦至成禮時，行挼祭；〈特牲饋食禮〉、〈少牢饋食禮〉等吉祭時，主人、主婦亦行挼祭，皆無「祝命」之儀，則可稱爲挼祭乎？〔註326〕換言之，以「命祭」等同「尸的挼祭」，同化這兩種禮文後，是否能應用到其他的禮儀或其他的行禮者？

　　上述三例，在運用歸納法的思維下，辨別禮儀異同，但過度強調共性、化約禮文，並忽略其中細微的差異，以致在括例或解釋上略有不足。

（二）禮儀的序列化

　　由於凌廷堪將不同性質的禮儀等同看待，於是整合、排列相似的禮儀行爲，進而將盛殺序列賦予禮儀與詮釋。此見於條例敘述、解釋條例的內容，茲分別討論。

1、見於條例敘述的禮儀序列化

　　禮文排序見於條例敘述者，以飲酒禮最爲明顯。就「獻」而言，有主人獻賓、獻介（大夫）、獻眾賓。就「酢」而言，有主人酢賓、酢介（大夫）。

〔註323〕《儀禮》，〈士虞禮〉，鄭注，卷42，頁501；〈士虞禮〉，賈疏，卷42，頁495。

〔註324〕「命祭」的命爲宣告之意，與《禮記・玉藻》的「若賜之食，而君客之，則命之祭」的上對下的指令，不盡相同。〈玉藻〉的「命」爲上對下的指令，如《禮記・表記》：「命之於民也，親而不尊。」鄭注：「命，謂四時政令，所以教民勤事也。」（卷54，頁915）

〔註325〕如《禮記・祭統》：「詔祝於室。」鄭注：「詔祝，告事於尸也。」孔疏：「云『詔祝告事於尸也』者，謂灌鬯、饋熟、酳尸之等，祝官以祝辭告事於尸，其事廣也，以總論事神，故廣言之。」（卷49，頁835）

〔註326〕〈少牢饋食禮〉無命祭之儀，即使凌廷堪引吳廷華之語以爲「文不具」，仍無法說明〈士昏禮〉和祭禮中主人、主婦的挼祭能否列入「命祭」。凌廷堪：《禮經釋例・祭例上》，頁487。

因此在獻禮、酢禮的條例中，爲區隔不同行禮者的儀節，而產生禮盛、禮殺的區別。酬禮，只有主人酬賓，故無盛殺之分。進一步觀察《禮經釋例》飲酒禮中所謂「禮盛」的行禮者身分：

條例 ＼ 受禮者	鄉飲酒禮		鄉射禮		燕禮		大射	
	獻賓	獻介	獻賓	獻大夫	獻賓	獻公	獻賓	獻公
凡賓、主人，禮盛者專階，不盛者不專階。	●		●					
凡禮盛者必先盥。	●	●	●	●	●	●	●	●
凡獻酒皆有薦，禮盛者則設俎。	●	●	●	●	●	●	●	●
凡獻酒，禮盛者受爵于席前，拜與卒爵于階上。	●		●		●		●	
凡獻酒，禮盛者則啐酒，告旨。	●		●		●		●	
凡獻酒，禮盛者受爵，告旨，卒爵皆拜，酢主人。禮殺者，不拜告旨。又殺者，不酢主人。	●		●		●		●	
凡禮盛者坐卒爵，禮殺者立卒爵。	●	●	●	●	●			
凡祭酒，禮盛者啐酒，不盛者不啐酒。	●		●		●	●	●	●
祭肺，禮盛者嚌肺，不盛者不嚌肺。	●		●		●		●	

同樣是「禮盛」，其行禮者身分並不一致，且不易辨別其標準。凌氏之所以形成如此複雜的檢視條例：

一方面在於凌氏未區別主賓的一獻之禮、主人與介獻、酢而無酬，主人與眾賓獻而無酬酢等三種層次（詳參第肆章第二節）。

另一方面，則是凌氏將敵體飲酒禮、君臣飲酒禮共同檢視的緣故。就〈鄉飲酒禮〉、〈鄉射禮〉而言，專階、啐酒與告旨、嚌肺，屬於主人與賓行禮，主人與介則不行此禮，儀節差異反映賓、介的尊卑之別。而〈燕禮〉、〈大射〉二篇，如「凡獻酒，禮盛者受爵于席前，拜與卒爵于階上」條，凌氏說：

賓、主人同在西階上，與〈鄉飲酒〉獻介、〈鄉射〉獻大夫同，〈燕禮〉、〈大射〉宰夫爲主人，故殺于正主也。亦嚌肺、啐酒、告旨者，賓之禮盛于介與大夫也。〔註327〕

〔註327〕清·凌廷堪：《禮經釋例·飲食之例上》，卷3，頁184。

以〈鄉飲酒禮〉、〈鄉射禮〉的賓主敵體禮爲衡量標準，認爲〈燕禮〉、〈大射〉
以宰夫爲主人，賓、主同在西階上，是「殺于正主」。然而，〈燕禮〉、〈大射〉
二篇之賓亦嚌肺、啐酒、告旨等又屬於禮盛，因此推論〈燕禮〉、〈大射〉之
賓禮，處於正賓與介之間，以致同樣是〈大射〉、〈燕禮〉的主人獻賓，或盛
或殺，標準不一。實則，君臣、敵體飲酒，本在禮儀上有部分差異，〈燕禮〉、
〈大射〉由於國君在阼，獻主不得至阼階行禮，以致在形式上賓、主不專階，
此爲君臣飲酒禮之本然。如欲比較〈燕禮〉之盛殺，當就「大夫與其臣」的
飲酒禮，或「諸侯敵體」禮，或〈燕禮〉中不同行禮者的儀節。若以「諸侯」
的「君臣」飲酒禮，與「大夫或士」之「敵體」飲酒禮相較，忽略行禮者的
階級及雙方關係，而以單一標準衡量，綜合排列出禮文之盛殺並以序列化的
方式解釋，亦可再思。

2、見於條例解釋的禮儀序列化

在條例內容中，《釋例》同樣應用序列化的方式，進行禮意上的解釋。茲
舉二例說明。

第一，「凡堂下之篚，在洗西，南肆」條，《釋例》說：

> 蓋〈鄉飲酒〉、〈鄉射〉賓主皆尊，禮盛，故堂上、堂下並設篚；
> 〈燕禮〉、〈大射〉君燕其臣，禮殺，〈特牲〉、〈少牢〉祭畢而飲，禮
> 更殺，故僅設堂下之篚歟？〔註328〕

以設篚的地點、數量作爲標準：〈鄉飲酒〉、〈鄉射禮〉賓主行敵體禮，堂上、
堂下皆設篚爲禮盛，獨設堂下者，爲禮殺，如〈燕禮〉、〈大射〉的君臣飲酒、
〈特牲饋食禮〉、〈少牢饋食禮〉祭畢飲酒。

設篚的地點，當與禮儀性質、身分有關。〈鄉飲酒〉、〈鄉射禮〉主人與
賓於堂上行一獻之禮，無算爵時，堂下觥籌交錯，故設二篚。〈燕禮〉、〈大
射〉國君席於阼階上，篚爲盛爵之器，若設於近君處，則獻主與賓、卿、大
夫、士、庶子等往來獻酢時，將從君側取爵、置爵，國君的位置成了茶水間，
是爲不敬，故設於堂下。〈特牲饋食禮〉、〈少牢饋食禮〉等祭祀，三獻尸之
禮行於室中，不須於堂上設篚，且祭禮以不洗、易爵爲敬，唯異性、卑者向
尊者行爵方洗爵。何況〈少牢饋食禮〉載「饌豆、籩與篚于房中，放于西方」
〔註329〕，是知房中本設篚備用。堂下設篚，當便於無算爵時使用。除了上

〔註328〕清・凌廷堪：《禮經釋例・通例下》，卷2，頁159。
〔註329〕《儀禮・少牢饋食禮》，卷47，頁560。

述之外，凌氏運用「禮以多爲貴」的概念解釋，然而此條若用「禮以少爲貴」亦無不可，而且籩本身有何特殊意義，可作爲盛殺的標準？以籩之地點、數量，作爲辨別盛殺的標準，似可再商。

第二，「凡授受之禮，敵者于楹間，不敵者不于楹間」條，《釋例》說：

> 又〈鄉飲酒禮〉介酢主人，「授主人爵於兩楹之間」，此飲酒之禮與受摯之禮不同也。蓋授玉、授幣，此授受之盛禮也。授几、授醴，次之。授祭，又次之。若飲酒之授爵、〈士昏・記〉之授綏，則其殺焉者矣。〔註330〕

凌氏在「授受禮」的範圍內，將《儀禮》所見物品的授受，皆納入其中，從而區別盛、殺。此不僅混合聘禮、食禮、飲酒、昏禮、祭禮等不同場合的授受，其解釋亦不無可商之處。如凌氏以聘禮授玉爲盛，然則「國之大事，在祀與戎」、「禮有五經，莫重於祭」，祭禮事尸授肺、脊，何以爲輕？又，凌氏以爲授幣爲禮盛，飲酒之授爵爲輕，若〈士冠禮〉的士（主人）授賓幣，比之於〈燕禮〉諸侯授爵於賓，則何者爲輕？若單從禮文本身著眼，未辨別禮儀性質、行禮者身分，將不同禮儀等同視之，加之以排序，並無法有效詮釋該序列中的禮意。

三、限於《儀禮》以偏概全

追根究柢，上述分類標準不明確、禮文過於同化的問題，指向凌廷堪對禮書的區別。第貳章第四節曾提及凌廷堪以《儀禮》爲範圍，進行括例、釋例。但事實上，仍有不得不引用《禮記》、《周禮》的部分，特別是〈賓客之例〉「凡會同之禮四傳擯，皆如覲禮」條，直接引《周禮》〈春官・大宗伯〉、〈秋官・大行人〉，及鄭注，並以鄭注包含的《大戴禮記・朝事》、《周禮・秋官・司儀》、《禮記・明堂位》等，證成其說。〔註331〕「凡相大禮，皆上擯之事」條，《釋例》云：

> 又，〈聘禮〉：「賓出，公再拜送，賓不顧。」注：「君命上擯送賓出，反告賓不顧，於此君可以反路寢矣。《論語》說孔子之行曰：『君召使擯，色勃如也，足躩如也。賓退，必復命曰：賓不顧矣。』」然則孔子是時蓋以大夫攝卿，爲上擯也。〔註332〕

〔註330〕清・凌廷堪：《禮經釋例・通例下》，卷2，頁128。
〔註331〕清・凌廷堪：《禮經釋例・賓客之例》，卷6，頁324～325。
〔註332〕清・凌廷堪：《禮經釋例・賓客之例》，卷6，頁331。

《釋例》雖引〈聘禮〉經文、鄭注，實則主於鄭注所引的《論語》，並據此作為「上擯」的證明。又，「凡聘、問、覲皆于廟，會同于壇，士相見于寢」，條，討論覲禮行於廟時，《釋例》云：

> 〈覲禮〉：「諸侯前朝，皆受舍于朝。同姓西面北上，異姓東面北上。」注：「受舍于朝，受次于文王廟門之外。」疏云：「諸侯待朝聘之賓，皆在太祖之廟」，以其「遷主所藏，皆在始祖之廟，故以始祖為祧。天子待覲、遇，亦當在祧。〈祭法〉云：『天子七廟有二祧』，又《周禮·守祧》職云：『掌守先王先公之廟祧』」、「穆之遷主藏于文王廟，昭之遷主藏于武王廟。今不在武王廟而在文王廟者，父尊而子卑，故知在文王廟也。」……《周禮·大行人》上公、諸侯、諸伯、諸子、諸男皆廟中將幣三享，亦指朝覲宗遇而言。所謂廟者，皆祧廟也。覲者，諸侯見于天子之禮，較之聘問為尤重，故天子受之於文王廟也，是聘、問、覲皆受之於廟也。〔註333〕

除了明確引《周禮·秋官·大行人》之外，《釋例》摘錄大段的《儀禮疏》，乃因《儀禮疏》引用《禮記·祭法》、《周禮·春官·守祧》，可證明鄭玄說覲禮選在文王廟舉行，是出於「祧廟」的緣故。易言之，《禮經釋例》雖以《儀禮》主要範圍，但仍不得不引用《周禮》、《禮記》，特別是在天子、諸侯禮的部分。引用的方式，除了明引之外，亦透過鄭注、賈疏，進行間接引述，以達到論證的效果。

　　然而，《儀禮》一書的行禮者階級、禮儀種類有限，以《儀禮》為括例的主要範圍，實產生部分負面影響，最明顯者莫如上述禮儀解釋序列化、分類的問題。下文則進一步討論據《儀禮》所得之例無法適用於其他經典的情形，茲舉二例說明。

　　第一，根據〈覲禮〉：「庭實唯國所有」，〈聘禮·記〉凡庭實「皮馬相間可也」，鄭注：「間猶代也。土物有宜，君子不以所無為禮」，鄭玄注〈覲禮〉又說：

> 初享或用馬，或用虎豹之皮。其次享，三牲魚腊，籩豆之實，龜也，金也，丹漆、絲纊、竹箭也，其餘無常貨。此地物，非一國所能有，唯所有分為三享，皆以璧帛致之。（《儀禮》，鄭注，卷27，頁325）

〔註333〕清·凌廷堪：《禮經釋例·賓客之例》，卷6，頁335～336。

凌氏認爲「此據〈禮器〉文而言，其說非也」〔註334〕，並進一步區分《儀禮》和《禮記》的記載：《儀禮》的部分，〈覲禮〉、〈聘禮〉經文所載的庭實爲皮馬，因此「言有皮則以皮，有馬則以馬，即〈覲禮〉唯國所有之義」。《禮記》的部分，〈禮器〉、〈郊特牲〉所載馬或虎豹之皮、三牲魚腊等物，指「饗食燕之饗禮」。〔註335〕易言之，凌氏根據《儀禮》經文的有無，以爲《儀禮》聘覲三享的庭實，只用皮或馬；《禮記》〈禮器〉等篇所載眾多物品，爲饗禮所用。下文分別從文獻根據、饗禮庭實的政治意義進行討論。

其一，文獻根據的問題。參〈士昏禮〉載舅姑饗送者時：

舅饗送者以一獻之禮，酬以束錦。姑饗婦人送者，酬以束錦。

若異邦則贈丈夫送者，以束錦。（《儀禮》，卷5，頁55）

若據凌氏的理路，〈士昏禮〉未見庭實，則饗禮當無庭實。然此種討論方式，仍可商榷。清人黃以周則就凌氏的說法與《禮記》的原文說：

凌氏以「大饗王事」爲燕饗之饗，謂享之庭實，皮馬外無他物；饗之庭實得兼有龜、金、丹漆、絲纊、竹箭。其說何據？三牲、魚、腊爲諸侯貢物，故曰「四海九州之美味」，如謂此以饗諸侯，何必舉四海九州爲說？〔註336〕

黃氏不僅批評凌廷堪的說法無據，更從《禮記·禮器》經文著眼，指出若以三牲魚腊饗諸侯，何必特別說明「四海九州之美味」？因此，就文獻根據之有無而言，實可人人異說，凌氏之說亦不必然成立。

其二，饗禮庭實的政治意義。饗，爲「以酒、食勞人」〔註337〕，兼用酒和食物慰勞之禮。〔註338〕《禮記·禮器》載：

大饗其王事與！三牲魚腊，四海九州之美味也；籩豆之薦，四時之和氣也。內金，示和也。束帛加璧，尊德也。龜爲前列，先知也。金次之，見情也。丹漆絲纊竹箭，與眾共財也。其餘無常貨，各以其國之所有，則致遠物也。其出也，〈肆夏〉而送之，蓋重禮也。

〔註334〕清·凌廷堪：《禮經釋例·賓客之例》，卷6，頁306。
〔註335〕凌廷堪區分饗禮、朝聘之享的觀點，又見於《禮經釋例·雜例》，卷13，頁649、655。
〔註336〕清·黃以周：《禮書通故·覲禮通故第二十九》，第3冊，頁1274。
〔註337〕《儀禮·士昏禮》，鄭注，卷5，頁55。
〔註338〕關於饗禮的具體儀節，可參周聰俊師：《饗禮考辨》（臺北：文史哲出版社，2011年1月初版）、狄君宏《饗禮、食禮、燕禮比較研究》（臺北：國立臺灣大學中國文學研究所碩士論文，2010年11月，葉國良教授指導）。

（《禮記》，卷 24，頁 473）

依照〈禮器〉的語境，鄭玄將這段記載解讀爲「盛其饌與貢，謂祫祭先王」，屬於祫祭先王之禮，並指出其庭實爲諸侯所貢獻，如金爲「庭實」之一，由荊、揚二州所貢，束帛加璧爲「貢享所執致命者」，荊州貢丹、兗州貢漆絲、豫州貢纊、揚州貢篠簜等。〔註339〕賈公彥申之，指出：

> 凡享者，貢國所有，或因朝而貢，或歲之常貢。歲之常貢，則
> 〈小行人〉云：「春入貢」，及〈大宰〉「九貢」是也。因朝而貢者，
> 則〈大行人〉云：「侯服歲一見，其貢祀物之等」是也。皆有璧帛以
> 致之。（《儀禮》，賈疏，27，頁 325）

諸侯因朝而貢或歲之常貢，王以之爲饗禮庭實，故〈禮器〉說：「各以其國之所有，則致遠物也。」鄭玄、賈公彥將〈覲禮〉三享之庭實，與〈禮器〉饗禮庭實互注，當出於考量諸侯進貢的時機，爲常朝或歲貢，及王以此貢品祭先王。三享，必須是該國之所有，一方面，係因「居山以魚鼈爲禮，居澤以鹿豕爲禮，君子謂之不知禮」〔註340〕，君子不以無爲禮。進貢該國所產物類品項不拘，視「土地之宜」〔註341〕，如《周禮》〈天官・大宰〉、〈秋官・大行人〉所述的祀物、嬪物、器物、服物、材物、貨物等等。另一方面，就政治運作而言，朝覲、歲貢皆爲諸侯義務。進貢地方特產，表示諸侯有能力治民，以致風調雨順、農作豐收，作爲政績的表現。《左傳》莊公二十二年載：「庭實旅百，奉之以幣帛，天地之美具焉。」孔《疏》以爲「天子賜之土田，國君獻國所有，天地之美備具焉，朝王之儀畢足矣」〔註342〕美人何偉亞曾說：

> 禮物必須明顯具有藩王領地的特色，必須與其他領地的物產有
> 所區別，必須以某種方式與藩王統治的組成相連，並且必須有可能
> 對世間無數產物的生產與再生產定位。〔註343〕

物產第一次被製造或收成後，進貢給天子，表示忠誠。物產的客觀存在，被

〔註339〕《禮記・禮器》，鄭注，卷 24，頁 473。
〔註340〕《禮記・禮器》，卷 23，頁 449。
〔註341〕《禮記・郊特牲》：「旅幣無方，所以別土地之宜，而節遠邇之期也。」（卷 25，頁 485）
〔註342〕《左傳》莊公二十二年，孔穎達正義，卷 9，頁 164。
〔註343〕（美）何偉亞著，鄧常春譯：《懷柔遠人：馬嘎爾尼使華的中英禮儀衝突》（北京：社會科學文獻出版社，2002 年 10 月初版），頁 134。按：此書承蒙　楊晉龍師提示，特此致謝。

賦予政治社會的意義。所謂的「再生產」，指天子以子孫的身分，將諸侯貢品「再次」拿來致敬於鬼神，以求福祐；或天子將某諸侯貢品「轉而賞賜」給其他諸侯，以示天子的恩惠。因此，地方特產的庭實，具政治上的意義。

凌氏區分出饗禮和朝聘之「享」應有不同，誠有助於解讀禮儀。然而，鄭玄、賈公彥將〈覲禮〉、〈聘禮〉的庭實，與《禮記》諸篇相印證，亦可成立。若依凌氏所言，經文僅見皮馬，故朝聘之享僅用皮馬，則居川澤者、居南方者，該地氣候濕熱、林木茂密，不利生活於草原的馬成長，亦不利製皮，「君子不以所無爲禮」，將以何爲禮？且〈覲禮〉經文明言：「庭實唯國所有」〔註344〕，凌氏認爲各地諸侯皆以皮或馬爲庭實，不僅不符經文，亦未說明箇中禮意。

第二，《禮經釋例》卷五附有〈《儀禮》釋牲上篇〉、〈《儀禮》釋牲下篇〉，以《儀禮》爲範圍，說明各部位牲體的名稱、肢解方式與名稱、十七篇所見鼎實與俎實，有統整、辨別之功。文中提及：

> 殊左右肱股四、脊一、兩脅二，謂之七體，又謂之豚解，豚解謂之全脅。（自注：〈士虞・記〉：「豚解。」鄭注：「豚解，解前後脛脊脅而已。熟乃體解，升于鼎也。」）左右肱股骨各六，脊骨三，左右脅骨六，謂之二十一體，又謂之體解，體解謂之房脅。（自注：股骨三，陳氏祥道《禮書》曰：「肫也，胳也，觳也，不數髀，以經云：『髀不升』故也。」《儀禮經傳通解》謂當去二觳，增二髀，爲二十一體。與陳爲異。）節解謂之折骨，折謂之殽脅。〔註345〕

具體指出七體爲豚解，二十一體爲體解，在二十一體的基礎上更進一步分解牲體「折骨」，是爲節解，詳盡地區分各專有名詞。同時，凌氏整合牲體數量與名稱，茲整理如下表：

牲 體 數 目	名 稱	又 稱
七體	豚解	全脅
二十一體	體解	房脅
二十一體以上	節解	殽脅

〔註344〕《儀禮・覲禮》，卷27，頁325。

〔註345〕清・凌廷堪：《禮經釋例・飲食之例下》，卷5，頁290。按：「凡牲七體，謂之豚解」條，引述陳祥道之語，與此說相近，可知全脅爲豚解、房脅爲體解、殽脅爲骨折，受陳氏影響。見凌廷堪：《禮經釋例・飲食之例下》，卷5，頁276。

然而，此說略與前人所述不同，如《國語‧周語中》：「禘郊之事，則有全烝」，韋昭注：「全烝，全其牲體而升之。」〔註346〕既是全其牲體，爲何《釋例》認爲是「七體」？《詩‧魯頌‧閟宮》：「籩豆大房」，毛傳：「大房，半體之俎。」若房脀是半體之俎，凌氏根據《儀禮》解爲全牲的二十一體，並不相符。於是，問題便導向《儀禮》之內各種可以相互對應的名稱，是否能夠與其他經典相合？畢竟，讀經不只是讀一經，而需要透過某一經書與其他經典相互闡發。

　　清人孫詒讓結合《儀禮》、《春秋》、《左傳》、《國語》及韋、杜、賈諸說，提出脀解之法有五，而分爲四等：一、全烝，不肢解牲體，故謂之全。使用於禘、郊等祭祀，以犢爲祭。他如成牲及薦腥、熟，皆節解牲體。二、房烝，又稱體薦。中分爲左、右二體，升其胖於俎。三、豚解，先半解，而後豚解爲前後肱股四、脊一、脅二爲七體。相較於《儀禮》的合升之法，房烝胖升而不解餘體，即以半體的形式進獻。合升則爲左右胖解後，又肆解爲七體。豚解與房烝同屬「薦腥之節」，隆殺相等，但解法則異也。四、體解，又稱折俎、殽脀、節折。於豚解七體，復解前後肱股、脊、脅各爲三體，共爲二十一體。「凡牲之爛熟者，必體解」，熟牲用體解。五、骨折，於二十一體中更折爲多骨，因此視爲殽脀之一，如〈特牲饋食禮‧記〉：「正脊二骨、脡脊二骨、長脅二骨」，及〈少儀〉「牛左肩、臂、臑折九箇」之類。孫氏並指出「上關二十一體，下關不成體之通名」，殽脀包含體解、及骨折兩種。〔註347〕茲整理孫氏所言如下：

牲　體　數　目	名　　稱	又　　稱
全牲	全脀	
半牲	房脀	
七體	豚解	
二十一體	殽脀	體解
二十一體以上		節解、骨折

　　孫氏爲牲體所作的區別，有助於探討古人對牲體的看法。首先，是牲體的全、折。天子禘郊用全脀，講究牲體的整全；房脀則可用於天子廟中饗禮、

〔註346〕舊題周‧左丘明：《國語‧周語中》，卷2，頁62～63。
〔註347〕清‧孫詒讓：《周禮正義‧夏官‧小子》，第9冊，卷57，頁2386～2388。

親族聚會；而豚解、體解則見於各階層的祭祀、飲食。可見祭品的運用因受祭神靈、主祭者的身分而異。身分越尊，祭品益形整全，人爲的成分越少，〈禮器〉稱之爲「以素爲貴」，突顯內心誠意。〔註348〕其次，爲牲體腥熟與主祭者的關係。大夫、士祭廟，自薦熟始，故稱「饋食」；諸侯以上有血腥之薦。以血腥之氣歆神，謂之「反本修古」、「法於太古」，即模擬先民茹毛飲血的生活習性，提供血腥食用，以取悅先人，乃至增強祖先精力。〔註349〕那麼，牲體之腥熟，與主祭者的階級有關。〔註350〕

接下來，以《儀禮》相關記載，驗證孫氏之說。

第一，合升，《儀禮》中記載特豚合升較爲明確者，爲〈士喪禮〉小斂用特豚「四鬐，去蹄，兩胉，脊、肺」〔註351〕，可見「特豚合升」係指將小豬之左右體升於鼎，然其肢解法爲：節解四肢，再加上兩脅（胉）及脊，即爲七體。而〈士昏禮〉將親迎預陳饌，特豚合升，「舉肺、脊二」〔註352〕。既然只用特豚，「脊」當爲特豚之脊，「脊二」則特豚不當只分作兩胖（二體）。依上述〈士喪禮〉合升爲七體，脊一個。而〈士昏禮〉卻是「脊二」，鄭玄解釋說：「每皆二，夫婦各一」〔註353〕，則昏禮特別將一脊分爲二，令夫婦各一，既表示敵、偶之意，又可使二人皆各持一脊與肺行振祭。因此〈士昏禮〉合升有八體。那麼，〈士喪禮〉的七體、〈士昏禮〉的八體，何者當爲禮儀的一般情形？按照喪禮在大遣奠以前，行事死如事生之禮，而〈士昏禮〉脊二、魚十四是表示夫妻偶敵的特殊作法，那麼合升當以七體爲主。若上述不誤，〈士昏禮〉鄭玄注：「合升，合左右胖升於鼎也」〔註354〕、賈公彥說：

〔註348〕 林素娟則認爲牲體整全之故，在於「用物精多則魂魄強」，其說亦可參。見氏著：〈飲食禮儀的身心過渡意涵及文化象徵意義──以三《禮》齋戒、祭祖爲核心進行探討〉，《中國文哲研究集刊》第 32 期（2008 年 3 月），頁 197～199。

〔註349〕 詳參楊華：〈先秦血祭禮儀研究──中國古代用血制度研究之一〉，《世界宗教研究》2003 年第 3 期，頁 23～28。林素娟：〈飲食禮儀的身心過渡意涵及文化象徵意義──以三《禮》齋戒、祭祖爲核心進行探討〉，《中國文哲研究集刊》第 32 期（2008 年 3 月），頁 194～197。陳麒仰：《與巫術相關之周代部分禮俗探賾》，頁 53～62。

〔註350〕 宋人陳祥道從身分的觀點，說明大夫、士有體解，無豚解薦腥之俎，天子諸侯則有豚解薦腥之俎、體解。見氏著：《禮書》，《景印文淵閣四庫全書》，第 130 冊，卷 77，頁 493～494。

〔註351〕 《儀禮·士喪禮》，卷 36，頁 425。

〔註352〕 《儀禮·士昏禮》，卷 4，頁 42。

〔註353〕 《儀禮·士昏禮》，鄭注，卷 4，頁 42。

〔註354〕 《儀禮·士昏禮》，卷 4，頁 42。

「以夫婦各一，故左右胖俱升」〔註355〕，則過於簡略，易致誤解，如孔穎達便根據鄭玄《注》，誤認〈士昏禮〉婦饋舅姑之特豚合升，即爲「半體」的房脀。〔註356〕除了上述文獻根據外，就禮文而言，正式食禮開始時，以肺、脊祭食先。倘爲半體，則脊未從牲體切下，無法祭食先，則亦不得進行食禮。若不得食，則與饗禮有何區別？因此孫氏解「合升」爲七體，可從。

　　第二，孫詒讓認爲豚解與房脀爲「薦腥之節」，此說似受鄭玄影響。《禮記・禮運》說：「腥其俎，孰其殽」，鄭玄注：

　　　　腥其俎，謂豚解而腥之，及血毛，皆所以法於大古也。孰其殽，
　　謂體解而爓之。（《禮記》，鄭注，卷21，頁419）

「豚解而腥之」、「體解而爓之」，孫氏似據此區分豚解爲腥、體解爲熟。但在〈士昏禮〉、〈士喪禮〉中，特豚合升皆爲熟食，且士人不行血腥之祭，則孫氏認爲豚解屬於「薦腥」，仍可商榷。簡言之，牲體的節解方式與腥熟不必然具有特定的對應關係。

　　總結上述，單以《儀禮》爲據，凌氏將節解牲體的方式與全脀、房脀、殽脀對應，並不能和其他經典對應。

　　清人翁方綱曾說：

　　　　凌廷堪之《儀禮釋例》，雖不爲害，而究亦無所益。蓋此事原
　　不能求其備善者也，故執己所長，以議人之短者，可偶舉其一二，
　　而不可繩其全也。〔註357〕

以系統化的觀點來看，《儀禮》一書所能提供的禮例是有限的，憑藉《國語》、《左傳》等其他經典，方能得到較爲普遍的觀照。凌氏受制於文獻，導致視野的侷限，不無以偏概全之弊。同時，凌氏冀用以簡馭繁的方式，將《儀禮》之例推擴至其他禮儀或文獻，「意在打通《儀禮》與經籍，以發明古代禮制」。〔註358〕凌氏說：

　　　　〈記〉曰：「禮儀三百，威儀三千」，其事蓋不僅父子、君臣、
　　夫婦、長幼、朋友也。即其大者而推之，而百行舉不外乎是矣。其

〔註355〕《儀禮・士昏禮》，卷4，頁43。
〔註356〕《毛詩・魯頌・閟宮》，孔穎達正義，卷20～2，頁780。
〔註357〕清・翁方綱：《復初齋文集・考訂論中之二》，卷7，頁311。
〔註358〕彭林：〈《禮經釋例》前言〉，收入清・凌廷堪著，彭林點校：《禮經釋例》，頁25。

篇亦不僅〈士冠〉、〈聘〉、〈覲〉、〈士昏〉、〈鄉飲酒〉、〈士相見〉也。

即其存者而推之，而五禮舉不外乎是矣。〔註359〕

《儀禮》爲百行、五禮的核心，可即其大者、存者而推之，周納一切道德價值、禮儀活動。雖則如此，仍需留意禮例在禮儀實踐的環境中，如何解讀、應用的問題，而且禮儀的比較也應視階級或禮儀種類而定。凌氏欲以《儀禮》周納五禮的觀點，在材料、方法上仍有部分不足。

第三節　應用比例法的省思

分類，重視內涵與外延具有嚴格的一對一關係。如孔子的正名思想，重視身分與相對應的義務，《論語·子路》說：

子路曰：「衛君待子而爲政，子將奚先？」子曰：「必也正名乎！」
子路曰：「有是哉，子之迂也！奚其正？」子曰：「野哉由也！君子
於其所不知，蓋闕如也。名不正，則言不順；言不順，則事不成；
事不成，則禮樂不興；禮樂不興，則刑罰不中；刑罰不中，則民無
所措手足。故君子名之必可言也，言之必可行也。君子於其言，無
所苟而已矣。（《論語》，卷13，頁115）

根據身分，限定言談內容，所謂「不在其位，不謀其政」。有名，而後有發言的立場，及其相對應的內容、踐履的義務，從而建立禮樂教化。〔註360〕爲了維持秩序，名實的穩定對應有其必要性。名，限制並強調事物的某一方面，從而產生相對應的內容與價值；其功能不在於周延地指涉具體情狀，而在「區分」和「定著」在某一特殊的方面上。〔註361〕因此，命名的同時，便具有分類的作用，區別是此而非彼。

某一類本身的形式與內容需相符之外，各類的界線與層級「都是經過邏輯思維檢驗了的。」〔註362〕然而，古人的分類來自感覺經驗，著重於個人感知與描繪。如《左傳》昭公二十五年，根據子產之言，子大叔指出君臣尊卑

〔註359〕清·凌廷堪：〈復禮上〉，《禮經釋例》，卷首，頁60。
〔註360〕《荀子·正名》也有相同的觀點，其云：「故知者爲之分別，制名以指實，上以明貴賤，下以辨同異，貴賤明，同異別，如是則志無不喻之患，事無困廢之禍，此所爲有名也。」見《荀子》，下冊，卷16，頁415。
〔註361〕（德）恩斯特·卡西爾著，劉述先譯：《論人》，頁187。
〔註362〕（法）路先·列維—布留爾：《原始思維》，頁127。

效法自地有高下，夫婦各治家門內外之事，六親和睦以事嚴父如眾星拱辰，政治事務「以從四時」等〔註363〕，將對自然界的感知具象於社會形式，以整體、互滲的觀點傳達自然與人文的圓融。〔註364〕《荀子・正名》指出緣目而知形色，藉耳知聲音之清濁，以口知味之甘苦等，人類以耳目等天官認知世界。藉由感官之知，分辨外物的異同，進而「當簿其類」，心靈方能產生智識。〔註365〕就荀子而言，分類是為了認識世界，理解天、人各有其職分〔註366〕，實踐人之所當為。那麼，這種知識建構的過程，實來自天人合一的前提，〔註367〕「清其天君，正其天官，備其天養，順其天政，養其天情，以全其天功」〔註368〕，也是為了實踐天命。《禮記・樂記》說：

> 土敝則草木不長，水煩則魚鼈不大，氣衰則生物不遂，世亂則禮慝而樂淫。（《禮記》，卷38，頁681）

運用土與草木、水與魚鼈、氣與生物的比喻，說明世道衰亂對禮樂的負面影響。這些比擬不是來自於科學客觀的論證，而是來自於「模擬式表述（mimetic representation）」，直接建立各種現象的關係，毋須說明所用的詞彙屬性，或其間的關係有何原理。〔註369〕綜言之，這類思維的邏輯是整體性的，透過模擬式表述可以直接產生明確的領會，而不必選擇哪些「切入角度」。〔註370〕

分類既是根植於感官經驗的組合或分離，「依靠於對一個關係間架的自由選擇，並沒有嚴格和預先建立的系統——依照它，我們的分類和再分類可以

〔註363〕《左傳》昭公二十五年，卷51，頁890～891。
〔註364〕（法）路先・列維—布留爾：「原邏輯思維則不像這樣使自然界客觀化。我們不如說它是借助自己與自然界的互滲的感覺、到處都有的互滲的感覺來感知自然界的；它是以社會的形式來表現這些錯綜複雜的互滲的。」見氏著：《原始思維》，頁127。按：《左傳》記載人文精神昂揚的春秋時期，然而仍可作為觀察古人思維遞進與變化的重要參考。
〔註365〕周・荀卿：《荀子・正名》，下冊，卷16，頁415～418。
〔註366〕《荀子》「天人之分」的解釋，詳參何澤恆師：〈略論中國傳統文化中的「人定勝天」思想〉，《臺大中文學報》第33期（2010年12月），頁10～14。
〔註367〕伍振勳：〈《荀子・正名》釋義——語意學的詮釋取徑〉，《北京大學中國古文獻研究中心集刊》第9輯（2010年6月），頁358。
〔註368〕周・荀卿：《荀子・天論》，下冊，卷11，頁310。
〔註369〕（法）皮耶・布赫迪厄：《實作理論綱要》，頁238。按：這種模擬式表述與觀照，近於《詩經》「賦比興」的比、興。
〔註370〕從禮的角度，闡述這類思維，如葉國良師從巫術思維探討古漢族諱名取的涵義，見氏著：〈冠笄之禮中取字的意義及其與先秦禮制的關係〉，《禮學研究的諸面向》，頁276～285。

一次即永久地做好。」〔註371〕因此，分類不必然具有不變的標準，也無法一次性地完成分類。或者說人類透過感官經驗認識世界，逐漸地累積材料，並產生反饋：由新的認識修正、擴充已知，復由已知辨別新知，成爲不斷擴充的過程。由認識而形成或調整理論，而非理論先於認識或材料。因此，對於材料的分類本因人、因目的而異。《儀禮·士昏禮》用玄纁束帛爲幣，鄭玄指出「用玄纁者，象陰陽備也。」又說：

> 納幣用緇，婦人陰也。凡於娶禮，必用其類。五兩，十端也。
> 必言兩者，欲得其配合之名。十者，象五行十日相成也。（《周禮·
> 地官·媒氏》，鄭注，卷14，頁217）

玄纁束帛，爲玄帛三兩、纁帛二兩。「玄」屬黑色系，故可稱緇。鄭玄認爲納幣之所以用玄色，乃因「婦人陰也」。對照之下，則男子用纁色，爲「陽」。後代禮學家更疏解爲「欲婦人深思陰從陽、婦從夫之義也。」〔註372〕可知其用「分類」的方法，以「男女」爲基準，表述如下：

> 婦人 → 陰 → 緇（黑）
> 男子 → 陽 → 纁（紅）

更早的《白虎通》卻說：

> 納徵玄纁束帛，離皮。玄三法天，纁二法地也。陽奇陰偶，明
> 陽道之大也。〔註373〕

以天地爲出發點，表述爲：

> 天 → 玄 → 陽 → 奇 → 男
> 地 → 纁 → 陰 → 偶 → 女

於是男女所用之色，與鄭玄所言正好相反。玄纁之色取其「陰陽備也」〔註374〕，仿效天地之色。《禮記·郊特牲》說：「天地合，而後萬物興焉。夫昏禮，萬物之始也。」在天地合、夫婦合配、「陰陽備」的大前提下，分類雖然不同，卻未必矛盾衝突。

　　同時，分類是種帶有目的性的簡化步驟，〔註375〕在簡化的過程中，也可

〔註371〕（德）恩斯特·卡西爾著，劉述先譯：《論人》，頁187。
〔註372〕清·曹元弼：《禮經校釋》，收入《續修四庫全書》，第94冊，卷2，頁137。
〔註373〕漢·班固編：《白虎通·嫁娶》，卷10，頁457～458。
〔註374〕《儀禮·士昏禮》，鄭注，卷4，頁42。
〔註375〕洪鎌德：《思想及方法》（臺北：牧童出版社，1978年再版，牧童文史叢書16），頁216。

能產生模糊地帶。「夫禮之初，始諸飲食」，生人以飲食向鬼神致敬，因而食禮與祭祀的部分儀節相同。如《禮經釋例》的〈飲食之例〉仍見到部分祭祀條例，如：

> 凡祭醴，始扱一祭，又扱再祭，謂之祭醴三。
>
> 凡祭薦者坐，祭俎者興，祭薦者執爵，祭俎者奠爵。
>
> 凡祭薦不挩手，祭俎則挩手。
>
> 凡祭酒，禮盛者啐酒，不盛者不啐酒；祭肺，禮盛者嚌肺，不盛者不嚌肺。
>
> 凡祭皆于豆籩之間，或上豆之間。
>
> 凡餕者亦祭。〔註376〕

食禮與祭祀，皆行祭食先之禮。因此，生人飲食禮與祭禮的確存在難以切割者。《左傳》五十凡的分類，也遇到相似的情形，戴君仁指出：

> 依其性質分，有關於禮節，有關於制度的，有關於書法的，有關於文字的，有關名物的……當然每類不是截然分明的，類與類也有互跨著的。〔註377〕

這一方面顯示括例者或用例者不一定具有嚴格的內容與外延一對一的觀念。另一方面也表現出例以實用為目的（用於規範實踐行為、用於讀經）；這些看似矛盾的分類，在具體應用的層面並不衝突。〔註378〕

　　相對地，分類既然根植於經驗，那麼形塑個人經驗的環境其實很容易左右分類的結果。本文第貳章曾指出先秦社會具有禮儀實踐的環境，清代因物質條件的改變，部分禮儀的實踐性下降，此為凌廷堪《禮經釋例》以「讀《儀禮》」一經的背景之一。以解經為目的，強調解讀須具有秩序性：固定、一致、乃至可預測的解釋，即相同或相似禮文應當放在同一意義脈絡下解讀。而這樣的觀點更涉及人類生活是否先存在一理論架構然後產生現象、行為能否因時置宜地調整等問題。或者說，禮儀實踐期盼現實生活具有秩序，解經則要求文獻記載具有秩序。但現實生活變化多端，文獻記載相對有限而固定，後者所得出的秩序是否能完全對應現實生活？或經由何種方法可以使文

〔註376〕清・凌廷堪：《禮經釋例・飲食之例下》，卷5，頁248、253、258、259、261、264。

〔註377〕戴君仁：《春秋辨例》，頁105～106。

〔註378〕此觀點渥蒙　林素英師指點，謹致謝忱。

獻解讀得出來的結果較貼近具體的禮儀實踐？這些仍值得持續關注與省思，尤其是：

> 由智力造成的邏輯，要求隨概念的明確性和限定性一起增長，而這種明確性和限定性的一個必要條件，則是集體表象的神祕的前關聯的減弱。〔註379〕

明確性和限定性的強調，正是反映互滲思維的減弱。〔註380〕那麼，事物在類型中的意義與否與原貌相同？當研究方法越講究「分析」精準、分類應具一對一的內涵與外延關係時，是否越和研究對象（古人的「整體」思維）或目的（理解古人的思維）背道而馳？

〔註379〕 （法）路先・列維－布留爾：《原始思維》，頁459。

〔註380〕 這在許多考古學、人類學的作品特別可以見到，如以「進化觀」、「科學觀點」研究其他民族的同時，而帶有優越感，如《金枝》、《憂鬱的熱帶》等。古、今的差異，有時如同各民族的不同，固然可以從現代觀點再詮釋古代作品，而得出「新」見解。然而，新說、舊說，只是狀態的不同，並不完全和價值劃上等號，甚至學說時具有和當代社會對話的意義，其「價值」有時也不完全和解經「是非」完全相同。那麼，古人因社會、政治環境異於今，以致在思維上和今人不同時，亦不應受到輕視。